Vorsätze

Vorsatz	Kurzzeichen	Faktor, mit dem die Einheit mu...	
Exa	E	1 000 000 000 000 000 000	(10^{18})
Peta	P	1 000 000 000 000 000	(10^{15})
Tera	T	1 000 000 000 000	(10^{12})
Giga	G	1 000 000 000	(10^{9})
Mega	M	1 000 000	(10^{6})
Kilo	k	1 000	(10^{3})
Hekto	h	100	(10^{2})
Deka	da	10	(10^{1})
Dezi	d	0,1	(10^{-1})
Zenti	c	0,01	(10^{-2})
Milli	m	0,001	(10^{-3})
Mikro	µ	0,000 001	(10^{-6})
Nano	n	0,000 000 001	(10^{-9})
Pico	p	0,000 000 000 001	(10^{-12})
Femto	f	0,000 000 000 000 001	(10^{-15})
Atto	a	0,000 000 000 000 000 001	(10^{-18})

Rund um die Erde

Größe	Wert
Durchmesser am Äquator	12 756 km
Fallbeschleunigung g	
am Äquator	9,78 m/s²
an Nord- und Südpol	9,83 m/s²
Abstand zur Sonne	
mittlere	149,6 · 10^6 km = 1 AE
kleinster	147,1 · 10^6 km
größter	152,1 · 10^6 km
Mittlere Bahngeschwindigkeit um die Sonne	29,79 km/s
Mittlere Dichte	5,52 g/cm³
Sonneneinstrahlung an der Erdatmosphäre (Solarkonstante)	1368 W/m²
Sonneneinstrahlung in Deutschland (durchschnittlich)	100 W/m²
Temperatur im Erdkern	5 000…6 000 °C

Bedeutung der Zeichen

dez = dezimal, Win = Windows-1252, ISO = ISO-8859-1

dez	Win	ISO	dez	Win	ISO	dez	Win	ISO	dez	Win	ISO	dez	Win	ISO	dez	Win	ISO	dez	Win	ISO	dez	Win	ISO
32			60	<	<	88	X	X	116	t	t	144			172	¬	¬	200	È	È	228	ä	ä
33	!	!	61	=	=	89	Y	Y	117	u	u	145	'		173			201	É	É	229	å	å
34	"	"	62	>	>	90	Z	Z	118	v	v	146	'		174	®	®	202	Ê	Ê	230	æ	æ
35	#	#	63	?	?	91	[	[	119	w	w	147	"		175	¯	¯	203	Ë	Ë	231	ç	ç
36	$	$	64	@	@	92	\	\	120	x	x	148	"		176	°	°	204	Ì	Ì	232	è	è
37	%	%	65	A	A	93	]	]	121	y	y	149	•		177	±	±	205	Í	Í	233	é	é
38	&	&	66	B	B	94	^	^	122	z	z	150	–		178	²	²	206	Î	Î	234	ê	ê
39	'	'	67	C	C	95	_	_	123	{	{	151	—		179	³	³	207	Ï	Ï	235	ë	ë
40	(	(	68	D	D	96	`	`	124					152	˜		180	´	´	208	Ð	Ð	236	ì	ì
41	)	)	69	E	E	97	a	a	125	}	}	153	™		181	µ	µ	209	Ñ	Ñ	237	í	í
42	*	*	70	F	F	98	b	b	126	~	~	154	š		182	¶	¶	210	Ò	Ò	238	î	î
43	+	+	71	G	G	99	c	c	127			155	›		183	·	·	211	Ó	Ó	239	ï	ï
44	,	,	72	H	H	100	d	d	128	€		156	œ		184	¸	¸	212	Ô	Ô	240	ð	ð
45	-	-	73	I	I	101	e	e	129			157			185	¹	¹	213	Õ	Õ	241	ñ	ñ
46	.	.	74	J	J	102	f	f	130	‚		158	ž		186	º	º	214	Ö	Ö	242	ò	ò
47	/	/	75	K	K	103	g	g	131	ƒ		159	Ÿ		187	»	»	215	×	×	243	ó	ó
48	0	0	76	L	L	104	h	h	132	„		160			188	¼	¼	216	Ø	Ø	244	ô	ô
49	1	1	77	M	M	105	i	i	133	…		161	¡	¡	189	½	½	217	Ù	Ù	245	õ	õ
50	2	2	78	N	N	106	j	j	134	†		162	¢	¢	190	¾	¾	218	Ú	Ú	246	ö	ö
51	3	3	79	O	O	107	k	k	135	‡		163	£	£	191	¿	¿	219	Û	Û	247	÷	÷
52	4	4	80	P	P	108	l	l	136	ˆ		164	¤	¤	192	À	À	220	Ü	Ü	248	ø	ø
53	5	5	81	Q	Q	109	m	m	137	‰		165	¥	¥	193	Á	Á	221	Ý	Ý	249	ù	ù
54	6	6	82	R	R	110	n	n	138	Š		166	¦	¦	194	Â	Â	222	Þ	Þ	250	ú	ú
55	7	7	83	S	S	111	o	o	139	‹		167	§	§	195	Ã	Ã	223	ß	ß	251	û	û
56	8	8	84	T	T	112	p	p	140	Œ		168	¨	¨	196	Ä	Ä	224	à	à	252	ü	ü
57	9	9	85	U	U	113	q	q	141			169	©	©	197	Å	Å	225	á	á	253	ý	ý
58	:	:	86	V	V	114	r	r	142	Ž		170	ª	ª	198	Æ	Æ	226	â	â	254	þ	þ
59	;	;	87	W	W	115	s	s	143			171	«	«	199	Ç	Ç	227	ã	ã	255	ÿ	ÿ

Die Zahlen von 0 bis 31 sind für Steuerzeichen reserviert.

Das Tafelwerk *interaktiv*

Ein Tabellen- und Formelwerk
für den
mathematisch-naturwissenschaftlichen
Unterricht
in der Sekundarstufe I

Cornelsen

Inhalt

MATHEMATIK

Zahlen, Zeichen, Ziffern 5
Mathematische Zeichen 5
Griechisches Alphabet 6
Römische Zahlzeichen 6
Mengenoperationen 6
Rechenoperationen 6
Termumformungen 7
Mittelwerte 7
Teiler und Vielfache natürlicher Zahlen 7
Teilbarkeitsregeln 7
Primzahlen und Primfaktorzerlegung von 2 bis 360 8
Primzahlen und Primfaktorzerlegung von 361 bis 720 9
Rechnen mit Bruchzahlen (gebrochene Zahlen) 10
Rundungsregeln 10
Näherungswerte 10
Intervalle im Bereich reeller Zahlen 10
Zahlenbereiche 11
Zahlen im Zehnersystem / Dezimalzahlen 12
Zahlen im Zweiersystem / Dualzahlen 12
Zahlen im Hexadezimalsystem / Hexadezimalzahlen 12
Umrechnungstafel Dezimalzahlen, Hexadezimalzahlen, Dualzahlen 13
Taschenrechner-Einmaleins 14

Gleichungen und Funktionen 16
Zuordnungen 16
Proportionale Zuordnungen / Proportionalität 16
Prozentrechnung / Zinsrechnung 17
Rentenrechnung / Schuldentilgung 17
Lineare Gleichungen / lineare Gleichungssysteme 18
Lineare Funktionen / konstante Funktionen 18
Quadratische Gleichungen 19
Quadratische Funktionen 19
Potenzen 20
Wurzeln 20
Logarithmen 20
Potenzfunktionen $y = f(x) = x^k$ 21
Exponentialfunktionen / Logarithmusfunktionen 21
Seiten-Winkel-Beziehungen am rechtwinkligen Dreieck – Sinus, Kosinus, Tangens, Kotangens 22
Winkelfunktionen – Sinusfunktion und Kosinusfunktion 22
Spezielle Funktionswerte der Winkelfunktionen 23
Winkelfunktionen – Tangensfunktion und Kotangensfunktion 23
Darstellung einer Winkelfunktion durch eine andere Funktion desselben Winkels 24
Additionstheoreme 24
Summen / Differenzen sowie Funktionen des doppelten und des halben Winkels 24
Die Funktion $y = a \cdot \sin(bx + c)$ 24
Winkelmaße 25
Umrechnungstafel: Grad in Radiant 25
Umrechnungstafel: Radiant in Grad 25

Geometrie 26
Einteilung der Dreiecke 26
Ebene Figuren 26
Körper 28
Satz des Cavalieri 28
Regelmäßige Polyeder 29
Winkelpaare 30
Sätze im allgemeinen Dreieck 30
Satzgruppe des Pythagoras – Flächensätze am rechtwinkligen Dreieck 31
Sätze über Winkel am Kreis 31
Sehnenviereck / Tangentenviereck 31
Strahlensätze 32
Zentrische Streckung 32
Goldener Schnitt 32
Kongruenz 33
Parallelverschiebung 33
Spiegelung 33
Drehung 33
Darstellende Geometrie 34
Koordinatensysteme 35
Ermitteln der wahren Länge bzw. der wahren Größe von Strecken und Figuren 35

Stochastik 36
Diagramme 36
Kombinatorik 37
Grundbegriffe der Stochastik 38
Kenngrößen der Häufigkeitsverteilung einer Datenreihe 38
Kenngrößen zur Charakterisierung der Streuung 39
Mehrstufige Zufallsversuche 39
Rechnen mit Wahrscheinlichkeiten 39
Zufallsgrößen und ihre Wahrscheinlichkeitsverteilung 40
Wertetafel zur Binomialverteilung ($n = 2; ...; 10$) 41
Wertetafel zur Binomialverteilung ($n = 12, 14, 16, 18$) 42
Wertetafel zur Binomialverteilung ($n = 25, 50$) 43

Größen 44
Größen im Mathematikunterricht und ihre Einheiten 44

INFORMATIK

Datendarstellung 45
Daten/Binärcode (Dualcode) 45
Einheiten 45
Logische Verknüpfungen 45
Zeichensätze im Computer 47
Datentypen 47
Datenorganisation (logisch) 48

Algorithmik 48
Algorithmusbegriff 48
Strukturelemente der Algorithmierung in
verschiedenen Darstellungsformen 48

Netzwerkkommunikation 49
Netzverwaltung 49
Übertragung, Protokolle und Dienste 50

Web-Seitengestaltung 51
HTML-Befehle 51
Cascading Style Sheet (CSS) 52

TECHNIK UND WIRTSCHAFT

Technisches Zeichnen 53
Linienarten 53
Maßstäbe (DIN ISO 5455) 53
Maßeintragung 53

Fertigungstechnik 54
Einteilung der Fertigungsverfahren 54

Elektrotechnik/Elektronik 54
Farbcode für Widerstände 54
Schaltzeichen 55

Betriebswirtschaft 56
Rechtsformen von Unternehmen 56
Betriebswirtschaftliche Kennzahlen 56
Volkswirtschaftliche Kennzahlen 57

Hauswirtschaft 58
Namen und Kurzzeichen von Chemiefaserstoffen und
Naturfaserstoffen 58
Symbole für die Pflegebehandlung von Textilien 58

PHYSIK

Einheiten 59
Basiseinheiten des Internationalen Einheitensystems (SI) ...59
Beispiele für SI-fremde Einheiten 59

Mechanik 60
Größen und Einheiten der Mechanik 60
Kraft, Geschwindigkeit, Beschleunigung 61
Reibungszahlen (Richtwerte) 65
Arbeit, Energie, Leistung 65
Gravitation 66
Mechanische Schwingungen 66
Mechanische Wellen 67
Größen und Einheiten der Akustik 67
Akustik 68
Schallgeschwindigkeiten (Richtwerte für 20°C und
101,3 kPa) 68
Mechanik der Flüssigkeiten und Gase 69
Dichten 70
Widerstandsbeiwerte c_w einiger Körper 71

Thermodynamik 71
Größen und Einheiten der Thermodynamik 71
Wärme, Wärmeübertragung 71
Feste Stoffe und Flüssigkeiten 72
Eigenschaften von festen Stoffen 72
Eigenschaften von Flüssigkeiten 73
Eigenschaften von Gasen 73
Heizwerte 73
Druckabhängigkeit der Siedetemperatur des Wassers ...74
Ideales Gas 74
Energie 75

Elektrizitätslehre 75
Größen und Einheiten der Elektrizitätslehre
und des Magnetismus 75
Spezifische elektrische Widerstände 76
Gleichstrom 76
Stromkreisarten 77
Diode und Transistor 77
Elektrisches Feld 78
Magnetisches Feld 78
Wechselstrom 78
Widerstände im Wechselstromkreis 79
Reihen- und Parallelschaltung von Widerständen
im Wechselstromkreis 79
Transformator 80
Elektromagnetischer Schwingkreis 80
Elektromagnetische Wellen, Lichtwellen 80
Wellenlängen des sichtbaren Lichtes 80
Elektromagnetisches Spektrum 81

Optik 81
Größen und Einheiten der Optik 81
Strahlenoptik 82
Optische Linsen 82
Lichtgeschwindigkeiten in Stoffen und im
Vakuum 83
Brechzahlen n 83

Kernphysik 83
Größen und Einheiten der Kernphysik und im
Strahlenschutz 83
Atomkerne und Strahlenschutz 84
Alpha-, Beta- und Gammastrahlung 84
Natürliche Zerfallsreihen 85
Beispiele für Halbwertszeiten 85
Auszug aus der Nuklidkarte (vereinfacht) 86

Umrechnungsfaktoren 88

ASTRONOMIE

Konstanten, Einheiten und Werte 89
Konstanten 89
Einheiten der Länge 89
Einheiten der Zeit 89
Ausgewählte Zeitzonen 90
Zeitzonen der Erde 90
Astronomische Koordinaten 90
Erde 91
Mond 91
Entstehung der Mondphasen 91
Planeten des Sonnensystems 92
Einige Monde der Planeten 92
Sonne 93
Einige Daten unseres Milchstraßensystems ...93
Scheinbare Helligkeiten einiger Sterne 93
Radien und mittlere Dichten von Sternen ...93

Formeln 94
Grundlegende Größen 94
Die Kepler'schen Gesetze 94
Das Gravitationsgesetz 94
Kosmische Geschwindigkeiten 94

CHEMIE

Übersichten zur Chemie 95
Chemische Elemente 95
Elektronenanordnung und Elektronenschreibweise einiger Elemente 97
Atombau der Elemente mit den Ordnungszahlen 1 bis 54 98
Atomradien einiger Elemente......................99
Ionenradien einiger Elemente......................99
Elektrische Ladung der Ionen einiger Elemente ...99
Anorganische Stoffe 100
Organische Stoffe 104
Löslichkeit einiger Salze in Wasser 107
Löslichkeit einiger Gase in Wasser 107
Elektrochemische Spannungsreihe der Metalle ...108
Chemische Zeichen und Namen von Ionen ...109
Griechische Zahlwörter in der chemischen Nomenklatur 109
Namen und allgemeine Formeln von organischen Verbindungen 109
Einteilung des Wassers nach Härtebereichen ...110
Massenanteil und Dichte von sauren und alkalischen Lösungen 110
pH-Werte von Lösungen 110
Umschlagsbereiche für Säure-Base-Indikatoren ...110
Einige Lebensmittelzusatzstoffe nach europäischen Richtlinien 111
Nährstoffanteil und Energieanteil einiger Nahrungsmittel 112

Größengleichungen der Chemie 113
Stoffmenge, molare Masse, molares Volumen und Normvolumen und Dichte 113
Zusammensetzungsgrößen 114

Gefahrstoffe 116
Gefahrensymbole, Kennbuchstaben und Gefahrenbezeichnungen 116
Liste von Gefahrstoffen 118

BIOLOGIE

Allgemeine Angaben 121
Ungefähre Artenanzahlen einiger wichtiger Tiergruppen weltweit 121
Ungefähre Artenanzahlen einiger wichtiger Pflanzengruppen weltweit 121
Maximales Alter verschiedener Lebewesen ...121

Zellbiologie 122
Lebensdauer von Zellen in verschiedenen Organen des Menschen......................................122
Größe von Zellen oder Zellorganellen 122
Dauer der Zellteilung (Mitose) verschiedener Zellen ...122

Sinnes- und Nervenphysiologie 123
Obergrenze der Hörfähigkeit bei Tieren und beim Mensch 123
Schallpegel verschiedener Geräusche 123
Erregungsleitungsgeschwindigkeit in Nerven ...123
Anzahl der Rezeptoren und ableitenden Nervenfasern der Sinne des Menschen ...123

Stoff- und Energiewechsel 124
Energie-, Nährstoff-, Wasser- und Vitamingehalt ausgewählter Nahrungsmittel 124
Energiegehalt der Nährstoffe 124
Täglicher Energiebedarf von Säuglingen, Kindern und Jugendlichen 124
Täglich benötigte Nahrungsmenge verschiedener Lebewesen 125
Körpermassenindex 125
Respiratorischer Quotient..........................125
Abbau der Nährstoffe im Körper 125
Energieverbrauch bei verschiedenen Tätigkeiten ...126
Veränderung des Sauerstoff- und Kohlenstoffdioxidgehaltes in der Atemluft und im Blut des Menschen während der Atmung 126
Sauerstoffverbrauch und Gasaustausch des Menschen ...126
Osmose 126

Fortpflanzung und Entwicklung 127
Pearl-Index und Entbindungstermin 127
Das Wachstum des menschlichen Keimlings während der Schwangerschaft 127

Genetik und Evolution 128
Chromosomensätze von Lebewesen 128
Mutationsrate 128
Populationsgenetik 128
Entwicklung der Lebewesen im Verlauf der Erdgeschichte 129
Evolution des Menschen in einer 24-Stunden-Darstellung 130
Selektion..130

Ökologie 130
Wachstumsgesetze 130
Bestimmen der Wasserqualität 131
Bestandsaufnahme von Pflanzen 131

REGISTER 132

Mathematik

Zahlen, Zeichen, Ziffern

Mathematische Zeichen

Relationen, Operationen, Funktionen		Mengen	
$+; -; \cdot; :$	plus; minus; mal; geteilt durch	$(a; b)$	offenes Intervall (ohne a und b), (auch: $]a; b[$ oder $a < x < b$)
$=; \neq$	gleich; ungleich	$[a; b]$	abgeschlossenes Intervall (mit a und b), (auch: $a \leq x \leq b$)
$\approx$	angenähert gleich, rund	$[a; b)$	halboffenes Intervall (mit a, aber ohne b), (auch: $[a; b[$ oder $a \leq x < b$)
$<; >$	kleiner als; größer als		
$\leq$	kleiner gleich (kleiner oder gleich)		
$\geq$	größer gleich (größer oder gleich)	$(a\|b)$	geordnetes Paar (auch: $(a; b)$)
$\|; \nmid$	teilt; teilt nicht	$\{a; b\}$	Menge der Elemente a und b
$0{,}2\overline{51}$	periodischer Dezimalbruch (Periode 51)	$\{a; b; \ldots\}$	Menge der Elemente $a; b; \ldots$
$\%; \‰$	Prozent; Promille	$\{x \| \ldots\}$	Menge aller x, für die gilt $\ldots$
$\|z\|$	Betrag von z	$\in; \notin$	Element von; nicht Element von
$\sim$	proportional; in der Geometrie: ähnlich	$\subset; \subseteq$	echte Teilmenge von; Teilmenge von
$\hat{=}$	entspricht	$\emptyset$	leere Menge
$\sqrt{\ }$	Wurzel aus (Quadratwurzel aus)	$A \cap B$	Schnittmenge, Durchschnitt (A geschnitten B)
$\sqrt[n]{\ }$	n-te Wurzel aus		
∞	unendlich	$A \cup B$	Vereinigungsmenge (A vereinigt B)
$f, g, \ldots$	Funktionen	$A \setminus B$	Differenzmenge (A ohne B)
$f(x)$	Funktionswert von f an der Stelle x	$\bar{A}$	Komplementärmenge zu A
$f(x) = \ldots$	Funktionsgleichung/-vorschrift		
$f^{-1}, \bar{f}$	Umkehrfunktion von f	**Geometrie**	
$\log_a b$	Logarithmus b zur Basis a	$\|; \nparallel$	parallel zu; nicht parallel zu
$\lg x$	dekadischer Logarithmus von x (Basis 10)	$\perp$	senkrecht auf; orthogonal zu
$\ln x$	natürlicher Logarithmus von x (Basis e)	$\triangle$	Dreieck
e	Euler'sche Zahl (e = 2,718 281 828 459...)	AB	Gerade AB (durch A und B)
$n!$	n Fakultät ($1 \cdot 2 \cdot 3 \cdot \ldots \cdot n$)	$\overline{AB}$	Strecke AB
$\binom{n}{k}$	n über k (Binomialkoeffizient)	$\|\overline{AB}\|$	Länge der Strecke AB
p	Wahrscheinlichkeit eines Ergebnisses	$\overrightarrow{AB}$	Strahl AB (mit dem Anfangspunkt A)
$P(A)$	Wahrscheinlichkeit für das Eintreten eines Ereignisses A	$\overparen{AB}$	Bogen AB (Kreisbogen von A nach B)
		$\sphericalangle$	Winkel
sin; cos	Sinus; Kosinus	$\sphericalangle(g, h)$	Winkel zwischen g und h
tan; cot	Tangens; Kotangens	$\sphericalangle AOB$	Winkel AOB (mit dem Scheitel O)
π	Kreiszahl ($\pi = 3{,}141\,592\,653\,589\ldots$)	$\llcorner$	rechter Winkel
$\neg$	nicht (Negation)	$\measuredangle$	orientierter Winkel (mit vorgegebener Drehrichtung)
$\wedge$	und (Konjunktion)		
$\vee$	oder (Alternative)	°	Grad
$\Rightarrow$	wenn, dann $\ldots$ (Implikation)	′	Minute } Winkeleinheiten
$\Leftrightarrow$	genau dann, wenn $\ldots$ (Äquivalenz)	″	Sekunde
(a_n)	Folge a_n	arc α	Arcus α (Winkeleinheit im Bogenmaß)
$\sum_{i=1}^{n} a_i$	Summe über alle a_i von $i = 1$ bis n	$\cong; \ncong$	kongruent; nicht kongruent
		$\sim$	ähnlich

MATHEMATIK

Griechisches Alphabet (Druckbuchstaben)

A	α	Alpha	H	η	Eta	N	ν	Ny	T	τ	Tau
B	β	Beta	Θ	ϑ	Theta	Ξ	ξ	Xi	Y	υ	Ypsilon
Γ	γ	Gamma	I	ι	Jota	O	o	Omikron	Φ	φ	Phi
Δ	δ	Delta	K	$\varkappa$	Kappa	Π	π	Pi	X	χ	Chi
E	ε	Epsilon	Λ	λ	Lambda	P	ϱ	Rho	Ψ	ψ	Psi
Z	ζ	Zeta	M	μ	My	Σ	σ, ς	Sigma	Ω	ω	Omega

Römische Zahlzeichen

I	1	V	5	X	10	L	50	C	100	D	500	M	1000

Stehen diese Ziffern nebeneinander, so wird je nach ihrer Reihenfolge addiert bzw. subtrahiert.

1	I	6	VI	11	XI	16	XVI	40	XL	90	XC	500	D
2	II	7	VII	12	XII	17	XVII	50	L	100	C	600	DC
3	III	8	VIII	13	XIII	18	XVIII	60	LX	200	CC	700	DCC
4	IV	9	IX	14	XIV	19	XIX	70	LXX	300	CCC	800	DCCC
5	V	10	X	15	XV	20	XX	80	LXXX	400	CD	900	CM

Mengenoperationen

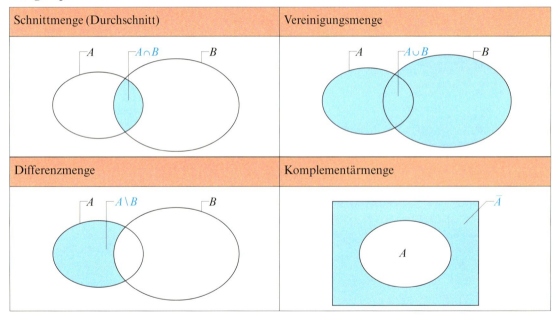

| | Schnittmenge (Durchschnitt) | Vereinigungsmenge | Differenzmenge | Komplementärmenge |

Begriffe zu den Rechenoperationen

1. Stufe	Addition	$a+b=c$	a, b Summanden	c Summe	
	Subtraktion	$a-b=c$	a Minuend	b Subtrahend	c Differenz
2. Stufe	Multiplikation	$a \cdot b = c$	a, b Faktoren	c Produkt	
	Division	$a : b = c \; (b \neq 0)$	a Dividend	b Divisor	c Quotient
3. Stufe	Potenzieren	$a^b = c$	a Basis der Potenz	b Exponent	c Potenz
	Wurzelziehen	$\sqrt[a]{b} = c \; (b \geq 0)$	a Wurzelexponent	b Radikand	c Wurzel
	Logarithmieren	$\log_a b = c \; (a > 0; a \neq 1)$	a Basis	b Numerus	c Logarithmus

Beachte: Erst Potenzieren, Wurzelziehen, Logarithmieren, dann gilt Punkt- vor Strichrechnung.

Zahlen | Zeichen | Ziffern

Termumformungen

Rechengesetze	$a+b = b+a$	Kommutativgesetz der Addition
	$a \cdot b = b \cdot a$	Kommutativgesetz der Multiplikation
	$a+(b+c) = (a+b)+c$	Assoziativgesetz der Addition
	$a \cdot (b \cdot c) = (a \cdot b) \cdot c$	Assoziativgesetz der Multiplikation
Auflösen von Klammern	$a \cdot (b+c) = a \cdot b + a \cdot c$	Distributivgesetze
	$a \cdot (b-c) = a \cdot b - a \cdot c$	
	$(a+b) : c = a:c + b:c \ (c \neq 0)$	
	$(a-b) : c = a:c - b:c \ (c \neq 0)$	
	$a+(b+c) = a+b+c$	$a+(b-c) = a+b-c$
	$a-(b+c) = a-b-c$	$a-(b-c) = a-b+c$
Ausmultiplizieren	$(a+b) \cdot (c+d) = ac+ad+bc+bd$	$(a+b) \cdot (c-d) = ac-ad+bc-bd$
	$(a-b) \cdot (c+d) = ac+ad-bc-bd$	$(a-b) \cdot (c-d) = ac-ad-bc+bd$
Binomische Formeln	$(a+b)^2 = a^2 + 2ab + b^2$ $\quad (a-b)^2 = a^2 - 2ab + b^2$ $\quad (a+b) \cdot (a-b) = a^2 - b^2$	

Mittelwerte

	bei 2 Größen a_1, a_2	bei n Größen $a_1, a_2, \ldots, a_n$
Arithmetisches Mittel	$A = \dfrac{a_1 + a_2}{2}$	$A = \dfrac{a_1 + a_2 + \ldots + a_n}{n} = \dfrac{1}{n} \sum_{i=1}^{n} a_i$
Geometrisches Mittel	$G = \sqrt{a_1 \cdot a_2}$	$G = \sqrt[n]{a_1 \cdot a_2 \cdot \ldots \cdot a_n}$

Teiler und Vielfache natürlicher Zahlen

Teiler $(a|b)$ Vielfaches	a heißt Teiler von b, wenn es eine natürliche Zahl n gibt, sodass $a \cdot n = b$ gilt. Wenn a ein Teiler von b ist, so ist b ein Vielfaches von a.	
Größter gemeinsamer Teiler (ggT)	Beim Vergleich der Teiler zweier oder mehrerer Zahlen findet man den ggT.	Beispiel: $\ 9 : 1, 3, 9$ $\quad\quad\quad\quad\ 12 : 1, 2, 3, 4, 6, 12$
Kleinstes gemeinsames Vielfaches (kgV)	Beim Vergleich der Vielfachen zweier oder mehrerer Zahlen findet man das kgV.	Beispiel: $\ 9 : 9, 18, 27, 36, 45, \ldots$ $\quad\quad\quad\quad\ 12 : 12, 24, 36, 48, \ldots$

Teilbarkeitsregeln

Teiler t	Eine natürliche Zahl ist durch t teilbar, …
2	wenn sie auf 0, 2, 4, 6 oder 8 endet, sonst nicht.
3	wenn ihre Quersumme (Summe aller Ziffern) durch 3 teilbar ist, sonst nicht.
4	wenn ihre letzten beiden Ziffern eine durch 4 teilbare Zahl darstellen, sonst nicht.
5	wenn sie auf 0 oder 5 endet, sonst nicht.
6	wenn sie durch 2 und durch 3 teilbar ist, sonst nicht.
8	wenn ihre letzten drei Ziffern eine durch 8 teilbare Zahl darstellen, sonst nicht.
9	wenn ihre Quersumme (Summe aller Ziffern) durch 9 teilbar ist, sonst nicht.
10	wenn sie auf 0 endet, sonst nicht.

MATHEMATIK

Primzahlen und Primfaktorzerlegung von 2 bis 360

2	**61**	$121=11^2$	**181**	**241**	$301=7 \cdot 43$
3	$62=2 \cdot 31$	$122=2 \cdot 61$	$182=2 \cdot 7 \cdot 13$	$242=2 \cdot 11^2$	$302=2 \cdot 151$
$4=2^2$	$63=3^2 \cdot 7$	$123=3 \cdot 41$	$183=3 \cdot 61$	$243=3^5$	$303=3 \cdot 101$
5	$64=2^6$	$124=2^2 \cdot 31$	$184=2^3 \cdot 23$	$244=2^2 \cdot 61$	$304=2^4 \cdot 19$
$6=2 \cdot 3$	$65=5 \cdot 13$	$125=5^3$	$185=5 \cdot 37$	$245=5 \cdot 7^2$	$305=5 \cdot 61$
7	$66=2 \cdot 3 \cdot 11$	$126=2 \cdot 3^2 \cdot 7$	$186=2 \cdot 3 \cdot 31$	$246=2 \cdot 3 \cdot 41$	$306=2 \cdot 3^2 \cdot 17$
$8=2^3$	**67**	**127**	$187=11 \cdot 17$	$247=13 \cdot 19$	**307**
$9=3^2$	$68=2^2 \cdot 17$	$128=2^7$	$188=2^2 \cdot 47$	$248=2^3 \cdot 31$	$308=2^2 \cdot 7 \cdot 11$
$10=2 \cdot 5$	$69=3 \cdot 23$	$129=3 \cdot 43$	$189=3^3 \cdot 7$	$249=3 \cdot 83$	$309=3 \cdot 103$
11	$70=2 \cdot 5 \cdot 7$	$130=2 \cdot 5 \cdot 13$	$190=2 \cdot 5 \cdot 19$	$250=2 \cdot 5^3$	$310=2 \cdot 5 \cdot 31$
$12=2^2 \cdot 3$	**71**	**131**	**191**	**251**	**311**
13	$72=2^3 \cdot 3^2$	$132=2^2 \cdot 3 \cdot 11$	$192=2^6 \cdot 3$	$252=2^2 \cdot 3^2 \cdot 7$	$312=2^3 \cdot 3 \cdot 13$
$14=2 \cdot 7$	**73**	$133=7 \cdot 19$	**193**	$253=11 \cdot 23$	**313**
$15=3 \cdot 5$	$74=2 \cdot 37$	$134=2 \cdot 67$	$194=2 \cdot 97$	$254=2 \cdot 127$	$314=2 \cdot 157$
$16=2^4$	$75=3 \cdot 5^2$	$135=3^3 \cdot 5$	$195=3 \cdot 5 \cdot 13$	$255=3 \cdot 5 \cdot 17$	$315=3^2 \cdot 5 \cdot 7$
17	$76=2^2 \cdot 19$	$136=2^3 \cdot 17$	$196=2^2 \cdot 7^2$	$256=2^8$	$316=2^2 \cdot 79$
$18=2 \cdot 3^2$	$77=7 \cdot 11$	**137**	**197**	**257**	**317**
19	$78=2 \cdot 3 \cdot 13$	$138=2 \cdot 3 \cdot 23$	$198=2 \cdot 3^2 \cdot 11$	$258=2 \cdot 3 \cdot 43$	$318=2 \cdot 3 \cdot 53$
$20=2^2 \cdot 5$	**79**	**139**	**199**	$259=7 \cdot 37$	$319=11 \cdot 29$
$21=3 \cdot 7$	$80=2^4 \cdot 5$	$140=2^2 \cdot 5 \cdot 7$	$200=2^3 \cdot 5^2$	$260=2^2 \cdot 5 \cdot 13$	$320=2^6 \cdot 5$
$22=2 \cdot 11$	$81=3^4$	$141=3 \cdot 47$	$201=3 \cdot 67$	$261=3^2 \cdot 29$	$321=3 \cdot 107$
23	$82=2 \cdot 41$	$142=2 \cdot 71$	$202=2 \cdot 101$	$262=2 \cdot 131$	$322=2 \cdot 7 \cdot 23$
$24=2^3 \cdot 3$	**83**	$143=11 \cdot 13$	$203=7 \cdot 29$	**263**	$323=17 \cdot 19$
$25=5^2$	$84=2^2 \cdot 3 \cdot 7$	$144=2^4 \cdot 3^2$	$204=2^2 \cdot 3 \cdot 17$	$264=2^3 \cdot 3 \cdot 11$	$324=2^2 \cdot 3^4$
$26=2 \cdot 13$	$85=5 \cdot 17$	$145=5 \cdot 29$	$205=5 \cdot 41$	$265=5 \cdot 53$	$325=5^2 \cdot 13$
$27=3^3$	$86=2 \cdot 43$	$146=2 \cdot 73$	$206=2 \cdot 103$	$266=2 \cdot 7 \cdot 19$	$326=2 \cdot 163$
$28=2^2 \cdot 7$	$87=3 \cdot 29$	$147=3 \cdot 7^2$	$207=3^2 \cdot 23$	$267=3 \cdot 89$	$327=3 \cdot 109$
29	$88=2^3 \cdot 11$	$148=2^2 \cdot 37$	$208=2^4 \cdot 13$	$268=2^2 \cdot 67$	$328=2^3 \cdot 41$
$30=2 \cdot 3 \cdot 5$	**89**	**149**	$209=11 \cdot 19$	**269**	$329=7 \cdot 47$
31	$90=2 \cdot 3^2 \cdot 5$	$150=2 \cdot 3 \cdot 5^2$	$210=2 \cdot 3 \cdot 5 \cdot 7$	$270=2 \cdot 3^3 \cdot 5$	$330=2 \cdot 3 \cdot 5 \cdot 11$
$32=2^5$	$91=7 \cdot 13$	**151**	**211**	**271**	**331**
$33=3 \cdot 11$	$92=2^2 \cdot 23$	$152=2^3 \cdot 19$	$212=2^2 \cdot 53$	$272=2^4 \cdot 17$	$332=2^2 \cdot 83$
$34=2 \cdot 17$	$93=3 \cdot 31$	$153=3^2 \cdot 17$	$213=3 \cdot 71$	$273=3 \cdot 7 \cdot 13$	$333=3^2 \cdot 37$
$35=5 \cdot 7$	$94=2 \cdot 47$	$154=2 \cdot 7 \cdot 11$	$214=2 \cdot 107$	$274=2 \cdot 137$	$334=2 \cdot 167$
$36=2^2 \cdot 3^2$	$95=5 \cdot 19$	$155=5 \cdot 31$	$215=5 \cdot 43$	$275=5^2 \cdot 11$	$335=5 \cdot 67$
37	$96=2^5 \cdot 3$	$156=2^2 \cdot 3 \cdot 13$	$216=2^3 \cdot 3^3$	$276=2^2 \cdot 3 \cdot 23$	$336=2^4 \cdot 3 \cdot 7$
$38=2 \cdot 19$	**97**	**157**	$217=7 \cdot 31$	**277**	**337**
$39=3 \cdot 13$	$98=2 \cdot 7^2$	$158=2 \cdot 79$	$218=2 \cdot 109$	$278=2 \cdot 139$	$338=2 \cdot 13^2$
$40=2^3 \cdot 5$	$99=3^2 \cdot 11$	$159=3 \cdot 53$	$219=3 \cdot 73$	$279=3^2 \cdot 31$	$339=3 \cdot 113$
41	$100=2^2 \cdot 5^2$	$160=2^5 \cdot 5$	$220=2^2 \cdot 5 \cdot 11$	$280=2^3 \cdot 5 \cdot 7$	$340=2^2 \cdot 5 \cdot 17$
$42=2 \cdot 3 \cdot 7$	**101**	$161=7 \cdot 23$	$221=13 \cdot 17$	**281**	$341=11 \cdot 31$
43	$102=2 \cdot 3 \cdot 17$	$162=2 \cdot 3^4$	$222=2 \cdot 3 \cdot 37$	$282=2 \cdot 3 \cdot 47$	$342=2 \cdot 3^2 \cdot 19$
$44=2^2 \cdot 11$	**103**	**163**	**223**	**283**	$343=7^3$
$45=3^2 \cdot 5$	$104=2^3 \cdot 13$	$164=2^2 \cdot 41$	$224=2^5 \cdot 7$	$284=2^2 \cdot 71$	$344=2^3 \cdot 43$
$46=2 \cdot 23$	$105=3 \cdot 5 \cdot 7$	$165=3 \cdot 5 \cdot 11$	$225=3^2 \cdot 5^2$	$285=3 \cdot 5 \cdot 19$	$345=3 \cdot 5 \cdot 23$
47	$106=2 \cdot 53$	$166=2 \cdot 83$	$226=2 \cdot 113$	$286=2 \cdot 11 \cdot 13$	$346=2 \cdot 173$
$48=2^4 \cdot 3$	**107**	**167**	**227**	$287=7 \cdot 41$	**347**
$49=7^2$	$108=2^2 \cdot 3^3$	$168=2^3 \cdot 3 \cdot 7$	$228=2^2 \cdot 3 \cdot 19$	$288=2^5 \cdot 3^2$	$348=2^2 \cdot 3 \cdot 29$
$50=2 \cdot 5^2$	**109**	$169=13^2$	**229**	$289=17^2$	**349**
$51=3 \cdot 17$	$110=2 \cdot 5 \cdot 11$	$170=2 \cdot 5 \cdot 17$	$230=2 \cdot 5 \cdot 23$	$290=2 \cdot 5 \cdot 29$	$350=2 \cdot 5^2 \cdot 7$
$52=2^2 \cdot 13$	$111=3 \cdot 37$	$171=3^2 \cdot 19$	$231=3 \cdot 7 \cdot 11$	$291=3 \cdot 97$	$351=3^3 \cdot 13$
53	$112=2^4 \cdot 7$	$172=2^2 \cdot 43$	$232=2^3 \cdot 29$	$292=2^2 \cdot 73$	$352=2^5 \cdot 11$
$54=2 \cdot 3^3$	**113**	**173**	**233**	**293**	**353**
$55=5 \cdot 11$	$114=2 \cdot 3 \cdot 19$	$174=2 \cdot 3 \cdot 29$	$234=2 \cdot 3^2 \cdot 13$	$294=2 \cdot 3 \cdot 7^2$	$354=2 \cdot 3 \cdot 59$
$56=2^3 \cdot 7$	$115=5 \cdot 23$	$175=5^2 \cdot 7$	$235=5 \cdot 47$	$295=5 \cdot 59$	$355=5 \cdot 71$
$57=3 \cdot 19$	$116=2^2 \cdot 29$	$176=2^4 \cdot 11$	$236=2^2 \cdot 59$	$296=2^3 \cdot 37$	$356=2^2 \cdot 89$
$58=2 \cdot 29$	$117=3^2 \cdot 13$	$177=3 \cdot 59$	$237=3 \cdot 79$	$297=3^3 \cdot 11$	$357=3 \cdot 7 \cdot 17$
59	$118=2 \cdot 59$	$178=2 \cdot 89$	$238=2 \cdot 7 \cdot 17$	$298=2 \cdot 149$	$358=2 \cdot 179$
$60=2^2 \cdot 3 \cdot 5$	$119=7 \cdot 17$	**179**	**239**	$299=13 \cdot 23$	**359**
	$120=2^3 \cdot 3 \cdot 5$	$180=2^2 \cdot 3^2 \cdot 5$	$240=2^4 \cdot 3 \cdot 5$	$300=2^2 \cdot 3 \cdot 5^2$	$360=2^3 \cdot 3^2 \cdot 5$

Zahlen | Zeichen | Ziffern

Primzahlen und Primfaktorzerlegung von 361 bis 720

$361 = 19^2$	421	$481 = 13 \cdot 37$	541	601	661
$362 = 2 \cdot 181$	$422 = 2 \cdot 211$	$482 = 2 \cdot 241$	$542 = 2 \cdot 271$	$602 = 2 \cdot 7 \cdot 43$	$662 = 2 \cdot 331$
$363 = 3 \cdot 11^2$	$423 = 3^2 \cdot 47$	$483 = 3 \cdot 7 \cdot 23$	$543 = 3 \cdot 181$	$603 = 3^2 \cdot 67$	$663 = 3 \cdot 13 \cdot 17$
$364 = 2^2 \cdot 7 \cdot 13$	$424 = 2^3 \cdot 53$	$484 = 2^2 \cdot 11^2$	$544 = 2^5 \cdot 17$	$604 = 2^2 \cdot 151$	$664 = 2^3 \cdot 83$
$365 = 5 \cdot 73$	$425 = 5^2 \cdot 17$	$485 = 5 \cdot 97$	$545 = 5 \cdot 109$	$605 = 5 \cdot 11^2$	$665 = 5 \cdot 7 \cdot 19$
$366 = 2 \cdot 3 \cdot 61$	$426 = 2 \cdot 3 \cdot 71$	$486 = 2 \cdot 3^5$	$546 = 2 \cdot 3 \cdot 7 \cdot 13$	$606 = 2 \cdot 3 \cdot 101$	$666 = 2 \cdot 3^2 \cdot 37$
367	$427 = 7 \cdot 61$	487	547	607	$667 = 23 \cdot 29$
$368 = 2^4 \cdot 23$	$428 = 2^2 \cdot 107$	$488 = 2^3 \cdot 61$	$548 = 2^2 \cdot 137$	$608 = 2^5 \cdot 19$	$668 = 2^2 \cdot 167$
$369 = 3^2 \cdot 41$	$429 = 3 \cdot 11 \cdot 13$	$489 = 3 \cdot 163$	$549 = 3^2 \cdot 61$	$609 = 3 \cdot 7 \cdot 29$	$669 = 3 \cdot 223$
$370 = 2 \cdot 5 \cdot 37$	$430 = 2 \cdot 5 \cdot 43$	$490 = 2 \cdot 5 \cdot 7^2$	$550 = 2 \cdot 5^2 \cdot 11$	$610 = 2 \cdot 5 \cdot 61$	$670 = 2 \cdot 5 \cdot 67$
$371 = 7 \cdot 53$	431	491	$551 = 19 \cdot 29$	$611 = 13 \cdot 47$	$671 = 11 \cdot 61$
$372 = 2^2 \cdot 3 \cdot 31$	$432 = 2^4 \cdot 3^3$	$492 = 2^2 \cdot 3 \cdot 41$	$552 = 2^3 \cdot 3 \cdot 23$	$612 = 2^2 \cdot 3^2 \cdot 17$	$672 = 2^5 \cdot 3 \cdot 7$
373	433	$493 = 17 \cdot 29$	$553 = 7 \cdot 79$	613	673
$374 = 2 \cdot 11 \cdot 17$	$434 = 2 \cdot 7 \cdot 31$	$494 = 2 \cdot 13 \cdot 19$	$554 = 2 \cdot 277$	$614 = 2 \cdot 307$	$674 = 2 \cdot 337$
$375 = 3 \cdot 5^3$	$435 = 3 \cdot 5 \cdot 29$	$495 = 3^2 \cdot 5 \cdot 11$	$555 = 3 \cdot 5 \cdot 37$	$615 = 3 \cdot 5 \cdot 41$	$675 = 3^3 \cdot 5^2$
$376 = 2^3 \cdot 47$	$436 = 2^2 \cdot 109$	$496 = 2^4 \cdot 31$	$556 = 2^2 \cdot 139$	$616 = 2^3 \cdot 7 \cdot 11$	$676 = 2^2 \cdot 13^2$
$377 = 13 \cdot 29$	$437 = 19 \cdot 23$	$497 = 7 \cdot 71$	557	617	677
$378 = 2 \cdot 3^3 \cdot 7$	$438 = 2 \cdot 3 \cdot 73$	$498 = 2 \cdot 3 \cdot 83$	$558 = 2 \cdot 3^2 \cdot 31$	$618 = 2 \cdot 3 \cdot 103$	$678 = 2 \cdot 3 \cdot 113$
379	439	499	$559 = 13 \cdot 43$	619	$679 = 7 \cdot 97$
$380 = 2^2 \cdot 5 \cdot 19$	$440 = 2^3 \cdot 5 \cdot 11$	$500 = 2^2 \cdot 5^3$	$560 = 2^4 \cdot 5 \cdot 7$	$620 = 2^2 \cdot 5 \cdot 31$	$680 = 2^3 \cdot 5 \cdot 17$
$381 = 3 \cdot 27$	$441 = 3^2 \cdot 7^2$	$501 = 3 \cdot 167$	$561 = 3 \cdot 11 \cdot 17$	$621 = 3^3 \cdot 23$	$681 = 3 \cdot 227$
$382 = 2 \cdot 191$	$442 = 2 \cdot 13 \cdot 17$	$502 = 2 \cdot 251$	$562 = 2 \cdot 281$	$622 = 2 \cdot 311$	$682 = 2 \cdot 11 \cdot 31$
383	443	503	563	$623 = 7 \cdot 89$	683
$384 = 2^7 \cdot 3$	$444 = 2^2 \cdot 3 \cdot 37$	$504 = 2^3 \cdot 3^2 \cdot 7$	$564 = 2^2 \cdot 3 \cdot 47$	$624 = 2^4 \cdot 3 \cdot 13$	$684 = 2^2 \cdot 3^2 \cdot 19$
$385 = 5 \cdot 7 \cdot 11$	$445 = 5 \cdot 89$	$505 = 5 \cdot 101$	$565 = 5 \cdot 113$	$625 = 5^4$	$685 = 5 \cdot 137$
$386 = 2 \cdot 193$	$446 = 2 \cdot 223$	$506 = 2 \cdot 11 \cdot 23$	$566 = 2 \cdot 283$	$626 = 2 \cdot 313$	$686 = 2 \cdot 7^3$
$387 = 3^2 \cdot 43$	$447 = 3 \cdot 149$	$507 = 3 \cdot 132$	$567 = 3^4 \cdot 7$	$627 = 3 \cdot 11 \cdot 19$	$687 = 3 \cdot 229$
$388 = 2^2 \cdot 97$	$448 = 2^6 \cdot 7$	$508 = 2^2 \cdot 127$	$568 = 2^3 \cdot 71$	$628 = 2^2 \cdot 157$	$688 = 2^4 \cdot 43$
389	449	509	569	$629 = 17 \cdot 37$	$689 = 13 \cdot 53$
$390 = 2 \cdot 3 \cdot 5 \cdot 13$	$450 = 2 \cdot 3^2 \cdot 5^2$	$510 = 2 \cdot 3 \cdot 5 \cdot 17$	$570 = 2 \cdot 3 \cdot 5 \cdot 19$	$630 = 2 \cdot 3^2 \cdot 5 \cdot 7$	$690 = 2 \cdot 3 \cdot 5 \cdot 23$
$391 = 17 \cdot 23$	$451 = 11 \cdot 41$	$511 = 7 \cdot 73$	571	631	691
$392 = 2^3 \cdot 7^2$	$452 = 2^2 \cdot 113$	$512 = 2^9$	$572 = 2^2 \cdot 11 \cdot 13$	$632 = 2^3 \cdot 79$	$692 = 2^2 \cdot 173$
$393 = 3 \cdot 131$	$453 = 3 \cdot 151$	$513 = 3^3 \cdot 19$	$573 = 3 \cdot 191$	$633 = 3 \cdot 211$	$693 = 3^2 \cdot 7 \cdot 11$
$394 = 2 \cdot 197$	$454 = 2 \cdot 227$	$514 = 2 \cdot 257$	$574 = 2 \cdot 7 \cdot 41$	$634 = 2 \cdot 317$	$694 = 2 \cdot 347$
$395 = 5 \cdot 79$	$455 = 5 \cdot 7 \cdot 13$	$515 = 5 \cdot 103$	$575 = 5^2 \cdot 23$	$635 = 5 \cdot 127$	$695 = 5 \cdot 139$
$396 = 2^2 \cdot 3^2 \cdot 11$	$456 = 2^3 \cdot 3 \cdot 19$	$516 = 2^2 \cdot 3 \cdot 43$	$576 = 2^6 \cdot 3^2$	$636 = 2^2 \cdot 3 \cdot 53$	$696 = 2^3 \cdot 3 \cdot 29$
397	457	$517 = 11 \cdot 47$	577	$637 = 7^2 \cdot 13$	$697 = 17 \cdot 41$
$398 = 2 \cdot 199$	$458 = 2 \cdot 229$	$518 = 2 \cdot 7 \cdot 37$	$578 = 2 \cdot 17^2$	$638 = 2 \cdot 11 \cdot 29$	$698 = 2 \cdot 349$
$399 = 3 \cdot 7 \cdot 19$	$459 = 3^3 \cdot 17$	$519 = 3 \cdot 173$	$579 = 3 \cdot 193$	$639 = 3^2 \cdot 71$	$699 = 3 \cdot 233$
$400 = 2^4 \cdot 5^2$	$460 = 2^2 \cdot 5 \cdot 23$	$520 = 2^3 \cdot 5 \cdot 13$	$580 = 2^2 \cdot 5 \cdot 29$	$640 = 2^7 \cdot 5$	$700 = 2^2 \cdot 5^2 \cdot 7$
401	461	521	$581 = 7 \cdot 83$	641	701
$402 = 2 \cdot 3 \cdot 67$	$462 = 2 \cdot 3 \cdot 7 \cdot 11$	$522 = 2 \cdot 3^2 \cdot 29$	$582 = 2 \cdot 3 \cdot 97$	$642 = 2 \cdot 3 \cdot 107$	$702 = 2 \cdot 3^3 \cdot 13$
$403 = 13 \cdot 31$	463	523	$583 = 11 \cdot 53$	643	$703 = 19 \cdot 37$
$404 = 2^2 \cdot 101$	$464 = 2^4 \cdot 29$	$524 = 2^2 \cdot 131$	$584 = 2^3 \cdot 73$	$644 = 2^2 \cdot 7 \cdot 23$	$704 = 2^6 \cdot 11$
$405 = 3^4 \cdot 5$	$465 = 3 \cdot 5 \cdot 31$	$525 = 3 \cdot 5^2 \cdot 7$	$585 = 3^2 \cdot 5 \cdot 13$	$645 = 3 \cdot 5 \cdot 43$	$705 = 3 \cdot 5 \cdot 47$
$406 = 2 \cdot 7 \cdot 29$	$466 = 2 \cdot 233$	$526 = 2 \cdot 263$	$586 = 2 \cdot 293$	$646 = 2 \cdot 17 \cdot 19$	$706 = 2 \cdot 353$
$407 = 11 \cdot 37$	467	$527 = 17 \cdot 31$	587	647	$707 = 7 \cdot 101$
$408 = 2^3 \cdot 3 \cdot 17$	$468 = 2^2 \cdot 3^2 \cdot 13$	$528 = 2^4 \cdot 3 \cdot 11$	$588 = 2^2 \cdot 3 \cdot 7^2$	$648 = 2^3 \cdot 3^4$	$708 = 2^2 \cdot 3 \cdot 59$
409	$469 = 7 \cdot 67$	$529 = 23^2$	$589 = 19 \cdot 31$	$649 = 11 \cdot 59$	709
$410 = 2 \cdot 5 \cdot 41$	$470 = 2 \cdot 5 \cdot 47$	$530 = 2 \cdot 5 \cdot 53$	$590 = 2 \cdot 5 \cdot 59$	$650 = 2 \cdot 5^2 \cdot 13$	$710 = 2 \cdot 5 \cdot 71$
$411 = 3 \cdot 137$	$471 = 3 \cdot 157$	$531 = 3^2 \cdot 59$	$591 = 3 \cdot 197$	$651 = 3 \cdot 7 \cdot 31$	$711 = 3^2 \cdot 79$
$412 = 2^2 \cdot 103$	$472 = 2^3 \cdot 59$	$532 = 2^2 \cdot 7 \cdot 19$	$592 = 2^2 \cdot 37$	$652 = 2^2 \cdot 163$	$712 = 2^3 \cdot 89$
$413 = 7 \cdot 59$	$473 = 11 \cdot 43$	$533 = 13 \cdot 41$	593	653	$713 = 23 \cdot 31$
$414 = 2 \cdot 3^2 \cdot 23$	$474 = 2 \cdot 3 \cdot 79$	$534 = 2 \cdot 3 \cdot 89$	$594 = 2 \cdot 3^3 \cdot 11$	$654 = 2 \cdot 3 \cdot 109$	$714 = 2 \cdot 3 \cdot 7 \cdot 17$
$415 = 5 \cdot 83$	$475 = 5^2 \cdot 19$	$535 = 5 \cdot 107$	$595 = 5 \cdot 7 \cdot 17$	$655 = 5 \cdot 131$	$715 = 5 \cdot 11 \cdot 13$
$416 = 2^5 \cdot 13$	$476 = 2^2 \cdot 7 \cdot 17$	$536 = 2^3 \cdot 67$	$596 = 2^2 \cdot 149$	$656 = 2^4 \cdot 41$	$716 = 2^2 \cdot 179$
$417 = 3 \cdot 139$	$477 = 3^2 \cdot 53$	$537 = 3 \cdot 179$	$597 = 3 \cdot 199$	$657 = 3^2 \cdot 73$	$717 = 3 \cdot 239$
$418 = 2 \cdot 11 \cdot 19$	$478 = 2 \cdot 239$	$538 = 2 \cdot 269$	$598 = 2 \cdot 13 \cdot 23$	$658 = 2 \cdot 7 \cdot 47$	$718 = 2 \cdot 359$
419	479	$539 = 7^2 \cdot 11$	599	659	719
$420 = 2^2 \cdot 3 \cdot 5 \cdot 7$	$480 = 2^5 \cdot 3 \cdot 5$	$540 = 2^2 \cdot 3^3 \cdot 5$	$600 = 2^3 \cdot 3 \cdot 5^2$	$660 = 2^2 \cdot 3 \cdot 5 \cdot 11$	$720 = 2^4 \cdot 3^2 \cdot 5$

Rechnen mit Bruchzahlen (gebrochenen Zahlen)

Erweitern/Kürzen	$\dfrac{a}{b} = \dfrac{a \cdot c}{b \cdot c}$ $(b \neq 0, c \neq 0)$	$\dfrac{a}{b} = \dfrac{a : c}{b : c}$ $(b \neq 0, c \neq 0,$ a und b teilbar durch $c)$
Addition/Subtraktion	$\dfrac{a}{b} + \dfrac{c}{d} = \dfrac{ad + bc}{bd}$ $(b \neq 0, d \neq 0)$	$\dfrac{a}{b} - \dfrac{c}{d} = \dfrac{ad - bc}{bd}$ $(b \neq 0, d \neq 0)$
Multiplikation/Division	$\dfrac{a}{b} \cdot \dfrac{c}{d} = \dfrac{a \cdot c}{b \cdot d}$ $(b \neq 0, d \neq 0)$	$\dfrac{a}{b} : \dfrac{c}{d} = \dfrac{a \cdot d}{b \cdot c}$ $(b \neq 0, c \neq 0, d \neq 0)$

Rundungsregeln

Ab- und Aufrunden	Folgt der Rundungsstelle eine 0, 1, 2, 3 oder 4, so wird abgerundet. Folgt der Rundungsstelle eine 5, 6, 7, 8 oder 9, so wird aufgerundet.
Faustregel für das Rechnen mit gerundeten Werten	*Addition/Multiplikation:* Um Rundungsfehler gering zu halten, sollte die eine Zahl vergrößert und die andere verkleinert werden. *Subtraktion/Division:* Beide Zahlen sollten vergrößert oder beide verkleinert werden, um geringere Rundungsfehler zu erhalten.

Näherungswerte

Näherungswerte	Näherungswerte erhält man beim Messen und beim Runden. Auch beim Rechnen mit Dezimalbrüchen benutzt man oft Näherungswerte, um Rechnungen mit vielen Nachkommastellen zu vermeiden.
Abweichung vom genauen Wert	Ein Näherungswert weicht i. Allg. vom (meist unbekannten) genauen Wert um nicht mehr als die Hälfte des Stellenwertes der letzten Ziffer ab. *Beispiel:* Für $\sqrt{7}$ gibt der Taschenrechner 2,6**457**513 an. Der Näherungswert 2,646 weicht davon um 0,0002487 ($<$ 0,0005) ab.
Faustregeln für das Rechnen mit Näherungswerten	*Addition/Subtraktion:* Suche den Näherungswert, bei dem die letzte zuverlässige Ziffer am weitesten links steht. Bestimme die Stelle dieser letzten zuverlässigen Ziffer. Runde das Ergebnis auf diese Stelle. *Multiplikation/Division:* Suche den Näherungswert mit der geringsten Anzahl zuverlässiger Ziffern. Runde das Ergebnis auf die gleiche Anzahl von Ziffern.

Intervalle im Bereich reeller Zahlen

Abgeschlossene Intervalle
$[a; b]$ ist die Menge aller reellen Zahlen x mit $a \leq x \leq b$.
Die Randwerte a und b gehören zum Intervall.

Offene Intervalle
$(a; b)$ ist die Menge aller reellen Zahlen x mit $a < x < b$.
Die Randwerte a und b gehören nicht zum Intervall.
$(a; +\infty)$ ist die Menge aller reellen Zahlen x mit $x > a$.

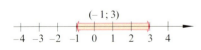

Halboffene Intervalle
$[a; b)$ ist die Menge aller reellen Zahlen x mit $a \leq x < b$.
$(a; b]$ ist die Menge aller reellen Zahlen x mit $a < x \leq b$.
$[a; +\infty)$ ist die Menge aller reellen Zahlen x mit $x \geq a$.
$(-\infty; a]$ ist die Menge aller reellen Zahlen x mit $x \leq a$.

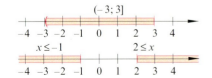

Zahlenbereiche

	Ausführbarkeit von Rechenoperationen	Darstellung auf einer Zahlengeraden
Natürliche Zahlen $\mathbb{N}$ $\mathbb{N} = \{0, 1, 2, \ldots\}$	Addition und Multiplikation sind stets ausführbar, Subtraktion und Division nicht immer. *Monotoniegesetze:* Aus $a < b$ folgt $a + c < b + c$. Aus $a < b$ folgt $a \cdot c < b \cdot c$ ($c \neq 0$).	Den natürlichen Zahlen entsprechen einzelne Punkte im Abstand von 1 auf dem Zahlenstrahl (ab 0). Jede Zahl (außer 0) hat einen Vorgänger und einen Nachfolger.
Ganze Zahlen $\mathbb{Z}$ $\mathbb{Z} = \{\ldots, -2, -1, 0, 1, 2, \ldots\}$ $\mathbb{N} \subset \mathbb{Z}$	Addition, Subtraktion und Multiplikation sind stets ausführbar, Division nicht immer. *Monotoniegesetze:* Aus $a < b$ folgt $a + c < b + c$. Aus $a < b$ folgt $a \cdot c < b \cdot c$, falls $c > 0$. Aus $a < b$ folgt $a \cdot c > b \cdot c$, falls $c < 0$.	Den ganzen Zahlen entsprechen einzelne Punkte im Abstand von 1 auf der Zahlengeraden. Jede Zahl (auch 0) hat einen Vorgänger und einen Nachfolger. Die zu einer Zahl a entgegengesetzte Zahl ist $-a$ (durch Punktspiegelung von a an 0).
Bruchzahlen $\mathbb{Q}_{\geq 0}$ $\mathbb{Q}_{\geq 0} = \left\{ \dfrac{p}{q} \,\middle|\, p, q \in \mathbb{N} \text{ und } q \neq 0 \right\}$, z. B. 0; 3; $\dfrac{4}{3}$; $1{,}47$; $0{,}\overline{3}$ $\mathbb{N} \subset \mathbb{Q}_{\geq 0}$	Addition, Multiplikation und Division (außer durch 0) sind stets ausführbar, Subtraktion nicht immer. Bruchzahlen können auch durch Dezimalbrüche dargestellt werden. *Monotoniegesetze:* Aus $a < b$ folgt $a + c < b + c$. Aus $a < b$ folgt $a \cdot c < b \cdot c$ ($c \neq 0$).	Die gebrochenen Zahlen liegen dicht auf dem Zahlenstrahl (ab 0), es gibt aber Punkte, zu denen keine gebrochene Zahl gehört. (Lücken auf der Zahlengeraden)
Rationale Zahlen $\mathbb{Q}$ $\mathbb{Q} = \left\{ \dfrac{p}{q} \,\middle|\, p, q \in \mathbb{Z} \text{ und } q \neq 0 \right\}$, z. B. 1; $\dfrac{5}{8}$; $-0{,}\overline{3}$; $-\dfrac{1}{17}$; $2{,}5$ $\mathbb{N} \subset \mathbb{Q}$; $\mathbb{Z} \subset \mathbb{Q}$; $\mathbb{Q}_{\geq 0} \subset \mathbb{Q}$	Addition, Subtraktion, Multiplikation und Division (außer durch 0) sind stets ausführbar, eine Wurzel aus einer positiven, rationalen Zahl ist oft keine rationale Zahl. *Monotoniegesetze:* Aus $a < b$ folgt $a + c < b + c$. Aus $a < b$ folgt $a \cdot c < b \cdot c$, falls $c > 0$. Aus $a < b$ folgt $a \cdot c > b \cdot c$, falls $c < 0$.	Die rationalen Zahlen liegen dicht auf der Zahlengeraden, es gibt aber Punkte, zu denen keine rationale Zahl gehört. (Lücken auf der Zahlengeraden)
Reelle Zahlen $\mathbb{R}$ z. B. -3; $\dfrac{5}{2}$; π; $\sqrt{4}$; $-\sqrt{3}$ $\mathbb{N} \subset \mathbb{R}$; $\mathbb{Z} \subset \mathbb{R}$; $\mathbb{Q}_{\geq 0} \subset \mathbb{R}$; $\mathbb{Q} \subset \mathbb{R}$	Addition, Subtraktion, Multiplikation und Division (außer durch 0) sind stets ausführbar; Wurzeln aus positiven, reellen Zahlen können stets gezogen werden. *Monotoniegesetze:* Aus $a < b$ folgt $a + c < b + c$. Aus $a < b$ folgt $a \cdot c < b \cdot c$, falls $c > 0$. Aus $a < b$ folgt $a \cdot c > b \cdot c$, falls $c < 0$.	Jedem Punkt auf der Zahlengeraden entspricht genau eine reelle Zahl.

Zahlen im Zehnersystem/Dezimalzahlen

Im dekadischen Zahlensystem, kurz: Zehnersystem oder Dezimalsystem, wird als Basis die Zahl 10 benutzt, d. h. die einzelnen Stellen sind Potenzen von 10 (**Zehnerpotenzen**).
Zur Darstellung der einzelnen Zahlen werden die zehn Ziffern 0, 1, 2, 3, 4, 5, 6, 7, 8 und 9 benutzt.
Die Stelle einer Ziffer innerhalb der ganzen Zahl ergibt ihren Wert.
Eine **Stellentafel** im Dezimalsystem hat folgende Form:

Billionen			Milliarden			Millionen			Tausend					
10^{14}	10^{13}	10^{12}	10^{11}	10^{10}	10^{9}	10^{8}	10^{7}	10^{6}	10^{5}	10^{4}	10^{3}	10^{2}	10^{1}	10^{0}
					4	3	0	5	2	6	0	0	4	4

Für die in der dezimalen Stellentafel dargestellte Zahl 4 305 260 044 gilt:
$$4\,305\,260\,044 = 4 \cdot 10^9 + 3 \cdot 10^8 + 5 \cdot 10^6 + 2 \cdot 10^5 + 6 \cdot 10^4 + 4 \cdot 10^1 + 4 \cdot 10^0$$
$$= 4 \cdot 1\,000\,000\,000 + 3 \cdot 100\,000\,000 + 5 \cdot 1\,000\,000 + 2 \cdot 100\,000 + 6 \cdot 10\,000 + 4 \cdot 10 + 4 \cdot 1$$

Die in der Stellentafel dargestellte Zahl 4 305 260 044 lautet:
vier Milliarden dreihundertfünf Millionen zweihundertsechzig Tausend vierundvierzig.

Zahlen im Zweiersystem/Dualzahlen

Im dualen Zahlensystem, kurz: Zweiersystem oder Dualsystem, wird als Basis die Zahl 2 benutzt, d. h. die einzelnen Stellen sind Potenzen von 2.
Zur Darstellung der einzelnen Zahlen werden nur zwei Ziffern benötigt: 0 und 1.
Eine Stellentafel im Dualsystem hat folgende Form:

2^{10} ($=1024$)	2^{9} ($=512$)	2^{8} ($=256$)	2^{7} ($=128$)	2^{6} ($=64$)	2^{5} ($=32$)	2^{4} ($=16$)	2^{3} ($=8$)	2^{2} ($=4$)	2^{1} ($=2$)	2^{0} ($=1$)
		1	0	1	0	1	1	0	1	1

Für die in der dualen Stellentafel dargestellte Zahl $[101011011]_2$ gilt:
$$[101011011]_2 = 1 \cdot 2^8 + 1 \cdot 2^6 + 1 \cdot 2^4 + 1 \cdot 2^3 + 1 \cdot 2^1 + 1 \cdot 2^0$$
$$= 256 + 64 + 16 + 8 + 2 + 1 = 347$$

Für die Addition von Dualzahlen gilt: $\quad 0 + 0 = 0;\ 0 + 1 = 1;\ 1 + 0 = 1;\ 1 + 1 = 10$
Für die Multiplikation von Dualzahlen gilt: $\quad 0 \cdot 0 = 0;\ 0 \cdot 1 = 0;\ 1 \cdot 0 = 0;\ 1 \cdot 1 = 1$

Zahlen im Hexadezimalsystem/Hexadezimalzahlen

Im Hexadezimalsystem wird als Basis die Zahl 16 benutzt, d. h. die einzelnen Stellen sind Potenzen von 16.
Zur Darstellung der einzelnen Zahlen werden 16 Ziffern benötigt: 0, 1, 2, 3, 4, 5, 6, 7, 8, 9, A, B, C, D, E, F.
Eine Stellentafel im Hexadezimalsystem hat folgende Form:

16^{8} ($=4\,294\,967\,296$)	16^{7} ($=268\,435\,456$)	16^{6} ($=16\,777\,216$)	16^{5} ($=1\,048\,576$)	16^{4} ($=65\,536$)	16^{3} ($=4\,096$)	16^{2} ($=256$)	16^{1} ($=16$)	16^{0} ($=1$)
		A	0	6	0	3	7	F

Für die in der hexadezimalen Stellentafel dargestellte Zahl $[A06037F]_{16}$ gilt:
$$[A06037F]_{16} = 10 \cdot 16^6 + 6 \cdot 16^4 + 3 \cdot 16^2 + 7 \cdot 16^1 + 15 \cdot 16^0$$
$$= 10 \cdot 16\,777\,216 + 6 \cdot 65\,536 + 3 \cdot 256 + 7 \cdot 16 + 15 \cdot 1 = 168\,166\,271$$

Zahlen | Zeichen | Ziffern

Umrechnungstafel Dezimalzahlen ([ ]$_{10}$), Hexadezimalzahlen ([ ]$_{16}$), Dualzahlen ([ ]$_2$)

[ ]$_{10}$	[ ]$_{16}$	[ ]$_2$	[ ]$_{10}$	[ ]$_{16}$	[ ]$_2$	[ ]$_{10}$	[ ]$_{16}$	[ ]$_2$	[ ]$_{10}$	[ ]$_{16}$	[ ]$_2$	[ ]$_{10}$	[ ]$_{16}$	[ ]$_2$
0	0	00000000	52	34	00110100	104	68	01101000	156	9C	10011100	208	D0	11010000
1	1	00000001	53	35	00110101	105	69	01101001	157	9D	10011101	209	D1	11010001
2	2	00000010	54	36	00110110	106	6A	01101010	158	9E	10011110	210	D2	11010010
3	3	00000011	55	37	00110111	107	6B	01101011	159	9F	10011111	211	D3	11010011
4	4	00000100	56	38	00111000	108	6C	01101100	160	A0	10100000	212	D4	11010100
5	5	00000101	57	39	00111001	109	6D	01101101	161	A1	10100001	213	D5	11010101
6	6	00000110	58	3A	00111010	110	6E	01101110	162	A2	10100010	214	D6	11010110
7	7	00000111	59	3B	00111011	111	6F	01101111	163	A3	10100011	215	D7	11010111
8	8	00001000	60	3C	00111100	112	70	01110000	164	A4	10100100	216	D8	11011000
9	9	00001001	61	3D	00111101	113	71	01110001	165	A5	10100101	217	D9	11011001
10	A	00001010	62	3E	00111110	114	72	01110010	166	A6	10100110	218	DA	11011010
11	B	00001011	63	3F	00111111	115	73	01110011	167	A7	10100111	219	DB	11011011
12	C	00001100	64	40	01000000	116	74	01110100	168	A8	10101000	220	DC	11011100
13	D	00001101	65	41	01000001	117	75	01110101	169	A9	10101001	221	DD	11011101
14	E	00001110	66	42	01000010	118	76	01110110	170	AA	10101010	222	DE	11011110
15	F	00001111	67	43	01000011	119	77	01110111	171	AB	10101011	223	DF	11011111
16	10	00010000	68	44	01000100	120	78	01111000	172	AC	10101100	224	E0	11100000
17	11	00010001	69	45	01000101	121	79	01111001	173	AD	10101101	225	E1	11100001
18	12	00010010	70	46	01000110	122	7A	01111010	174	AE	10101110	226	E2	11100010
19	13	00010011	71	47	01000111	123	7B	01111011	175	AF	10101111	227	E3	11100011
20	14	00010100	72	48	01001000	124	7C	01111100	176	B0	10110000	228	E4	11100100
21	15	00010101	73	49	01001001	125	7D	01111101	177	B1	10110001	229	E5	11100101
22	16	00010110	74	4A	01001010	126	7E	01111110	178	B2	10110010	230	E6	11100110
23	17	00010111	75	4B	01001011	127	7F	01111111	179	B3	10110011	231	E7	11100111
24	18	00011000	76	4C	01001100	128	80	10000000	180	B4	10110100	232	E8	11101000
25	19	00011001	77	4D	01001101	129	81	10000001	181	B5	10110101	233	E9	11101001
26	1A	00011010	78	4E	01001110	130	82	10000010	182	B6	10110110	234	EA	11101010
27	1B	00011011	79	4F	01001111	131	83	10000011	183	B7	10110111	235	EB	11101011
28	1C	00011100	80	50	01010000	132	84	10000100	184	B8	10111000	236	EC	11101100
29	1D	00011101	81	51	01010001	133	85	10000101	185	B9	10111001	237	ED	11101101
30	1E	00011110	82	52	01010010	134	86	10000110	186	BA	10111010	238	EE	11101110
31	1F	00011111	83	53	01010011	135	87	10000111	187	BB	10111011	239	EF	11101111
32	20	00100000	84	54	01010100	136	88	10001000	188	BC	10111100	240	F0	11110000
33	21	00100001	85	55	01010101	137	89	10001001	189	BD	10111101	241	F1	11110001
34	22	00100010	86	56	01010110	138	8A	10001010	190	BE	10111110	242	F2	11110010
35	23	00100011	87	57	01010111	139	8B	10001011	191	BF	10111111	243	F3	11110011
36	24	00100100	88	58	01011000	140	8C	10001100	192	C0	11000000	244	F4	11110100
37	25	00100101	89	59	01011001	141	8D	10001101	193	C1	11000001	245	F5	11110101
38	26	00100110	90	5A	01011010	142	8E	10001110	194	C2	11000010	246	F6	11110110
39	27	00100111	91	5B	01011011	143	8F	10001111	195	C3	11000011	247	F7	11110111
40	28	00101000	92	5C	01011100	144	90	10010000	196	C4	11000100	248	F8	11111000
41	29	00101001	93	5D	01011101	145	91	10010001	197	C5	11000101	249	F9	11111001
42	2A	00101010	94	5E	01011110	146	92	10010010	198	C6	11000110	250	FA	11111010
43	2B	00101011	95	5F	01011111	147	93	10010011	199	C7	11000111	251	FB	11111011
44	2C	00101100	96	60	01100000	148	94	10010100	200	C8	11001000	252	FC	11111100
45	2D	00101101	97	61	01100001	149	95	10010101	201	C9	11001001	253	FD	11111101
46	2E	00101110	98	62	01100010	150	96	10010110	202	CA	11001010	254	FE	11111110
47	2F	00101111	99	63	01100011	151	97	10010111	203	CB	11001011	255	FF	11111111
48	30	00110000	100	64	01100100	152	98	10011000	204	CC	11001100			
49	31	00110001	101	65	01100101	153	99	10011001	205	CD	11001101			
50	32	00110010	102	66	01100110	154	9A	10011010	206	CE	11001110			
51	33	00110011	103	67	01100111	155	9B	10011011	207	CF	11001111			

Taschenrechner-Einmaleins

Vorbemerkung: Die verschiedenen Gerätetypen tragen zum Teil unterschiedliche Tastensymbole.

Zahlen eingeben ①, ②	Ziffern von links nach rechts eintippen.	① 59,86 [5][9][,][8][6] ② 0,704 [,][7][0][4] Anzeige: [0.704]
• negative Zahlen eingeben [+/−]	Nach dem Eingeben der Ziffern die Vorzeichenwechseltaste [+/−] betätigen. ③	③ −680 [6][8][0][+/−] Anzeige: [−680.]
• Zahlen mit abgetrennten Zehnerpotenzen [EEX] (oder [EXP] oder [EE])	Zahlen mit großer Stellenzahl werden mit abgetrennten Zehnerpotenzen eingegeben. Dabei werden die Zahlen als Produkt aus einem Faktor x im Intervall $1 \leq x < 10$ und einer Zehnerpotenz dargestellt. ④, ⑤	④ 598 700 000 000 [5][9][8][7][EEX][8] Anzeige: [5987. 08] oder: [5987. 08] Beim Drücken von [=] oder einer Operationstaste Umspringen auf [5.987 11]. ⑤ $0{,}000\,002\,565\,3 = 2{,}5653 \cdot 10^{-6}$ [2][,][5][6][5][3][EEX][6][+/−] Anzeige: [2.5653 −06]
Zahlen löschen [CE-C] (oder [C])	Einmaliges Betätigen der Löschtaste [CE-C] bzw. [C] bewirkt das Löschen der zuletzt eingegebenen Zahl. ① ②	① 319 [CE-C] löscht 319. ② 319 [−] 19 [CE-C] löscht nur die Zahl 19. Ein anderer Subtrahend (im Falle + oder − auch die entgegengesetzte Operation) kann eingegeben werden: 319 [−] 19 [CE-C] [+] 18 [=] [337.]
• alles löschen [AC]	Zweimaliges Betätigen der Taste [CE-C] (oder einmal [AC]) sichert das Löschen aller eingegebenen Zahlen und Befehle. ③	③ 319 [−] 19 [CE-C] [CE-C] [0.] bzw. 319 [−] 19 [AC] [0.]
• Löschen der jeweils letzten Stelle [→] (oder [%])	Diese Rücktaste [→] bzw. [%] ist nicht bei allen Taschenrechnern vorhanden. Beispiele: ④, ⑤.	④ 219. [→] löscht 9. Anzeige: [21.] ⑤ 21.9 [→] [→] löscht 9 und 1. Anzeige: [2.]
Speichern • Speichertaste [x→M] (oder [MS], [STO], [Min])	Der Druck auf die Speichertaste befördert eine im Rechenwerk befindliche Zahl in den Speicher. Befindet sich schon eine Zahl im Speicher, so wird diese Zahl durch die neu eingespeicherte Zahl verdrängt. ①	① 152 [x→M] [M 152.] 153 [x→M] [M 153.] oder 152 [Min] [152. M]
• Rückruftaste [MR] (oder [RCL])	Mit der Speicherrückruftaste wird eine gespeicherte Zahl in das Rechenwerk zurückgeholt. ②	② [M 153.] 15 [+] [MR] [=] [M 168.] Im Speicher verbleibt weiter 153.
• Saldiertaste [M+] (oder [2nd][Sum])	Mit der Saldiertaste kann im Speicher addiert oder subtrahiert werden. ③	③ 152 [x→M] [M 152.] 35 [M+] [M 35.] Im Speicher befindet sich dann die Zahl 187. Wird anschließend z. B. die Zahl −19 eingetastet und saldiert, so erhält man über den Rückruf [MR] das Ergebnis: 168. ... 19 [+/−] [M+] [MR] [M 168.]

Vorrang-automatik	Die Rechner sind oft mit einer Vorrang-automatik ausgestattet, d. h. der Vorrang des Potenzierens (3. Stufe) vor der Multiplikation/Division (2. Stufe) und weiter vor Addition/Subtraktion (1. Stufe) wird beachtet. ① ③ Soll davon abgewichen werden, müssen die Klammertasten betätigt werden. ②	„Punktrechnung vor Strichrechnung" ① $25 + 73 \cdot 18 - 6$ $25\,\boxed{+}\,73\,\boxed{\times}\,18\,\boxed{-}\,6\,\boxed{=}\,[1\,333.]$ ② $(25 + 73) \cdot 18 - 6$ $\boxed{(}\,25\,\boxed{+}\,73\,\boxed{)}\,\boxed{\times}\,\ldots$ $\ldots 18\,\boxed{-}\,6\,\boxed{=}\,[1758.]$ ③ $32 + 3 \cdot 6^5$ $32\,\boxed{+}\,3\,\boxed{\times}\,6\,\boxed{y^x}\,5\,\boxed{=}\,[23\,360.]$

Prozent-taste $\boxed{\%}$	Grundformel	Prozentwert	Prozentsatz	Grundwert
	$\dfrac{W}{p} = \dfrac{G}{100}$	$W = \dfrac{p \cdot G}{100}$ $p\,\boxed{\times}\,G\,\boxed{\%}\,\boxed{=}$	$p = \dfrac{W \cdot 100}{G}$ $W\,\boxed{\div}\,G\,\boxed{\%}\,\boxed{=}$	$G = \dfrac{W \cdot 100}{p}$ $W\,\boxed{\div}\,p\,\boxed{\%}\,\boxed{=}$

Quadrieren $\boxed{x^2}$ Quadratwurzel ziehen $\boxed{\sqrt{}}$	Das Ergebnis wird jeweils ohne Betätigung der Taste $\boxed{=}$ angezeigt. ① ② ③	① $7{,}29^2$ $7{,}29\,\boxed{x^2}\,[53{.}144\,1]$ ② $(-3{,}91)^2$ $3{,}91\,\boxed{x^2}\,[15{.}288\,1]$ ③ $\sqrt{7{,}29}$ $7{,}29\,\boxed{\sqrt{}}\,[2{,}7]$
Potenzieren $\boxed{y^x}\,\boxed{=}$	Basis eintasten, Operationstaste betätigen, den Exponenten eingeben und die Ergebnistaste $\boxed{=}$ drücken. ①	① $2{,}369^{6{,}5}$ $2{,}369\,\boxed{y^x}\,6{,}5\,\boxed{=}$ $[272{.}0651375]$
Wurzelziehen $\boxed{y^x}\,\boxed{1/x}\,\boxed{=}$ oder $\boxed{\text{SHIFT}}\,\boxed{x^y}\,\boxed{=}$ oder $\boxed{\text{2nd}}\,\boxed{x^y}\,\boxed{=}$	Beim Wurzelziehen kann die Potenztaste $\boxed{y^x}$ in Verbindung mit der Kehrwerttaste $\boxed{1/x}$ angewendet werden ② oder mit $\boxed{\text{SHIFT}}$ bzw. $\boxed{\text{2nd}}$ oder $\boxed{F}$ die doppelt belegte Taste $\boxed{x^{1/y}}$ ③.	② $\sqrt[5]{29{,}8}$ $29{,}8\,\boxed{y^x}\,5\,\boxed{1/x}\,\boxed{=}$ $[1{.}97171097]$ ③ $\sqrt[5]{29{,}8}$ $29{,}8\,\boxed{\text{SHIFT}}\,\boxed{x^{1/y}}\,5\,\boxed{=}$ $[1{.}97171079]$
Logarithmieren $\boxed{\ln}\,\boxed{\lg}\,(\boxed{\log})$	Numerus eingeben und Funktionstaste drücken. Das Ergebnis wird sofort angezeigt. ① ②	① $\ln 523$ $523\,\boxed{\ln}\,[6{.}259\,581\,4]$ ② $\lg 523$ $523\,\boxed{\lg}\,[2{.}718\,501\,7]$
Aufsuchen des Numerus (Doppelbelegung beachten)	Den Logarithmus eingeben, die Umschalttaste betätigen und je nach Basis des Logarithmensystems die entsprechende Taste drücken. ③	③ Gesucht ist x zu $\log x = 1{,}751$ $1{,}751\,\boxed{\text{SHIFT}}\,\boxed{\log}^{10^x}$ bzw. $\boxed{\text{2nd}}$ oder $\boxed{F}\,[56{.}363\,765\,6]$
Winkel-funktionswerte $\boxed{\sin}\,\boxed{\cos}\,\boxed{\tan}\,\boxed{\cot}$ • Aufsuchen des Funktionswertes	Grundsatz: Zuerst DEG/RAD/GRD in die geforderte Stellung bringen. DEG → Winkel im Gradmaß RAD → Winkel im Bogenmaß GRD → Winkel im Neugrad Dann den Winkel eingeben. ① ② ③	① $\sin 37{,}5°$ $\boxed{\text{DEG}}\,37{,}5\,\boxed{\sin}\,[0{.}608\,76]$ ② $\cos 251°$ $\boxed{\text{DEG}}\,251\,\boxed{\cos}\,[-0{.}325\,56]$ ③ $\cos\left(-\dfrac{3}{4}\pi\right)$ $\boxed{\text{RAD}}\,3\,\boxed{\div}\,4\,\boxed{\times}\,\boxed{\pi}\,\ldots$ $\ldots\,\boxed{=}\,\boxed{+/-}\,\boxed{\cos}\,\ldots$ $\ldots\,[-0{.}707\,107]$

• Aufsuchen der Winkelgrößen (Doppel-belegung nutzen)	Auch hierbei zunächst den Umschalter „DEG/RAD/GRD" in die erforderliche Stellung bringen. Dann den Funktionswert eintasten. ④
	 (Gegebenenfalls die Quadrantenbeziehungen anwenden!)
		④ $\sin x = 0{,}2536$
		
		 $\boxed{\text{DEG}}\,0{,}2536\,\boxed{\text{SHIFT}}\,\boxed{\sin}^{\sin^{-1}}\,[14{.}6906];$
		        $x \approx 14{,}7°$
		 bzw.
		 $\boxed{\text{RAD}}\,0{,}2536\,\boxed{\text{SHIFT}}\,\boxed{\sin}^{\sin^{-1}}\,[0{.}2564];$
		        $x \approx 0{,}26$ rad

Gleichungen und Funktionen

Zuordnungen

Bei **Zuordnungen** wird jedem Wert aus einem Bereich ein Wert aus einem anderen Bereich zugeordnet. Zuordnungen können z. B. durch Wertetabellen, Diagramme oder Rechenvorschriften gegeben sein.
Eine spezielle Zuordnung ist die **Funktion**: Jedem Wert aus einem Bereich wird **genau** ein Wert aus einem anderen Bereich zugeordnet.

Beispiel: „Jeder natürlichen Zahl wird ihr Doppeltes, um eins vermehrt, zugeordnet."

Wertetabelle:

x	0	1	2	3	4
y	1	3	5	7	9

Diagramm:

Pfeildiagramm: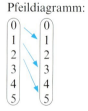

Rechenvorschrift:
$x \to y$ mit $y = 2x + 1$, wobei $x \in \mathbb{N}$

Proportionale Zuordnungen/Proportionalität

	Proportionale Zuordnungen (Direkt proportionale Zuordnungen)	Antiproportionale Zuordnungen (Indirekt proportionale Zuordnungen)
Definition	Die Verhältnisse einander zugeordneter Zahlen sind stets gleich (quotientengleich). Für alle Paare $(x_i; y_i)$ bzw. $(x_k; y_k)$ gilt: • $\frac{y_i}{x_i} = m$ $(x_i \neq 0)$ bzw. $y_i = m \cdot x_i$ • $\frac{y_i}{x_i} = \frac{y_k}{x_k}$ (Verhältnisgleichung)	Die Produkte einander zugeordneter Zahlen sind stets gleich (produktgleich). Für alle Paare $(x_i; y_i)$ bzw. $(x_k; y_k)$ gilt: • $x_i \cdot y_i = k$ bzw. $y_i = \frac{k}{x_i}$ $(x_i \neq 0)$ • $x_i \cdot y_i = x_k \cdot y_k$ (Produktgleichung)
Merkmale	Wird die eine Größe verdoppelt (verdreifacht, ...), so verdoppelt (verdreifacht, ...) sich auch die andere. Wird die eine Größe halbiert (gedrittelt, ...), so halbiert (drittelt, ...) sich auch die andere. *Faustregel:* „Je mehr – desto mehr."	Wird die eine Größe verdoppelt (verdreifacht, ...), so halbiert (drittelt, ...) sich die andere. Wird die eine Größe halbiert (gedrittelt, ...), so verdoppelt (verdreifacht, ...) sich die andere. *Faustregel:* „Je mehr – desto weniger."
Grafische Darstellung	Alle Punkte liegen auf einer Geraden, die durch den Nullpunkt des Koordinatensystems geht.	Die Punkte liegen auf einer Kurve, die sich für sehr kleine x-Werte an die y-Achse und für sehr große x-Werte an die x-Achse anschmiegt.
Dreisatz-Schema	gegebenes Zahlenpaar: 3 → 4 Schluss auf die Einheit ($:3$): 1 → $\frac{4}{3}$ Schluss auf das Gesuchte ($\cdot 5$): 5 → $\frac{4}{3} \cdot 5$	gegebenes Zahlenpaar: 7 → 6 Schluss auf die Einheit ($:7$ / $\cdot 7$): 1 → $6 \cdot 7$ Schluss auf das Gesuchte ($\cdot 2$ / $:2$): 2 → $\frac{6 \cdot 7}{2}$

Prozentrechnung/Zinsrechnung

	Prozentrechnung	Zinsrechnung
Begriffe	*das Ganze (100%)*: Grundwert G *Anteil am Ganzen* $\left(1\% = \frac{1}{100} = 0{,}01\right)$: Prozentsatz $p\%$ *Größe des Anteils*: Prozentwert W	Kapital K Zinssatz $p\%$ Zinsen Z
Grundgleichung	$\frac{W}{p} = \frac{G}{100}$ $\left(\text{auch } W = \frac{G \cdot p}{100}\right)$	$\frac{Z}{p} = \frac{K}{100}$ $\left(\text{auch } Z = \frac{K \cdot p}{100}\right)$
Grundaufgaben	Zu berechnen ist W: $W = \frac{G \cdot p}{100}$ Zu berechnen ist $p\%$: $p\% = \frac{p}{100} = \frac{W}{G}$ Zu berechnen ist G: $G = \frac{W \cdot 100}{p}$	Zu berechnen ist Z: $Z = \frac{K \cdot p}{100}$ Zu berechnen ist $p\%$: $p\% = \frac{p}{100} = \frac{Z}{K}$ Zu berechnen ist K: $K = \frac{Z \cdot 100}{p}$

Einige Prozentsätze und ihre Anteile von G	1%	2%	2,5%	4%	5%	10%	12,5%	20%	25%	33,3%	50%	66,6%	75%
	$\frac{1}{100}$	$\frac{1}{50}$	$\frac{1}{40}$	$\frac{1}{25}$	$\frac{1}{20}$	$\frac{1}{10}$	$\frac{1}{8}$	$\frac{1}{5}$	$\frac{1}{4}$	$\frac{1}{3}$	$\frac{1}{2}$	$\frac{2}{3}$	$\frac{3}{4}$

Zinsen für feste Anlagezeit	ein Jahr: $Z = \frac{K \cdot p}{100}$ m Monate: $Z = \frac{K \cdot m \cdot p}{100 \cdot 12}$ i Tage: $Z = \frac{K \cdot i \cdot p}{100 \cdot 360}$

Zinseszins	Das Kapital K wächst nach n Jahren auf K_n: | n | 1 | 2 | ... | n | | K_n | $K \cdot q$ | $K \cdot q^2$ | ... | $K \cdot q^n$ | mit $q = 1 + \frac{p}{100}$

Rentenrechnung/Schuldentilgung

	Zahlungsweise vorschüssig: Am Jahresanfang wird jeweils eine Rate R eingezahlt und am Jahresende wird das Gesamtkapital mit $p\%$ verzinst.	Zahlungsweise nachschüssig: Am Jahresende wird jeweils eine Rate R eingezahlt und anschließend wird das Gesamtkapital mit $p\%$ verzinst.
Kapital nach n Jahren ohne Ausgangskapital	$K_n = R \cdot q \cdot \frac{q^n - 1}{q - 1}$ mit $q = 1 + \frac{p}{100}$	$K_n = R \cdot \frac{q^n - 1}{q - 1}$ mit $q = 1 + \frac{p}{100}$
Kapital nach n Jahren mit Ausgangskapital K_0	$K_n = K_0 \cdot q^n + R \cdot q \cdot \frac{q^n - 1}{q - 1}$ mit $q = 1 + \frac{p}{100}$	$K_n = K_0 \cdot q^n + R \cdot \frac{q^n - 1}{q - 1}$ mit $q = 1 + \frac{p}{100}$
Tilgungsrate einer Schuld	Eine Schuld K_0 soll in n Jahren durch regelmäßige Zahlung von Raten R jeweils am Jahresende bei $p\%$ Verzinsung getilgt werden:	$R = K_0 \cdot \frac{q^n(q-1)}{q^n - 1}$ mit $q = 1 + \frac{p}{100}$

Lineare Gleichungen/lineare Gleichungssysteme

Lineare Gleichungen mit einer Variablen	*allgemeine Form:* $a \cdot x + b = 0$, wobei a, b konstant und $a \neq 0$ *Lösung:* $x = -\dfrac{b}{a}$ bzw. $L = \left\{-\dfrac{b}{a}\right\}$
Lineare Gleichungen mit zwei Variablen	*allgemeine Form:* $ax + by = c$, wobei a, b, c konstant und $a \neq 0$, $b \neq 0$ *Lösungsmenge:* $L = \left\{(x;y) \,\middle|\, y = -\dfrac{a}{b}x + \dfrac{c}{b}\right\}$ Alle Lösungen liegen auf ein und derselben Geraden.
Lineare Gleichungssysteme (LGS) mit 2 Variablen	*allgemeine Form:* (I) $a_1 x + b_1 y = c_1$ (II) $a_2 x + b_2 y = c_2$, wobei a_1, b_1, c_1, a_2, b_2, c_2 konstant *Lösungsmenge:* Schnittmenge der Lösungsmengen beider Gleichungen
Grafisches Lösen von linearen Gleichungssystemen mit 2 Variablen	Das LGS hat *genau eine Lösung,* wenn die Geraden einander schneiden. Das LGS hat *keine Lösung,* wenn die Geraden parallel verlaufen. Das LGS hat *unendlich viele Lösungen,* wenn die Geraden zusammenfallen.
Rechnerisches Lösen von linearen Gleichungssystemen	*Einsetzungsverfahren:* – eine Gleichung nach einer Variablen auflösen – den entstehenden Term in die andere Gleichung einsetzen *Gleichsetzungsverfahren:* – beide Gleichungen nach derselben Variablen auflösen – entstehende Terme gleichsetzen *Additionsverfahren:* – eine Gleichung auf beiden Seiten mit einer Zahl ($\neq 0$) multiplizieren, sodass in beiden Gleichungen die Koeffizienten vor einer der Variablen dem Betrage nach gleich, ihre Vorzeichen aber verschieden sind – Gleichungen dann addieren

Lineare Funktionen/konstante Funktionen

Lineare Funktionen	*Funktionsgleichung:* $y = f(x) = m \cdot x + n$, wobei m, n konstant und $m \neq 0$ *grafische Darstellung:* Gerade durch den Punkt $P(0;n)$ mit Steigung m *Steigung:* $m = \dfrac{y_2 - y_1}{x_2 - x_1}$ $(x_1 \neq x_2)$ $m = \tan \alpha$ $(\alpha \neq 90°)$ *Monotonie:* für $m > 0$ monoton wachsend für $m < 0$ monoton fallend *Nullstelle:* $x_0 = -\dfrac{n}{m}$
Konstante Funktionen	*Funktionsgleichung:* $y = f(x) = n$, wobei n konstant *grafische Darstellung:* Gerade durch den Punkt $P(0;n)$, parallel zur x-Achse

Gleichungen und Funktionen

Quadratische Gleichungen

Quadratische Gleichungen	*allgemeine Form:* $ax^2 + bx + c = 0$, wobei a, b, c konstant und $a \neq 0$ *Normalform:* $x^2 + px + q = 0$, wobei p, q konstant
Lösungsformeln	für Normalform: $x_{1,2} = -\dfrac{p}{2} \pm \sqrt{\left(\dfrac{p}{2}\right)^2 - q}$ für allgemeine Form: $x_{1,2} = -\dfrac{b}{2a} \pm \sqrt{\dfrac{b^2 - 4ac}{4a^2}}$
Diskriminante	$D = \left(\dfrac{p}{2}\right)^2 - q$, daher $x_{1,2} = -\dfrac{p}{2} \pm \sqrt{D}$
Anzahl der Lösungen	Falls $D > 0$: zwei Lösungen, $x_1 = -\dfrac{p}{2} + \sqrt{\left(\dfrac{p}{2}\right)^2 - q}$ und $x_2 = -\dfrac{p}{2} - \sqrt{\left(\dfrac{p}{2}\right)^2 - q}$ Falls $D = 0$: genau eine Lösung, $x_1 = x_2 = -\dfrac{p}{2}$ Falls $D < 0$: keine Lösung im Bereich der reellen Zahlen
Satz von Vieta	Für die Lösungen x_1, x_2 einer quadratischen Gleichung $x^2 + px + q = 0$ gilt: $x_1 + x_2 = -p$ und $x_1 \cdot x_2 = q$
Zerlegung in Linearfaktoren	Für die Lösungen x_1, x_2 einer quadratischen Gleichung $x^2 + px + q = 0$ gilt: $x^2 + px + q = (x - x_1) \cdot (x - x_2)$

Quadratische Funktionen

Allgemeine Form	*Funktionsgleichung:* $y = f(x) = ax^2 + bx + c$, wobei a, b, c konstant und $a \neq 0$ *Scheitelpunkt:* $S\left(-\dfrac{b}{2a}; \dfrac{4ac - b^2}{4a}\right)$ *Nullstellen:* $x_{1,2} = -\dfrac{b}{2a} \pm \sqrt{\dfrac{b^2 - 4ac}{4a^2}}$
Normalform	*Funktionsgleichung:* $y = f(x) = x^2 + px + q$, wobei p, q konstant *Scheitelpunkt:* $S\left(-\dfrac{p}{2}; -\dfrac{p^2}{4} + q\right)$ *Nullstellen:* $x_{1,2} = -\dfrac{p}{2} \pm \sqrt{\left(\dfrac{p}{2}\right)^2 - q}$
Scheitelpunktsform	*Funktionsgleichung:* $y = f(x) = a(x + d)^2 + e$, wobei a, d, e konstant und $a \neq 0$ *Scheitelpunkt:* $S(-d; e)$ *Nullstellen:* $x_{1,2} = -d \pm \sqrt{-\dfrac{e}{a}}$
Grafische Darstellung	Der Graph einer quadratischen Funktion heißt **Parabel**. Der Funktionsgraph zu $y = f(x) = x^2$ heißt **Normalparabel**. 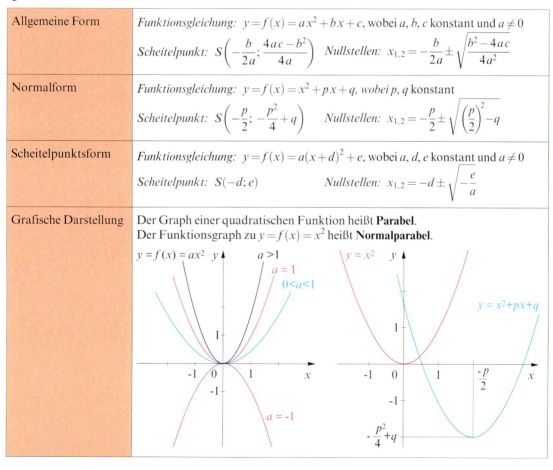

Potenzen

Definitionen für a^k	Für $k \in \mathbb{N}$ gilt: $a^k := \underbrace{a \cdot a \cdot \ldots \cdot a}_{k \text{ Faktoren}}$ $a^{-k} := \dfrac{1}{a^k}\ (a \neq 0)$	Sonderfälle: $a^1 := a$ $a^0 := 1$ (0^0 ist nicht erklärt.)
	Für $k = \dfrac{p}{q}$ mit $p \in \mathbb{Z}, q \in \mathbb{N}$ und $q \neq 0$ gilt: $a^{\frac{p}{q}} = (a^p)^{\frac{1}{q}} := \sqrt[q]{a^p}$; $a^{\frac{1}{q}} = \sqrt[q]{a}$ $(a > 0)$	
Potenzgesetze	$a, b \in \mathbb{R},\ a, b \neq 0$ und $m, n \in \mathbb{Z}$ oder aber $a, b \in \mathbb{R},\ a, b > 0$ und $m, n \in \mathbb{Q}$ • $a^m \cdot b^m = (a \cdot b)^m$ • $a^m \cdot a^n = a^{m+n}$ • $(a^m)^n = a^{m \cdot n}$ • $\dfrac{a^m}{a^n} = a^{m-n}$ • $\dfrac{a^m}{b^m} = \left(\dfrac{a}{b}\right)^m$	

Wurzeln

Definition von $\sqrt[n]{a}$	Für $a \in \mathbb{R},\ a \geq 0$ und $n \in \mathbb{N},\ n \geq 1$ gilt: $\sqrt[n]{a} = x$ mit $x \geq 0$ und $x^n = a$
Wurzelgesetze	$a, b \in \mathbb{R},\ a, b \geq 0$ und $m, n \in \mathbb{N},\ m, n \geq 1$: • $\sqrt[n]{a} \cdot \sqrt[n]{b} = \sqrt[n]{ab}$ • $\dfrac{\sqrt[n]{a}}{\sqrt[n]{b}} = \sqrt[n]{\dfrac{a}{b}}$ (für $b \neq 0$) • $\sqrt[m]{\sqrt[n]{a}} = \sqrt[n]{\sqrt[m]{a}} = \sqrt[nm]{a}$ • $\left(\sqrt[n]{a}\right)^m = \sqrt[n]{a^m}$

Logarithmen

Definition für $\log_a b$	Für $a \in \mathbb{R},\ a > 0,\ a \neq 1$ und $b \in \mathbb{R},\ b > 0$ gilt: $\log_a b = x$ genau dann, wenn $a^x = b$ Insbesondere gilt: $\log_a 1 = 0,\ \log_a a = 1,\ a^{\log_a b} = b$ *Achtung:* $\log_1 a$ ist nicht erklärt
Logarithmengesetze	$a \in \mathbb{R},\ a > 0,\ a \neq 1$ und $b, b_1, b_2 \in \mathbb{R};\ b, b_1, b_2 > 0$ und $r \in \mathbb{Q}$ und $n \in \mathbb{N},\ n \neq 0$ • $\log_a(b_1 \cdot b_2) = \log_a b_1 + \log_a b_2$ • $\log_a b^r = r \cdot \log_a b$ • $\log_a\left(\dfrac{b_1}{b_2}\right) = \log_a b_1 - \log_a b_2$ • $\log_a \sqrt[n]{b} = \dfrac{1}{n} \cdot \log_a b$
Basiswechsel (Basis a zu Basis b)	$a \in \mathbb{R},\ a > 0,\ a \neq 1$ und $b \in \mathbb{R},\ b > 0,\ b \neq 1$ und $c \in \mathbb{R},\ c > 0$: $\log_b c = \dfrac{\log_a c}{\log_a b}$; $\log_b a = \dfrac{1}{\log_a b}$
spezielle Logarithmen (Basis e bzw. Basis 10)	Schreibweise für $\log_e x$: $\ln x$ (natürlicher Logarithmus) Schreibweise für $\log_{10} x$: $\lg x$ (dekadischer Logarithmus)
Basiswechsel (Basis 10 zu Basis e)	Für $x \in \mathbb{R},\ x > 0$ gilt: $\ln x = \dfrac{\lg x}{\lg e}$, also $\ln x \approx 2{,}3026 \cdot \lg x$

Potenzfunktionen $y = f(x) = x^k$

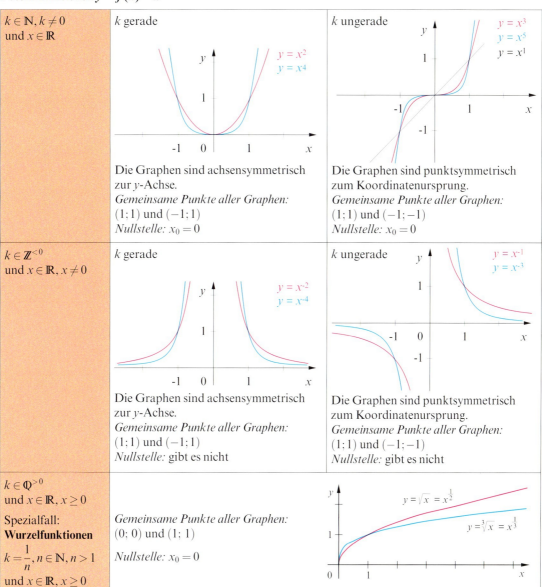

$k \in \mathbb{N}, k \neq 0$ und $x \in \mathbb{R}$	k gerade	k ungerade
	Die Graphen sind achsensymmetrisch zur y-Achse. *Gemeinsame Punkte aller Graphen:* $(1;1)$ und $(-1;1)$ *Nullstelle:* $x_0 = 0$	Die Graphen sind punktsymmetrisch zum Koordinatenursprung. *Gemeinsame Punkte aller Graphen:* $(1;1)$ und $(-1;-1)$ *Nullstelle:* $x_0 = 0$
$k \in \mathbb{Z}^{<0}$ und $x \in \mathbb{R}, x \neq 0$	k gerade	k ungerade
	Die Graphen sind achsensymmetrisch zur y-Achse. *Gemeinsame Punkte aller Graphen:* $(1;1)$ und $(-1;1)$ *Nullstelle:* gibt es nicht	Die Graphen sind punktsymmetrisch zum Koordinatenursprung. *Gemeinsame Punkte aller Graphen:* $(1;1)$ und $(-1;-1)$ *Nullstelle:* gibt es nicht
$k \in \mathbb{Q}^{>0}$ und $x \in \mathbb{R}, x \geq 0$ Spezialfall: **Wurzelfunktionen** $k = \dfrac{1}{n}, n \in \mathbb{N}, n > 1$ und $x \in \mathbb{R}, x \geq 0$	*Gemeinsame Punkte aller Graphen:* $(0; 0)$ und $(1; 1)$ *Nullstelle:* $x_0 = 0$	

Exponentialfunktionen/Logarithmusfunktionen

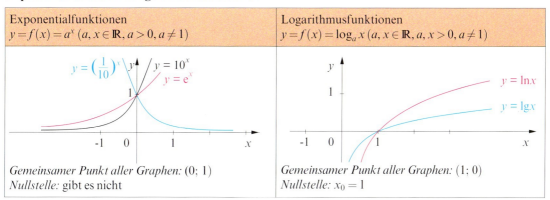

Exponentialfunktionen $y = f(x) = a^x$ ($a, x \in \mathbb{R}, a > 0, a \neq 1$)	Logarithmusfunktionen $y = f(x) = \log_a x$ ($a, x \in \mathbb{R}, a, x > 0, a \neq 1$)
Gemeinsamer Punkt aller Graphen: $(0; 1)$ *Nullstelle:* gibt es nicht	*Gemeinsamer Punkt aller Graphen:* $(1; 0)$ *Nullstelle:* $x_0 = 1$

Seiten-Winkel-Beziehungen am rechtwinkligen Dreieck – Sinus, Kosinus, Tangens, Kotangens

Bezeichnungen im rechtwinkligen Dreieck	c – Hypotenuse a – Kathete b – Kathete
Seiten-Winkel-Beziehungen	Im rechtwinkligen Dreieck ABC mit $\sphericalangle BCA = 90°$ gilt: $\sin \alpha = \dfrac{a}{c} \left(= \dfrac{\text{Gegenkathete}}{\text{Hypotenuse}}\right)$, $\cos \alpha = \dfrac{b}{c} \left(= \dfrac{\text{Ankathete}}{\text{Hypotenuse}}\right)$ $\tan \alpha = \dfrac{a}{b} \left(= \dfrac{\text{Gegenkathete}}{\text{Ankathete}}\right)$, $\cot \alpha = \dfrac{b}{a} \left(= \dfrac{\text{Ankathete}}{\text{Gegenkathete}}\right)$

Winkelfunktionen – Sinusfunktion und Kosinusfunktion

	Sinusfunktion	Kosinusfunktion
Darstellung am Einheitskreis	Darstellung mit Punkt $P(u_P; v_P)$ und $\sin x = v_P$	Darstellung mit Punkt $P(u_P; v_P)$ und $\cos x = u_P$
Graph der Funktion	$y = \sin x$ und $y = \cos x$, Periode 2π	
Definitionsbereich	$\mathbb{R}$	$\mathbb{R}$
Wertebereich	$[-1; 1]$	$[-1; 1]$
Periodizität	Periode 360° bzw. 2π: $\sin x = \sin(x + k \cdot 360°)$, wobei $k \in \mathbb{Z}$	Periode 360° bzw. 2π: $\cos x = \cos(x + k \cdot 360°)$, wobei $k \in \mathbb{Z}$
Symmetrie	punktsymmetrisch zum Koordinatenursprung: $\sin(-x) = -\sin x$	achsensymmetrisch zur y-Achse: $\cos(-x) = \cos x$
Quadrantenbeziehungen	II: $\sin(180°-x) = \sin x$ III: $\sin(180°+x) = -\sin x$ IV: $\sin(360°-x) = -\sin x$	II: $\cos(180°-x) = -\cos x$ III: $\cos(180°+x) = -\cos x$ IV: $\cos(360°-x) = \cos x$
Nullstellen	$k \cdot 180°$ bzw. $k \cdot \pi$, wobei $k \in \mathbb{Z}$	$90° + k \cdot 180°$ bzw. $\dfrac{\pi}{2} + k \cdot \pi$, wobei $k \in \mathbb{Z}$

Gleichungen und Funktionen

Spezielle Funktionswerte der Winkelfunktionen

x	0	$\frac{\pi}{6}$	$\frac{\pi}{4}$	$\frac{\pi}{3}$	$\frac{\pi}{2}$	$\frac{2\pi}{3}$	$\frac{3\pi}{4}$	$\frac{5\pi}{6}$	π	$\frac{5\pi}{4}$	$\frac{3\pi}{2}$	2π
	0°	30°	45°	60°	90°	120°	135°	150°	180°	225°	270°	360°
$\sin x$	0	$\frac{1}{2}$	$\frac{1}{2}\sqrt{2}$	$\frac{1}{2}\sqrt{3}$	1	$\frac{1}{2}\sqrt{3}$	$\frac{1}{2}\sqrt{2}$	$\frac{1}{2}$	0	$-\frac{1}{2}\sqrt{2}$	-1	0
$\cos x$	1	$\frac{1}{2}\sqrt{3}$	$\frac{1}{2}\sqrt{2}$	$\frac{1}{2}$	0	$-\frac{1}{2}$	$-\frac{1}{2}\sqrt{2}$	$-\frac{1}{2}\sqrt{3}$	-1	$-\frac{1}{2}\sqrt{2}$	0	1
$\tan x$	0	$\frac{1}{3}\sqrt{3}$	1	$\sqrt{3}$	–	$-\sqrt{3}$	-1	$-\frac{1}{3}\sqrt{3}$	0	1	–	0

Winkelfunktionen – Tangensfunktion und Kotangensfunktion

	Tangensfunktion	Kotangensfunktion
Darstellung am Einheitskreis	Einheitskreis mit $P(u_P; v_P)$, $\tan x$	Einheitskreis mit $\cot x$, $P(u_P; v_P)$
Graph der Funktion	Graph von $y = \tan x$ und $y = \cot x$, Periode π	
Definitionsbereich	$\mathbb{R} \setminus \left\{(2k+1)\cdot\frac{\pi}{2}\right\}, k \in \mathbb{Z}$	$\mathbb{R} \setminus \{k\cdot\pi\}, k \in \mathbb{Z}$
Wertebereich	$\mathbb{R}$	$\mathbb{R}$
Periodizität	Periode 180° bzw. π: $\tan x = \tan(x + k \cdot 180°)$, wobei $k \in \mathbb{Z}$	Periode 180° bzw. π: $\cot x = \cot(x + k \cdot 180°)$, wobei $k \in \mathbb{Z}$
Symmetrie	punktsymmetrisch zum Koordinatenursprung: $\tan(-x) = -\tan x$	punktsymmetrisch zum Koordinatenursprung: $\cot(-x) = -\cot x$
Quadrantenbeziehungen	II: $\tan(180°-x) = -\tan x$ III: $\tan(180°+x) = \tan x$ IV: $\tan(360°-x) = -\tan x$	II: $\cot(180°-x) = -\cot x$ III: $\cot(180°+x) = \cot x$ IV: $\cot(360°-x) = -\cot x$
Nullstellen	$k \cdot 180°$ bzw. $k \cdot \pi$, wobei $k \in \mathbb{Z}$	$90° + k \cdot 180°$ bzw. $\frac{\pi}{2} + k \cdot \pi$, wobei $k \in \mathbb{Z}$

Darstellung einer Winkelfunktion durch eine andere Funktion desselben Winkels

Komplementwinkelbeziehung:	$\sin x = \cos(90° - x);\quad \cos x = \sin(90° - x)$
	$\tan x = \cot(90° - x);\quad \cot x = \tan(90° - x)$
„trigonometrischer Pythagoras":	$\sin^2 x + \cos^2 x = 1$

$\sin^2 x = 1 - \cos^2 x$	$\cos^2 x = 1 - \sin^2 x$	$\tan^2 x = \dfrac{\sin^2 x}{1 - \sin^2 x}$	$\cot^2 x = \dfrac{1 - \sin^2 x}{\sin^2 x}$
$\sin^2 x = \dfrac{\tan^2 x}{1 + \tan^2 x}$	$\cos^2 x = \dfrac{1}{1 + \tan^2 x}$	$\tan^2 x = \dfrac{1 - \cos^2 x}{\cos^2 x}$	$\cot^2 x = \dfrac{\cos^2 x}{1 - \cos^2 x}$

Additionstheoreme

$\sin(\alpha + \beta) = \sin\alpha \cdot \cos\beta + \cos\alpha \cdot \sin\beta$	$\sin(\alpha - \beta) = \sin\alpha \cdot \cos\beta - \cos\alpha \cdot \sin\beta$
$\cos(\alpha + \beta) = \cos\alpha \cdot \cos\beta - \sin\alpha \cdot \sin\beta$	$\cos(\alpha - \beta) = \cos\alpha \cdot \cos\beta + \sin\alpha \cdot \sin\beta$
$\tan(\alpha + \beta) = \dfrac{\tan\alpha + \tan\beta}{1 - \tan\alpha \cdot \tan\beta}$	$\tan(\alpha - \beta) = \dfrac{\tan\alpha - \tan\beta}{1 + \tan\alpha \cdot \tan\beta}$

Summen/Differenzen sowie Funktionen des doppelten und des halben Winkels

$\sin\alpha + \sin\beta = 2 \cdot \sin\dfrac{\alpha+\beta}{2} \cos\dfrac{\alpha-\beta}{2}$	$\sin\alpha - \sin\beta = 2 \cdot \cos\dfrac{\alpha+\beta}{2} \sin\dfrac{\alpha-\beta}{2}$
$\cos\alpha + \cos\beta = 2 \cdot \cos\dfrac{\alpha+\beta}{2} \cos\dfrac{\alpha-\beta}{2}$	$\cos\alpha - \cos\beta = -2 \cdot \sin\dfrac{\alpha+\beta}{2} \sin\dfrac{\alpha-\beta}{2}$
$\tan\alpha + \tan\beta = \dfrac{\sin(\alpha+\beta)}{\cos\alpha \cdot \cos\beta}$	$\tan\alpha - \tan\beta = \dfrac{\sin(\alpha-\beta)}{\cos\alpha \cdot \cos\beta}$

$\sin 2\alpha = 2 \cdot \sin\alpha \cos\alpha = \dfrac{2 \cdot \tan\alpha}{1 + \tan^2\alpha}$	$\sin\dfrac{\alpha}{2} = \sqrt{\dfrac{1 - \cos\alpha}{2}} \qquad \tan\dfrac{\alpha}{2} = \sqrt{\dfrac{1 - \cos\alpha}{1 + \cos\alpha}}$
$\cos 2\alpha = \cos^2\alpha - \sin^2\alpha = 1 - 2 \cdot \sin^2\alpha$	$\cos\dfrac{\alpha}{2} = \sqrt{\dfrac{1 + \cos\alpha}{2}} \qquad\qquad = \dfrac{\sin\alpha}{1 + \cos\alpha}$
$\qquad\quad = 2 \cdot \cos^2\alpha - 1$	
$\tan 2\alpha = \dfrac{2 \cdot \tan\alpha}{1 - \tan^2\alpha}\ (\tan^2\alpha \neq 1)$	$\qquad\qquad = \dfrac{1 - \cos\alpha}{\sin\alpha}$
$\sin 3\alpha = 3 \cdot \sin\alpha - 4 \cdot \sin^3\alpha$	$\cos 3\alpha = 4 \cdot \cos^3\alpha - 3 \cdot \cos\alpha$

Die Funktion $y = a \cdot \sin(bx + c)\ (a \neq 0;\ b \neq 0)$

	$y = \sin x$	$y = a \cdot \sin x$	$y = \sin(bx)$	$y = \sin(x + c)$	$y = a \cdot \sin(bx + c)$
kleinste Periode	2π bzw. $360°$	2π bzw. $360°$	$\dfrac{2\pi}{\|b\|}$ bzw. $\dfrac{360°}{\|b\|}$	2π bzw. $360°$	$\dfrac{2\pi}{\|b\|}$ bzw. $\dfrac{360°}{\|b\|}$
Nullstellen	$k \cdot \pi,\ k \in \mathbb{Z}$	$k \cdot \pi,\ k \in \mathbb{Z}$	$k \cdot \dfrac{\pi}{b},\ k \in \mathbb{Z}$	$k\pi - c,\ k \in \mathbb{Z}$	$\dfrac{k\pi - c}{b},\ k \in \mathbb{Z}$
Auswirkung des Parameters		Streckung ($\|a\|>1$) bzw. Stauchung ($\|a\|<1$) in y-Richtung	Streckung ($\|b\|<1$) bzw. Stauchung ($\|b\|>1$) in x-Richtung	Verschiebung in positive ($c<0$) bzw. negative ($c>0$) x-Richtung	Kombination der entsprechenden Streckungen, Stauchungen bzw. Verschiebungen

Winkelmaße

Gradmaß Beim Gradmaß wird dem Vollwinkel die Zahl 360 zugeordnet.

Einheit: 1 Grad (1°)
(360ster Teil des Vollwinkels)

Weitere Einheiten: 1′; 1″
1° = 60′ = 60 Winkelminuten

Taschenrechner: Taste [DEG]

Bogenmaß Beim Bogenmaß wird jedem Winkel das Verhältnis $\frac{b}{r}$ von Bogenlänge und Radius zugeordnet.

Einheit: 1 Radiant
(wenn Bogenlänge b = Radius r)

$\alpha = 1$ rad $\approx 57{,}296°$

Taschenrechner: Taste [RAD]

Umrechnungstafel: Grad in Radiant

Grad	Rad.	Grad	Rad.	Grad	Rad.
1	0,017	31	0,541	61	1,065
2	035	32	559	62	082
3	052	33	576	63	100
4	070	34	593	65	117
5	087	35	611	65	134
6	105	36	628	66	152
7	122	37	646	67	169
8	140	38	663	68	187
9	157	39	681	69	204
10	0,175	40	0,698	70	1,222
11	0,192	41	0,716	71	1,239
12	209	42	733	72	257
13	227	43	750	73	274
14	244	44	768	74	292
15	262	45	785	75	309
16	279	46	803	76	326
17	297	47	820	77	344
18	314	48	838	78	361
19	332	49	855	79	379
20	0,349	50	0,873	90	1,396
21	0,367	51	0,890	81	1,414
22	384	52	908	82	431
23	401	53	925	83	449
24	419	54	942	84	466
25	436	55	960	85	484
26	454	56	977	86	501
27	471	57	995	87	518
28	489	58	1,012	88	536
29	506	59	030	89	553
30	0,524	60	1,047	90	1,571
Grad	Rad.	Grad	Rad.	Grad	Rad.

Umrechnungstafel: Radiant in Grad

Rad.	Grad	Rad.	Grad	Rad.	Grad
0,02	1,1	0,62	35,5	1,22	69,9
0,04	2,3	0,64	36,7	1,24	71,0
0,06	3,4	0,66	37,8	1,26	72,2
0,08	4,6	0,68	39,0	1,28	73,3
0,10	5,7	0,70	40,1	1,30	74,5
0,12	6,9	0,72	41,3	1,32	75,6
0,14	8,0	0,74	42,4	1,34	76,8
0,16	9,2	0,76	43,5	1,36	77,9
0,18	10,3	0,78	44,7	1,38	79,1
0,20	11,5	0,80	45,8	1,40	80,2
0,22	12,6	0,82	47,0	1,42	81,4
0,24	13,8	0,84	48,1	1,44	82,5
0,26	14,9	0,86	49,3	1,46	83,7
0,28	16,0	0,88	50,4	1,48	84,8
0,30	17,2	0,90	51,6	1,50	85,9
0,32	18,3	0,92	52,7	1,52	87,1
0,34	19,5	0,94	53,9	1,54	88,2
0,36	20,6	0,96	55,0	1,56	89,4
0,38	21,8	0,98	56,1	1,58	90,5
0,40	22,9	1,00	57,3	1,60	91,7
0,42	24,1	1,02	58,4	1,62	92,8
0,44	25,2	1,04	59,6	1,64	94,0
0,46	26,4	1,06	60,7	1,66	95,1
0,48	27,5	1,08	61,9	1,68	96,3
0,50	28,6	1,10	63,0	1,70	97,4
0,52	29,8	1,12	64,2	1,72	98,5
0,54	30,9	1,14	65,3	1,74	99,7
0,56	32,1	1,16	66,5	1,76	100,8
0,58	33,2	1,18	67,6	1,78	102,0
0,60	34,4	1,20	68,8	1,80	103,1
Rad.	Grad	Rad.	Grad	Rad.	Grad

Umrechnungsgleichungen: Bezeichnet man die Winkelgröße im Gradmaß mit α und die Winkelgröße im Bogenmaß mit arc α (*lat.* arcus = Bogen), so gilt:

$$\text{arc}\,\alpha = \frac{\pi}{180°} \cdot \alpha \approx 0{,}01745 \cdot \alpha \quad \text{und} \quad \alpha = \frac{180°}{\pi} \cdot \text{arc}\,\alpha \approx 57{,}29578° \cdot \text{arc}\,\alpha$$

Geometrie

Einteilung der Dreiecke

Einteilung der Dreiecke nach den Seiten		
unregelmäßig	**gleichschenklig** (ein Paar gleich langer Seiten)	
(alle Seiten sind paarweise verschieden lang)	**nicht gleichseitig** (genau zwei Seiten sind gleich lang)	**gleichseitig** (alle Seiten sind gleich lang)
$a \neq b \neq c \neq a$	$a = b \neq c$	$a = b = c$

Einteilung der Dreiecke nach den Innenwinkeln		
spitzwinklig (alle Innenwinkel sind spitz)	**rechtwinklig** (es gibt einen rechten Winkel)	**stumpfwinklig** (ein Innenwinkel ist stumpf)
$\alpha < 90°$, $\beta < 90°$, $\gamma < 90°$	$\gamma = 90°$	$\gamma > 90°$

Ebene Figuren (u – Umfang; A – Flächeninhalt)

Allgemeines Dreieck

$u = a + b + c$

$A = \frac{1}{2} g \cdot h_g = \frac{1}{2} ab \cdot \sin \gamma$

$\alpha + \beta + \gamma = 180°$

Sinussatz:
$$\frac{a}{\sin \alpha} = \frac{b}{\sin \beta} = \frac{c}{\sin \gamma}$$

Kosinussatz:
$$c^2 = a^2 + b^2 - 2ab \cdot \cos \gamma$$

Rechtwinkliges Dreieck ($\gamma = 90°$)

$A = \frac{1}{2} ab$

$a^2 + b^2 = c^2$; $h_c^2 = p \cdot q$

$a^2 = p \cdot c$; $b^2 = q \cdot c$

$\sin \alpha = \frac{a}{c}$; $\cos \alpha = \frac{b}{c}$;

$\tan \alpha = \frac{a}{b}$; $\cot \alpha = \frac{b}{a}$

Gleichschenkliges Dreieck

$u = 2a + c$

$\beta = 180° - 2\alpha$

$h_c = \sqrt{a^2 - \frac{1}{4}c^2}$

$A = \frac{1}{2} c \cdot h_c$

Gleichseitiges Dreieck

$u = 3a$

$A = \frac{a^2}{4} \sqrt{3}$

$h = \frac{a}{2} \sqrt{3}$

$\alpha = 60°$

Allgemeines Viereck

$u = a + b + c + d$

$A = A_1 + A_2$

$\alpha + \beta + \gamma + \delta = 360°$

Trapez ($a \parallel c$)

$A = \frac{1}{2}(a + c) \cdot h = m \cdot h$

$m = \frac{1}{2}(a + c)$

$\alpha + \delta = 180°$; $\beta + \gamma = 180°$

Geometrie

Parallelogramm ($a \parallel c$; $b \parallel d$)

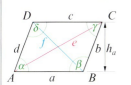

$u = 2(a+b)$
$A = a \cdot h_a = b \cdot h_b$
$A = ab \cdot \sin \alpha$
$\quad = ab \cdot \sin \beta$
$a = c$; $b = d$
$\beta = \delta$; $\alpha + \beta = 180°$
$\alpha = \gamma$; $\alpha + \delta = 180°$

Die Diagonalen halbieren einander.

Rhombus – Raute ($a \parallel c$; $b \parallel d$)

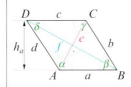

$u = 4a$
$A = a \cdot h_a$
$A = \frac{1}{2} e \cdot f$; $e \perp f$
$A = a^2 \cdot \sin \alpha = a^2 \cdot \sin \beta$
$a = b = c = d$
$\alpha = \gamma$; $\beta = \delta$
$\alpha + \beta = 180°$

Die Diagonalen halbieren einander und sie stehen senkrecht aufeinander.

Drachenviereck ($a = b$; $c = d$)

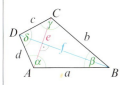

$u = 2(a+d)$
$A = \frac{1}{2} e \cdot f$
$\alpha = \gamma$; $e \perp f$

Die Diagonalen stehen senkrecht aufeinander, eine Diagonale wird halbiert.

Rechteck ($a \parallel c$; $b \parallel d$; $a \perp b$)

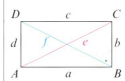

$u = 2(a+b)$
$A = ab$
$a = c$; $b = d$; $e = f$
$e = \sqrt{a^2 + b^2}$
$\alpha = \beta = \gamma = \delta = 90°$

Die Diagonalen sind gleich lang und sie halbieren einander.

Quadrat ($a \parallel c$; $b \parallel d$; $a \perp b$)

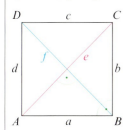

$u = 4a$
$A = a^2$
$a = b = c = d$
$\alpha = \beta = \gamma = \delta = 90°$
$e = f$; $e \perp f$; $e = a\sqrt{2}$

Die Diagonalen sind gleich lang, sie halbieren einander und stehen senkrecht aufeinander.

Kreis (r – Radius)

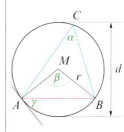

$u = 2\pi r = \pi d$
$A = \pi r^2 = \frac{1}{4} \pi d^2$
$\alpha = \frac{\beta}{2}$; $\alpha = \gamma$

α Peripheriewinkel
β Zentriwinkel
  über $\widehat{AB}$
γ Sehnen-
  Tangenten-
  Winkel

Kreisbogen

$b : u = \alpha : 360°$
$b = \frac{\pi r}{180°} \alpha$
$b = r \cdot \text{arc } \alpha$ (↗ S. 25)

Kreisausschnitt (Sektor)

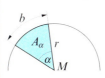

$A_\alpha : A = \alpha : 360°$
$\quad = \text{arc } \alpha : 2\pi$
$A_\alpha = \frac{\pi}{360°} \alpha r^2$
$A_\alpha = \frac{1}{2} b \cdot r = \frac{1}{2} r^2 \text{ arc } \alpha$

Kreisring ($r_1 > r_2$)

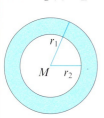

$A = \pi (r_1^2 - r_2^2)$

Regelmäßiges n-Eck

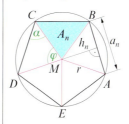

$u = n \cdot a_n$; $A = n \cdot A_n$
$\varphi = \frac{360°}{n}$; $\alpha = \frac{180° - \varphi}{2}$
$h_n^2 = r^2 - \left(\frac{1}{2} a_n\right)^2$
$a_n = 2r \cdot \sin \frac{\varphi}{2}$
$A_n = \frac{1}{2} r^2 \cdot \sin \varphi$

Körper (A_O – Oberflächeninhalt; A_M – Mantelflächeninhalt; V – Volumen)

Würfel

$A_G = a^2$

$V = a^3;\quad e = a \cdot \sqrt{3}$
$A_O = 6a^2$

Netz:

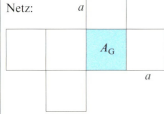

Quader

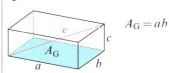

$A_G = ab$

$V = abc;\quad e = \sqrt{a^2 + b^2 + c^2}$
$A_O = 2(ab + ac + bc)$

Netz:

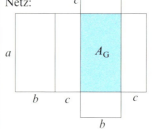

Prisma

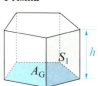

$V = A_G \cdot h$
$A_O = 2A_G + S_1 + S_2 + \ldots + S_n$

Netz:

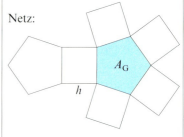

Kreiszylinder

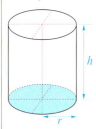

$V = \pi r^2 h;\quad A_M = 2\pi r h$
$A_O = 2\pi r (r + h)$

Netz:

Deckfläche

Mantel — h

$2 \cdot r \cdot \pi$

Grundfläche

Pyramide

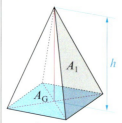

$V = \dfrac{1}{3} A_G \cdot h$
$A_O = A_G + A_1 + A_2 + \ldots + A_n$

Netz:

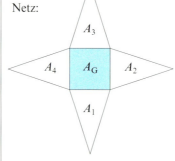

Kreiskegel

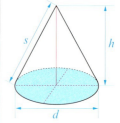

$V = \dfrac{1}{3} \pi r^2 h;\quad s^2 = r^2 + h^2$
$A_O = \pi r (r + s);\quad A_M = \pi r s$

Netz:

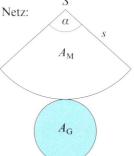

Satz des Cavalieri

Wenn zwei Körper gleich große Höhen und in gleicher Höhe gleiche Querschnittsflächeninhalte besitzen, so sind ihre Volumina gleich groß.

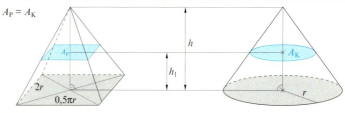

Geometrie

Kreiskegelstumpf ($r_1 > r_2$)

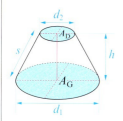

$$V = \frac{1}{3}\pi h(r_1^2 + r_2^2 + r_1 r_2)$$
$A_O = \pi r_1^2 + \pi r_2^2 + \pi s(r_1 + r_2)$
$s^2 = (r_1 - r_2)^2 + h^2$

Pyramidenstumpf

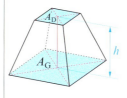

$$V = \frac{1}{3}h(A_G + \sqrt{A_G A_D} + A_D)$$
$A_O = A_G + A_D + A_M$

Kugel

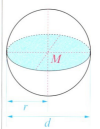

$$V = \frac{4}{3}\pi r^3$$
$A_O = 4\pi r^2$

Kugelabschnitt

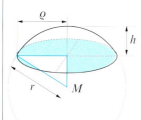

$$V = \frac{1}{6}\pi h(3\varrho^2 + h^2)$$
$A_O = 2\pi r h + \varrho^2 \pi$
$\varrho = \sqrt{h(2r - h)}$

Kugelschicht

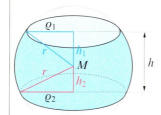

$$V = \frac{\pi h}{6}(3\varrho_1^2 + 3\varrho_2^2 + h^2)$$
$A_O = 2\pi r h + \pi(\varrho_1^2 + \varrho_2^2)$
$\varrho_1^2 = r^2 - h_1^2$

Kugelausschnitt (Kugelsektor)

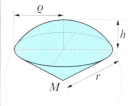

$$V = \frac{2\pi}{3}r^2 h$$
$A_O = \pi \varrho r + 2\pi r h$
$\varrho = \sqrt{h(2r - h)}$

Regelmäßige Polyeder

	Tetraeder	Oktaeder	Hexaeder	Ikosaeder	Dodekaeder

	Seitenflächen	Volumen	Oberfläche
Tetraeder	4 gleichseitige Dreiecke	$V = \frac{\sqrt{2}}{12}a^3 \approx 0{,}1179\,a^3$	$A_O = \sqrt{3} \cdot a^2 \approx 1{,}7321 a^2$
Oktaeder	8 gleichseitige Dreiecke	$V = \frac{\sqrt{2}}{3}a^3 \approx 0{,}4714\,a^3$	$A_O = 2\sqrt{3} \cdot a^2 \approx 3{,}4641 a^2$
Hexaeder (Würfel)	6 Quadrate	$V = a^3$	$A_O = 6a^2$
Ikosaeder	20 gleichseitige Dreiecke	$V \approx 2{,}1817 a^3$	$A_O \approx 8{,}6603\,a^2$
Dodekaeder	12 regelmäßige Fünfecke	$V \approx 7{,}6631 a^3$	$A_O \approx 20{,}6457\,a^2$

Winkelpaare

Winkelpaare an sich schneidenden Geraden: Nebenwinkel	$\alpha + \beta = 180°$; $\gamma + \delta = 180°$;	$\alpha + \delta = 180°$ $\beta + \gamma = 180°$
Scheitelwinkel	$\alpha = \gamma$;	$\beta = \delta$
Winkelpaare an geschnittenen Parallelen: Stufenwinkel Wechselwinkel Entgegengesetzt liegende Winkel	$\alpha_1 = \alpha_2$; $\beta_1 = \beta_2$; $\alpha_1 = \gamma_2$; $\beta_1 = \delta_2$; $\alpha_1 + \delta_2 = 180°$; $\beta_1 + \gamma_2 = 180°$;	$\gamma_1 = \gamma_2$; $\delta_1 = \delta_2$ $\gamma_1 = \alpha_2$; $\delta_1 = \beta_2$ $\gamma_1 + \beta_2 = 180°$ $\delta_1 + \alpha_2 = 180°$

Sätze im allgemeinen Dreieck

Summe der Innenwinkel	$\alpha + \beta + \gamma = 180°$
Summe der Außenwinkel	$\alpha_1 + \beta_1 + \gamma_1 = 360°$
Außenwinkelsatz	$\alpha_1 = \beta + \gamma$; $\beta_1 = \alpha + \gamma$; $\gamma_1 = \alpha + \beta$
Dreiecksungleichung	$a + b > c$; $b + c > a$; $a + c > b$
Höhen	Je zwei Höhen verhalten sich im Verhältnis umgekehrt wie die zugehörigen Seiten des Dreiecks: $\dfrac{h_c}{h_b} = \dfrac{b}{c}$.
Seitenhalbierende	Die Seitenhalbierenden im Dreieck schneiden einander im Schwerpunkt. Sie teilen einander im Verhältnis 2 : 1. $\dfrac{\overline{AM}}{\overline{ME}} = \dfrac{\overline{BM}}{\overline{MF}} = \dfrac{\overline{CM}}{\overline{MD}} = \dfrac{2}{1}$
Winkelhalbierende	Die Winkelhalbierenden schneiden einander im Mittelpunkt M_i des Inkreises.
Mittelsenkrechte	Die Mittelsenkrechten schneiden einander im Mittelpunkt M_u des Umkreises.

Kongruenzsätze	Ähnlichkeitssätze
Dreiecke sind kongruent, • wenn sie in den drei Seiten übereinstimmen (sss), • wenn sie in einer Seite und den dieser Seite anliegenden Winkeln übereinstimmen (wsw), • wenn sie in zwei Seiten und dem von diesen Seiten eingeschlossenen Winkel übereinstimmen (sws), • wenn sie in zwei Seiten und dem der größeren Seite gegenüberliegenden Winkel übereinstimmen (SsW).	Dreiecke sind zueinander ähnlich, • wenn jede Seite des einen Dreiecks mit je einer Seite des anderen Dreiecks das gleiche Verhältnis bildet, • wenn sie in zwei Winkeln übereinstimmen **(Hauptähnlichkeitssatz)**, • wenn sie in einem Winkel übereinstimmen und die dem Winkel anliegenden Seiten gleiche Verhältnisse bilden, • wenn zwei Seiten des einen Dreiecks mit je einer Seite des anderen Dreiecks das gleiche Verhältnis bilden und wenn sie in dem Winkel übereinstimmen, der jeweils der größeren Seite gegenüberliegt.

Satzgruppe des Pythagoras – Flächensätze am rechtwinkligen Dreieck

Satz des Pythagoras	Kathetensatz	Höhensatz
$a^2 + b^2 = c^2$	$b^2 = q \cdot c; \quad a^2 = p \cdot c$	$h^2 = p \cdot q$
In jedem rechtwinkligen Dreieck ist das Hypotenusenquadrat flächengleich mit der Summe der Kathetenquadrate.	In jedem rechtwinkligen Dreieck ist ein Kathetenquadrat flächengleich zu dem Rechteck aus Hypotenuse und dem entsprechenden Hypotenusenabschnitt.	In jedem rechtwinkligen Dreieck ist das Quadrat über der Höhe flächengleich zu dem Rechteck aus den beiden Hypotenusenabschnitten.

Sätze über Winkel am Kreis

Satz des Thales	Mittelpunktswinkelsatz	Umfangswinkelsatz Sehnensatz	Sekantensatz
$\gamma = 90°$	$\gamma = \dfrac{\alpha}{2}$	$\gamma_1 = \gamma_2;$ $\|\overline{SA_1}\| \cdot \|\overline{SA_2}\| = \|\overline{SB_1}\| \cdot \|\overline{SB_2}\|$	$\|\overline{SA_1}\| \cdot \|\overline{SA_2}\| = \|\overline{SB_1}\| \cdot \|\overline{SB_2}\|$

Sehnenviereck/Tangentenviereck

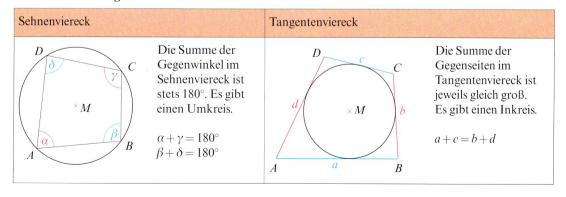

Sehnenviereck	Tangentenviereck
Die Summe der Gegenwinkel im Sehnenviereck ist stets 180°. Es gibt einen Umkreis. $\alpha + \gamma = 180°$ $\beta + \delta = 180°$	Die Summe der Gegenseiten im Tangentenviereck ist jeweils gleich groß. Es gibt einen Inkreis. $a + c = b + d$

Strahlensätze

Wenn zwei Strahlen mit einem gemeinsamen Anfangspunkt von zwei Parallelen geschnitten werden, dann gelten für die dabei entstehenden Teilstrecken folgende Sätze:

1. Strahlensatz

$|\overline{ZA}|:|\overline{ZB}| = |\overline{ZC}|:|\overline{ZD}|$ bzw. $|\overline{ZA}|:|\overline{AB}| = |\overline{ZC}|:|\overline{CD}|$

2. Strahlensatz

$|\overline{AC}|:|\overline{BD}| = |\overline{ZA}|:|\overline{ZB}|$ bzw. $|\overline{AC}|:|\overline{BD}| = |\overline{ZC}|:|\overline{ZD}|$

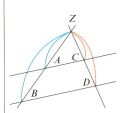
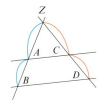
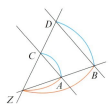
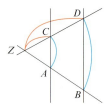

Umkehrung des 1. Strahlensatzes

Zwei Strahlen mit einem gemeinsamen Anfangspunkt werden von zwei Geraden geschnitten. Wenn für die Teilstrecken $|\overline{ZA}|:|\overline{ZB}| = |\overline{ZC}|:|\overline{ZD}|$ gilt, so sind die beiden Geraden parallel zueinander.

Achtung: Die Umkehrung des zweiten Strahlensatzes gilt nicht.

Zentrische Streckung

Eine **zentrische Streckung** $(Z; k)$ mit dem **Streckungszentrum** Z und dem **Streckungsfaktor** k ist eine Abbildung, die jedem Punkt A einen Punkt A' zuordnet, der auf der Geraden ZA liegt und für den gilt: $|\overline{ZA'}| = |k| \cdot |\overline{ZA}|$.

Ist $k < 0$, liegt Z zwischen A und A',

ist $0 < k < 1$, liegt A' zwischen Z und A

ist $k > 1$, liegt A zwischen Z und A'.

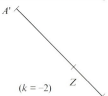
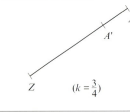
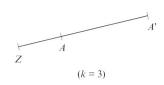

Bei einer zentrischen Streckung $(Z; k)$ sind die Originalfigur und die Bildfigur zueinander ähnlich. Für das Orginalviereck $ABCD$ und das Bildviereck $A'B'C'D'$ gilt:

$|\overline{A'B'}| = k \cdot |\overline{AB}|$; $|\overline{B'C'}| = k \cdot |\overline{BC}|$ usw.

$\overline{A'B'} \| \overline{AB}$; $\overline{B'C'} \| \overline{BC}$ usw. sowie $\alpha' = \alpha$ usw.

Für die Umfänge gilt: $u' = k \cdot u$
Für die Flächeninhalte gilt: $A_{A'B'C'D'} = k^2 \cdot A_{ABCD}$
Für die Rauminhalte gilt: $V_{K'} = k^3 \cdot V_K$

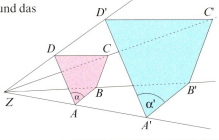

Goldener Schnitt

Wird eine Strecke $\overline{AB}$ in zwei Teilstrecken $\overline{AC}$ und $\overline{CB}$ geteilt und steht die größere Teilstrecke zur kleineren im gleichen Verhältnis wie die Gesamtstrecke zur größeren Teilstrecke, so spricht man vom Goldenen Schnitt:

$|\overline{AC}|:|\overline{CB}| = |\overline{AB}|:|\overline{AC}|$ bzw. $\dfrac{a}{b} = \dfrac{a+b}{a}$

Konstruktion:

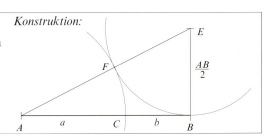

Geometrie

Kongruenz

Definition	Zwei Figuren heißen zueinander kongruent oder deckungsgleich, wenn man sie durch eine Verschiebung, Spiegelung oder Drehung zur Deckung bringen kann.
Eigenschaften	Einander entsprechende Strecken sind gleich lang (Längenerhaltung). Einander entsprechende Winkel sind gleich groß (Winkelerhaltung).

Parallelverschiebung

Konstruktion	Eine Parallelverschiebung wird durch die Länge und die Richtung eines Verschiebungspfeils $\overrightarrow{AB}$ angegeben. 1. Durch den gegebenen Punkt P wird eine Gerade g parallel zu $\overrightarrow{AB}$ gezeichnet. 2. Die Länge von $\overrightarrow{AB}$ wird von P aus auf der Gerade g abgetragen. Dabei muss die Richtung des Pfeils beachtet werden.
Eigenschaften	Es gilt Längen- und Winkelerhaltung (siehe Eigenschaften der Kongruenz). Die Bilder zueinander paralleler bzw. senkrechter Geraden sind wieder zueinander parallele bzw. senkrechte Geraden (Erhaltung der Lagebeziehungen).

Spiegelung

Konstruktion einer Achsenspiegelung	Eine Achsenspiegelung kann durch eine Spiegelachse g oder durch ein Punktepaar $(P; P')$ angegeben werden. 1. Durch den Punkt P wird die Senkrechte zur Spiegelachse g gezeichnet. Diese Senkrechte schneidet g im Punkt S. 2. Die Länge der Strecke $\overline{SP}$ wird von S aus in entgegengesetzter Richtung auf der Senkrechten abgetragen.
Konstruktion einer Punktspiegelung	Eine Punktspiegelung wird durch ein Zentrum Z vorgegeben. 1. Durch Z und P wird eine Gerade gezeichnet. 2. Die Länge der Strecke $\overline{ZP}$ wird von Z aus in entgegengesetzter Richtung abgetragen.
Eigenschaften von Spiegelungen	Längen, Winkel und Lagebeziehungen bleiben erhalten. Der Umlaufsinn von Figuren ändert sich bei einer Achsenspiegelung. Liegt P auf g, so ist $P = P'$.

Drehung

Konstruktion	Eine Drehung wird durch ein Drehzentrum Z und einen Drehwinkel α bestimmt. 1. Ein Strahl durch P und beginnend in Z wird gezeichnet. 2. Der Winkel α wird in Z an den Strahl angetragen. Dabei muss die Drehrichtung des Winkels α beachtet werden. 3. Die Länge der Strecke $\overline{ZP}$ wird auf dem zweiten Schenkel abgetragen.
Eigenschaften	Längen, Winkel und Lagebeziehungen bleiben erhalten.

Darstellende Geometrie

Schrägbild bei Quader und quadratischer Pyramide ($\alpha = 45°$; $q = 0{,}5$)

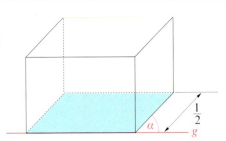
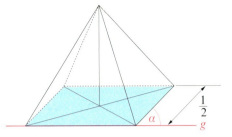

① Die Strecken, die parallel zur Zeichenebene verlaufen, werden in wahrer Länge gezeichnet. Parallele Strecken bleiben parallel.
② In die Tiefe gehende Strecken werden im Winkel von $\alpha = 45°$ an die Horizontale g angetragen und auf die Hälfte verkürzt.
③ Punkte werden verbunden, nicht sichtbare Strecken werden gestrichelt gezeichnet.

Schrägbild (andere Verzerrungen)

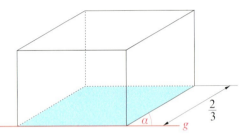
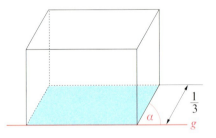

Verzerrungswinkel $\alpha = 30°$
Verkürzungsfaktor $q = \frac{2}{3}$

Verzerrungswinkel $\alpha = 60°$
Verkürzungsfaktor $q = \frac{1}{3}$

Senkrechte Dreitafelprojektion – Ansichten

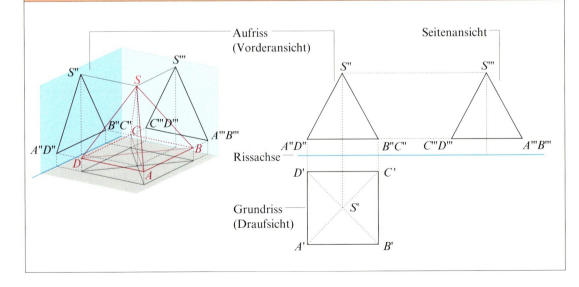

Koordinatensysteme

Kartesische Koordinatensysteme

Koordinaten eines Punktes in einer Ebene

$P(x_P; y_P)$
$Q(x_Q; y_Q)$

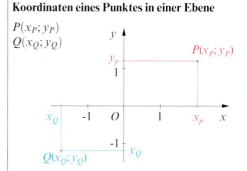

Koordinaten eines Punktes im Raum

$P(x_P; y_P; z_P)$

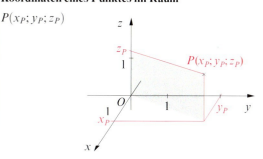

Polarkoordinaten

Koordinaten eines Punktes in einer Ebene

$P(r; \varphi)$ mit $0 < r < \infty$ und $0 \leq \varphi < 360°$

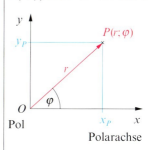

Koordinaten eines Punktes im Raum

$P(r; \lambda; \varphi)$ mit $0 < r < \infty$; $-180° \leq \lambda < 180°$; $-90° < \varphi < 90°$

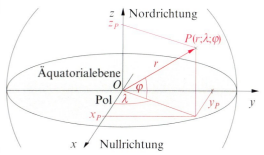

Zur Umrechnung von kartesischen Koordinaten in Polarkoordinaten gilt:

$x = r \cdot \cos \varphi$
$y = r \cdot \sin \varphi \qquad r = \sqrt{x^2 + y^2}$

Zur Umrechnung von kartesischen Koordinaten in Polarkoordinaten gilt:

$x = r \cdot \cos \varphi \cos \lambda$
$y = r \cdot \sin \lambda \cos \varphi \qquad r = \sqrt{x^2 + y^2 + z^2}$
$z = r \cdot \sin \varphi$

Ermitteln der wahren Länge bzw. der wahren Größe von Strecken und Figuren

Die wahre Länge von Strecken, die gegen beide Tafeln des Zweitafelbildes geneigt sind, ermittelt man durch eine geeignete Drehung ① oder mithilfe eines Stützdreiecks ②.

①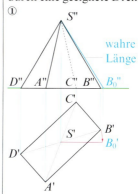

②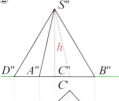
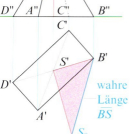

③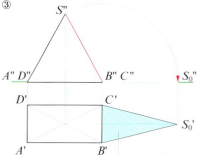

Stochastik

Diagramme

Piktogramme	Visualisierung absoluter Häufigkeiten (↗ S. 38) und Größen. Jedem Symbol entspricht eine bestimmte Anzahl bzw. Größe.	
Balkendiagramme (Säulendiagramme)	Meist Veranschaulichung der zeitlichen Entwicklung absoluter oder relativer Häufigkeiten (↗ S. 38). Die y-Achse sollte so skaliert werden, dass keine falschen Eindrücke entstehen können (bei Null beginnend; Kennzeichnung von Lücken).	
Strichdiagramme (Streckendiagramme)	Strichdiagramme können prinzipiell wie Balkendiagramme eingesetzt werden. Die Wahl der Achsen kann von Balkendiagrammen abweichen (s. Bild).	
Streifendiagramme	Darstellung von Anteilen an einem Ganzen (meist in %). Anteile sind proportional zu den Längen der zugehörigen Teilstreifen.	
Kreisdiagramme	Darstellung von Anteilen an einem Ganzen (meist in %). Anteile sind proportional zur Größe des Winkels des zugehörigen Kreissektors (z. B. 100 % = 360°, 1 % = 3,6°).	
Liniendiagramme	Darstellung von proportionalen und linearen Zusammenhängen. Besonders aussagekräftig sind Liniendiagramme, wenn verschiedene Datenreihen gruppiert werden können (s. Bild). Bei der Skalierung der Achsen ist darauf zu achten, dass keine irreführenden Eindrücke entstehen.	
Histogramme	Häufig werden Datenreihen durch eine Klasseneinteilung geordnet. Die Klassenhäufigkeiten werden in Histogrammen wie bei Balkendiagrammen dargestellt, allerdings bleibt zwischen den Balken i. d. R. kein Zwischenraum.	
Boxplots	Mithilfe von Boxplots können Datenreihen mit ihren Streubereichen so dargestellt werden, dass sie gut vergleichbar sind. Die Daten werden der Größe nach geordnet, die 5 folgenden Werte ergeben die Lage des Boxplots: Minimalwert, Viertelwert, Median, Dreiviertelwert, Maximalwert. Die „Box" markiert den Bereich, in dem 50 % der Werte liegen.	
Streudiagramme	Für Zusammenhänge zwischen zwei Größen können Messwerte als „Punktwolke" dargestellt werden, wobei die eine Größe den x-Wert und die andere Größe den y-Wert eines Punktes darstellt.	

Stochastik

Kombinatorik

Potenzen von Binomen	Wenn $a, b \in \mathbb{R}$ und $n \in \mathbb{N}$, so gilt: $\qquad$ Pascal'sches Dreieck $(a \pm b)^0 = 1$ .... $\qquad$ 1 $(a \pm b)^1 = a \pm b$ .... $\qquad$ 1 1 $(a \pm b)^2 = a^2 \pm 2ab + b^2$ .... $\qquad$ 1 2 1 $(a \pm b)^3 = a^3 \pm 3a^2b + 3ab^2 \pm b^3$ .... $\qquad$ 1 3 3 1 $(a \pm b)^4 = a^4 \pm 4a^3b + 6a^2b^2 \pm 4ab^3 + b^4$ .... 1 4 6 4 1 $(a \pm b)^5 = a^5 \pm 5a^4b + 10a^3b^2 \pm 10a^2b^3 + 5ab^4 \pm b^5$ 1 5 10 10 5 1
Binomial-koeffizienten	$\binom{n}{k} = \dfrac{n(n-1)\ldots[n-(k-1)]}{k!} = \dfrac{n!}{k!(n-k)!}$ $(n, k \in \mathbb{N}; 0 < k \leq n)$; $\binom{n}{0} = 1$ $\binom{n}{k} = \binom{n}{n-k}$; $\binom{n}{k} + \binom{n}{k+1} = \binom{n+1}{k+1}$
Binomischer Satz	$(a+b)^n = \binom{n}{0}a^n + \binom{n}{1}a^{n-1}b + \binom{n}{2}a^{n-2}b^2 + \ldots + \binom{n}{n-1}ab^{n-1} + \binom{n}{n}b^n = \sum\limits_{k=0}^{n}\binom{n}{k}a^{n-k}b^k$
Fakultät	$a! = 1 \cdot 2 \cdot 3 \cdot 4 \cdot \ldots \cdot (a-1) \cdot a$ $(a \in \mathbb{N}, a \geq 2)$; $0! = 1$; $1! = 1$; $(a+1)! = a!\,(a+1)$
Permutationen	Ist eine Menge mit n Elementen gegeben, so bezeichnet man die möglichen Anordnungen aller dieser n Elemente als Permutationen. Anzahl der Permutationen, wenn die n Elemente untereinander verschieden sind: $n!$ $\qquad$ Anzahl der Permutationen, wenn es unter den n Elementen $r, s, \ldots, t$ gleiche Elemente gibt: $\dfrac{n!}{r! \cdot s! \cdot \ldots \cdot t!}$
Variationen	Ist eine Menge mit n verschiedenen Elementen gegeben, so bezeichnet man die möglichen Anordnungen aus je k Elementen dieser Menge in jeder möglichen Reihenfolge als Variationen (Variationen von n Elementen zur k-ten Klasse). Anzahl der Variationen aus je k Elementen, wenn jedes Element in einer Variation jeweils nur einmal vorkommen kann (Anzahl der Variationen ohne Zurücklegen der Elemente): $\dfrac{n!}{(n-k)!}$ $\qquad$ Anzahl der Variationen aus je k Elementen, wenn jedes Element in einer Variation beliebig oft vorkommen kann (Anzahl der Variationen mit Zurücklegen der Elemente): n^k
Kombinationen	Ist eine Menge mit n verschiedenen Elementen gegeben, so bezeichnet man die möglichen Anordnungen aus je k Elementen dieser Menge ohne Berücksichtigung ihrer Reihenfolge als Kombinationen. Variationen sind also Kombinationen mit Berücksichtigung der Reihenfolge der Elemente. (Kombinationen von n Elementen zur k-ten Klasse) Anzahl der Kombinationen aus je k Elementen, wenn jedes Element in einer Kombination jeweils nur einmal vorkommen kann: $\binom{n}{k}$ bzw. $\dfrac{n!}{k!(n-k)!}$ $\qquad$ Anzahl der Kombinationen aus je k Elementen, wenn jedes Element in einer Kombination beliebig oft vorkommen kann: $\binom{n+k-1}{k}$

Grundbegriffe der Stochastik

Ergebnisse/ Ereignisse	Ein **Vorgang mit zufälligem Ergebnis** (ein Zufallsversuch) hat mehrere mögliche Ergebnisse, von denen nicht vorausgesagt werden kann, welches eintritt. Die Menge aller möglichen Ergebnisse ist die **Ergebnismenge Ω.** Jede Teilmenge A von Ω heißt ein zu diesem Zufallsversuch gehörendes **Ereignis** ($A \subseteq \Omega$). Das Ereignis A tritt ein, wenn bei dem Zufallsversuch ein Ergebnis aus A eintritt. Das **Gegenereignis** $\bar{A}$ zu einem Ereignis A ist die Menge aller Ergebnisse, die nicht zu A gehören. **Sicheres Ereignis:** Alle möglichen Ergebnisse sind günstig für das Ereignis. **Unmögliches Ereignis:** Keines der möglichen Ergebnisse ist günstig für das Ereignis.	
Absolute Häufigkeit	Anzahl des Auftretens des Ergebnisses x_i bei n Beobachtungen des Zufallsversuches bzw. bei der Überprüfung einer Stichprobe vom Umfang n:	$H_n(x_i)$
Relative Häufigkeit	Relative Häufigkeit des Ergebnisses x_i bei n Beobachtungen eines Zufallsversuches (bei einer Stichprobe vom Umfang n): Relative Häufigkeit des Ereignisses A bei n Beobachtungen eines Zufallsversuches (bei einer Stichprobe vom Umfang n), wobei insgesamt k-mal für das Ereignis A günstige Ergebnisse aufgetreten sind:	$h_n(x_i) = \dfrac{H_n(x_i)}{n}$ $h_n(A) = \dfrac{k}{n}$
	Die relative Häufigkeit des Ereignisses A ist gleich der Summe der relativen Häufigkeiten der Ergebnisse, die für das Ereignis A günstig sind. Für $A = \{x_1, x_2, \ldots, x_r\}$ gilt: $\quad h_n(A) = h_n(x_1) + h_n(x_2) + \ldots + h_n(x_r)$	
Wahrscheinlichkeit	Die beobachtete relative Häufigkeit $h_n(A)$ des Eintretens von A nähert sich mit wachsender Beobachtungszahl n dem stabilen Wert $P(A)$, der **Wahrscheinlichkeit des Ereignisses.** *Grundeigenschaften:* Es gilt $0 \leq P(A) \leq 1$ und ferner ist: $P(A) = P(x_1) + P(x_2) + \ldots + P(x_r)$, falls $A = \{x_1, x_2, \ldots, x_r\}$ $P(\Omega) = 1 \quad$ Wahrscheinlichkeit des sicheren Ereignisses Ω $P(\emptyset) = 0 \quad$ Wahrscheinlichkeit des unmöglichen Ereignisses $\emptyset$ $P(\bar{A}) = 1 - P(A) \quad$ Wahrscheinlichkeit des zu A entgegengesetzten Ereignisses $\bar{A}$ $\qquad\qquad\qquad\qquad\qquad\qquad\qquad$ Axiomensystem von Kolmogorow **Laplace-Wahrscheinlichkeit (klassische Wahrscheinlichkeit):** Sind alle Ergebnisse bei einem Vorgang mit zufälligem Ergebnis gleich wahrscheinlich, so gilt: $$P(A) = \frac{\text{Anzahl der für } A \text{ günstigen Ergebnisse}}{\text{Anzahl der möglichen Ergebnisse}}$$	

Kenngrößen der Häufigkeitsverteilung einer Datenreihe

Arithmetisches Mittel $\bar{x}$ (↗ Seite 7)	Berechnung von $\bar{x}$ aus der Summe aller Ergebnisse $x_1, x_2, \ldots, x_n$: Treten bei den n Ergebnissen r verschiedene Ergebnisse auf, so berechnet man $\bar{x}$ unter Hinzuziehung • der absoluten Häufigkeiten der Ergebnisse: • der relativen Häufigkeiten der Ergebnisse:	$\bar{x} = \dfrac{x_1 + x_2 + \ldots + x_n}{n}$ $\bar{x} = \dfrac{x_1 \cdot H_n(x_1) + x_2 \cdot H_n(x_2) + \ldots + x_r \cdot H_n(x_r)}{n}$ $\bar{x} = x_1 \cdot h_n(x_1) + x_2 \cdot h_n(x_2) + \ldots + x_r \cdot h_n(x_r)$
Zentralwert $\tilde{x}$ (Median)	$\tilde{x}$ halbiert die der Größe nach geordnete Datenreihe. Für $2n+1$ Daten ist es der $(n+1)$-te Wert, für $2n$ Daten ist es das arithmetische Mittel aus n-tem und $(n+1)$-tem Wert.	
Modalwert m	m ist der am häufigsten beobachtete Wert. (Eine Datenreihe kann mehrere Modalwerte haben.)	

Kenngrößen zur Charakterisierung der Streuung

Spannweite d	d ist die Differenz zwischen dem größten und dem kleinsten Wert einer Datenreihe:	$d = x_{\max} - x_{\min}$
Halbweite H	H ist die Differenz zwischen dem oberen Viertelwert $x_{3/4}$ und dem unteren Viertelwert $x_{1/4}$ einer Datenreihe: (Der Viertelwert $x_{1/4}$ halbiert die untere Hälfte der Datenreihe, $x_{3/4}$ halbiert die obere Hälfte der Datenreihe.)	$H = x_{3/4} - x_{1/4}$
Mittlere quadratische Abweichung (empirische Varianz) s^2	s^2 ist ein Maß für die Streuung der Beobachtungswerte um den Mittelwert $\bar{x}$. Berechnung der mittleren quadratischen Abweichung der Beobachtungswerte vom Mittelwert $\bar{x}$ der Beobachtungswerte • unter Hinzuziehung der absoluten Häufigkeiten $H_n(x_1), H_n(x_2), \ldots, H_n(x_r)$: $$s^2 = \frac{(x_1-\bar{x})^2 \cdot H_n(x_1) + (x_2-\bar{x})^2 \cdot H_n(x_2) + \ldots + (x_r-\bar{x})^2 \cdot H_n(x_r)}{n}$$ • unter Hinzuziehung der relativen Häufigkeiten $h_n(x_1), h_n(x_2), \ldots, h_n(x_r)$: $$s^2 = (x_1-\bar{x})^2 \cdot h_n(x_1) + (x_2-\bar{x})^2 \cdot h_n(x_2) + \ldots + (x_r-\bar{x})^2 \cdot h_n(x_r) = \sum_{i=1}^{r}(x_i-\bar{x})^2 \cdot h_n(x_i)$$	
Standardabweichung s	Ein weiteres Maß für die Streuung um den Mittelwert $\bar{x}$ ist die Standardabweichung s: $$s = \sqrt{s^2} = \sqrt{(x_1-\bar{x})^2 \cdot h_n(x_1) + (x_2-\bar{x})^2 \cdot h_n(x_2) + \ldots + (x_r-\bar{x})^2 \cdot h_n(x_r)}$$	

Mehrstufige Zufallsversuche

1. Pfadregel	**Produktregel:** Die Wahrscheinlichkeit eines Ergebnisses ist gleich dem Produkt der Wahrscheinlichkeiten entlang des jeweiligen Pfades im Baumdiagramm. (Im Bild gilt: $P(AD) = p_1 \cdot p_4$)
2. Pfadregel	**Summenregel:** Die Wahrscheinlichkeit eines Ereignisses ist gleich der Summe der Wahrscheinlichkeiten aller der Pfade, die für dieses Ereignis günstig sind.

Rechnen mit Wahrscheinlichkeiten

Additionssatz	Für die Wahrscheinlichkeit des Eintretens des Ereignisses A oder des Ereignisses B gilt: $P(A \cup B) = P(A) + P(B) - P(A \cap B)$ Falls A und B unvereinbar sind, gilt: $P(A \cup B) = P(A) + P(B)$
Bedingte Wahrscheinlichkeit	Für die Wahrscheinlichkeit des Eintretens von A unter der Bedingung, dass das Ereignis B eingetreten ist, gilt: $$P(A|B) = \frac{P(A \cap B)}{P(B)}$$
Multiplikationssatz	Für die Wahrscheinlichkeit des Eintretens sowohl des Ereignisses A als auch des Ereignisses B gilt: $P(A \cap B) = P(A) \cdot P(B|A) = P(B) \cdot P(A|B)$
Unabhängigkeit	A und B heißen voneinander **unabhängig** genau dann, wenn gilt: $P(A \cap B) = P(A) \cdot P(B)$

Zufallsgrößen und ihre Wahrscheinlichkeitsverteilung

Wahrscheinlichkeitsverteilung einer diskreten Zufallsgröße X	Es seien x_i $(i=1,2,3,\ldots,k)$ die Werte, die eine diskrete Zufallsgröße X annehmen kann und p_i die zugeordneten Wahrscheinlichkeiten für das Eintreten der x_i. Es ist $E(X) = \sum_{i=1}^{k} x_i \cdot p_i = \mu$ der **Erwartungswert** (Mittelwert) der Zufallsgröße X. $V(X) = \sum_{i=1}^{k} (x_i - \mu)^2 \cdot p_i$ die **Varianz** der Zufallsgröße X und $\sigma(X) = \sqrt{V(X)}$ die **Standardabweichung** von X.
Bernoulli-Versuch	Ein **Bernoulli-Versuch** ist ein Zufallsversuch, bei dem man sich nur dafür interessiert, ob ein bestimmtes Ereignis eintritt oder nicht. Eine **Bernoulli-Kette** ist eine Serie unabhängiger Bernoulli-Versuche. Wenn p die Wahrscheinlichkeit für das Eintreten eines bestimmten Ereignisses (Treffer) ist und der Zufallsversuch n-mal wiederholt wird, dann gilt: • Die Wahrscheinlichkeit für genau k Treffer ist: $P(X=k) = \binom{n}{k} p^k \cdot (1-p)^{n-k}$ • Die Wahrscheinlichkeit für mindestens einen Treffer ist: $P(X \geq 1) = 1 - (1-p)^n$ • Soll die Wahrscheinlichkeit für mindestens einen Treffer größer oder gleich a $(0 < a < 1)$ sein, so gilt für die Länge n der Kette: $n \geq \dfrac{\ln(1-a)}{\ln(1-p)}$
Binomialverteilung	Eine Zufallsgröße heißt **binomialverteilt** mit den Parametern n und p, wenn für alle k $(k=0,1,\ldots,n)$ gilt: $P(X=k) = \binom{n}{k} p^k \cdot (1-p)^{n-k}$ Erwartungswert $\qquad E(X) = n \cdot p$ Varianz $\qquad\qquad\quad V(X) = n \cdot p \cdot (1-p)$ Standardabweichung $\;\;\sigma(X) = \sqrt{n \cdot p \cdot (1-p)}$
Gestalt der Binomial-Verteilung in Abhängigkeit von den Parametern n und p (P_k steht für $P(X=k)$)	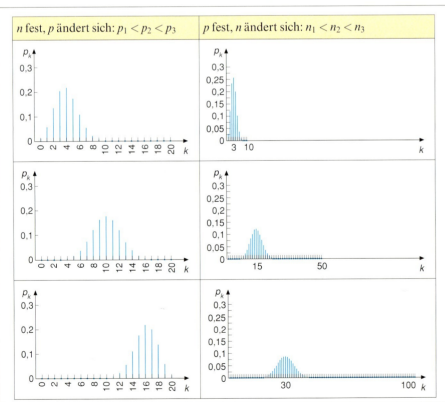

Stochastik

Wertetafel zur Binomialverteilung ($n = 2; \ldots; 10$)

$$P(X=k) = \binom{n}{k} p^k \cdot (1-p)^{n-k}$$

n	k	p	0,02	0,03	0,04	0,05	0,10	1/6	0,20	0,30	1/3	0,40	0,50	k	n
2	0		0,9604	9409	9216	9025	8100	6944	6400	4900	4444	3600	2500	2	2
	1		0392	0582	0768	0950	1800	2778	3200	4200	4444	4800	5000	1	
	2		0004	0009	0016	0025	0100	0278	0400	0900	1111	1600	2500	0	
3	0		0,9412	9127	8847	8574	7290	5787	5120	3430	2963	2160	1250	3	3
	1		0576	0847	1106	1354	2430	3472	3840	4410	4444	4320	3750	2	
	2		0012	0026	0046	0071	0270	0694	0960	1890	2222	2880	3750	1	
	3				0001	0001	0010	0046	0080	0270	0370	0640	1250	0	
4	0		0,9224	8853	8493	8145	6561	4823	4096	2401	1975	1296	0625	4	4
	1		0753	1095	1416	1715	2916	3858	4096	4116	3951	3456	2500	3	
	2		0023	0051	0088	0135	0486	1157	1536	2646	2963	3456	3750	2	
	3			0001	0002	0005	0036	0154	0256	0756	0988	1536	2500	1	
	4						0001	0008	0016	0081	0123	0256	0625	0	
5	0		0,9039	8587	8154	7738	5905	4019	3277	1681	1317	0778	0313	5	5
	1		0922	1328	1699	2036	3281	4019	4096	3602	3292	2592	1563	4	
	2		0038	0082	0142	0214	0729	1608	2048	3087	3292	3456	3125	3	
	3		0001	0003	0006	0011	0081	0322	0512	1323	1646	2304	3125	2	
	4						0005	0032	0064	0284	0412	0768	1563	1	
	5							0001	0003	0024	0041	0102	0313	0	
6	0		0,8858	8330	7828	7351	5314	3349	2621	1176	0878	0467	0156	6	6
	1		1085	1546	1957	2321	3543	4019	3932	3025	2634	1866	0938	5	
	2		0055	0120	0204	0305	0984	2009	2458	3241	3292	3110	2344	4	
	3		0002	0005	0011	0021	0146	0536	0819	1852	2195	2765	3125	3	
	4					0001	0012	0080	0154	0595	0823	1382	2344	2	
	5						0001	0006	0015	0102	0165	0369	0938	1	
	6							0001	0006	0001	0007	0014	0041	0156	0	
7	0		0,8681	8080	7514	6983	4783	2791	2097	0824	0585	0280	0078	7	7
	1		1240	1749	2192	2573	3720	3907	3670	2471	2048	1306	0547	6	
	2		0076	0162	0274	0406	1240	2344	2753	3177	3073	2613	1641	5	
	3		0003	0008	0019	0036	0230	0781	1147	2269	2561	2903	2734	4	
	4				0001	0002	0026	0156	0287	0972	1280	1935	2734	3	
	5						0002	0019	0043	0250	0384	0774	1641	2	
	6							0001	0004	0036	0064	0172	0547	1	
	7									0002	0005	0016	0078	0	
8	0		0,8508	7837	7214	6634	4305	2326	1678	0576	0390	0168	0039	8	8
	1		1389	1939	2405	2793	3826	3721	3355	1977	1561	0896	0313	7	
	2		0099	0210	0351	0515	1488	2605	2936	2965	2731	2090	1094	6	
	3		0004	0013	0029	0054	0331	1042	1468	2541	2731	2787	2188	5	
	4			0001	0002	0004	0046	0260	0459	1361	1707	2322	2734	4	
	5						0004	0042	0092	0467	0683	1239	2188	3	
	6							0004	0011	0100	0171	0413	1094	2	
	7								0001	0012	0024	0079	0313	1	
	8									0001	0002	0007	0039	0	
9	0		0,8337	7602	6925	6302	3874	1938	1342	0404	0260	0101	0020	9	9
	1		1531	2116	2597	2985	3874	3489	3020	1556	1171	0605	0176	8	
	2		0125	0262	0433	0629	1722	2791	3020	2668	2341	1612	0703	7	
	3		0006	0019	0042	0077	0446	1302	1762	2668	2731	2508	1641	6	
	4			0001	0003	0006	0074	0391	0661	1715	2048	2508	2461	5	
	5						0008	0078	0165	0735	1024	1672	2461	4	
	6						0001	0010	0028	0210	0341	0743	1641	3	
	7							0001	0003	0039	0073	0212	0703	2	
	8									0004	0009	0035	0176	1	
	9										0001	0003	0020	0	
10	0		0,8171	7374	6648	5987	3487	1615	1074	0282	0173	0060	0010	10	10
	1		1667	2281	2770	3151	3874	3230	2684	1211	0867	0403	0098	9	
	2		0153	0317	0519	0746	1937	2907	3020	2335	1951	1209	0439	8	
	3		0008	0026	0058	0105	0574	1550	2013	2668	2601	2150	1172	7	
	4			0001	0004	0010	0112	0543	0881	2001	2276	2508	2051	6	
	5					0001	0015	0130	0264	1029	1366	2007	2461	5	
	6						0001	0022	0055	0368	0569	1115	2051	4	
	7							0002	0008	0090	0163	0425	1172	3	
	8								0001	0014	0030	0106	0439	2	
	9									0001	0003	0016	0098	1	
	10											0001	0010	0	
n	k	p	0,98	0,97	0,96	0,95	0,90	5/6	0,80	0,70	2/3	0,60	0,50	k	n

Wertetafel zur Binomialverteilung ($n = 12, 14, 16, 18$)

$$P(X=k) = \binom{n}{k} p^k \cdot (1-p)^{n-k}$$

n	k	p	0,02	0,03	0,04	0,05	0,10	1/6	0,20	0,30	1/3	0,40	0,50	k	n
12	0		0,7847	6938	6127	5404	2824	1122	0687	0138	0077	0022	0002	12	
	1		1922	2575	3064	3413	3766	2692	2062	0712	0462	0174	0029	11	
	2		0216	0438	0702	0988	2301	2961	2835	1678	1272	0639	0161	10	
	3		0015	0045	0098	0173	0852	1974	2362	2397	2120	1419	0537	9	
	4		0001	0003	0009	0021	0213	0888	1329	2311	2384	2128	1209	8	12
	5		0000	0000	0001	0002	0038	0284	0532	1585	1908	2270	1934	7	
	6				0000	0000	0005	0066	0155	0792	1113	1766	2256	6	
	7						0000	0011	0033	0291	0477	1009	1934	5	
	8							0001	0005	0078	0149	0420	1209	4	
	9							0000	0001	0015	0033	0125	0537	3	
	10								0000	0002	0005	0025	0161	2	
	11									0000	0000	0003	0029	1	
	12											0000	0002	0	
14	0		0,7536	6528	5647	4877	2288	0779	0440	0068	0034	0008	0001	14	
	1		2153	2827	3294	3593	3559	2181	1539	0407	0240	0073	0009	13	
	2		0286	0568	0892	1229	2570	2835	2501	1134	0779	0317	0056	12	
	3		0023	0070	0149	0259	1142	2268	2501	1943	1559	0845	0222	11	
	4		0001	0006	0017	0037	0349	1247	1720	2290	2143	1549	0611	10	
	5		0000	0000	0001	0004	0078	0499	0860	1963	2143	2066	1222	9	
	6				0000	0000	0013	0150	0322	1262	1607	2066	1833	8	14
	7						0002	0034	0092	0618	0918	1574	2095	7	
	8						0000	0006	0020	0232	0402	0918	1833	6	
	9							0001	0003	0066	0134	0408	1222	5	
	10							0000	0000	0014	0033	0136	0611	4	
	11									0002	0006	0033	0222	3	
	12									0000	0001	0005	0056	2	
	13										0000	0001	0009	1	
	14											0000	0001	0	
16	0		0,7238	6143	5204	4401	1853	0541	0281	0033	0015	0003	0000	16	16
	1		2363	3040	3469	3706	3294	1731	1126	0228	0122	0030	0002	15	
	2		0362	0705	1084	1463	2745	2596	2111	0732	0457	0150	0018	14	
	3		0034	0102	0211	0359	1423	2423	2463	1465	1066	0468	0085	13	
	4		0002	0010	0029	0061	0514	1575	2001	2040	1732	1014	0278	12	
	5		0000	0001	0003	0008	0137	0756	1201	2099	2078	1623	0667	11	
	6			0000	0000	0001	0028	0277	0550	1649	1905	1983	1222	10	
	7					0000	0004	0079	0197	1010	1361	1889	1746	9	
	8						0001	0018	0055	0487	0765	1417	1964	8	
	9						0000	0003	0012	0185	0340	0840	1746	7	
	10							0000	0002	0056	0119	0392	1222	6	
	11								0000	0013	0032	0142	0667	5	
	12									0002	0007	0040	0278	4	
	13									0000	0001	0008	0085	3	
	14										0000	0001	0018	2	
	15											0000	0002	1	
	16												0000	0	
18	0		0,6951	5780	4796	3972	1501	0376	0180	0016	0007	0001	0000	18	
	1		2554	3217	3597	3763	3002	1352	0811	0126	0061	0012	0001	17	
	2		0443	0846	1274	1683	2835	2299	1723	0458	0259	0069	0006	16	
	3		0048	0140	0283	0473	1680	2452	2297	1046	0690	0246	0031	15	
	4		0004	0016	0044	0093	0700	1839	2153	1681	1294	0614	0117	14	
	5		0000	0001	0005	0014	0218	1030	1507	2017	1812	1146	0327	13	
	6			0000	0000	0002	0052	0446	0816	1873	1963	1655	0708	12	
	7					0000	0010	0153	0350	1376	1682	1892	1214	11	
	8						0002	0042	0120	0811	1157	1734	1669	10	18
	9						0000	0009	0033	0386	0643	1284	1855	9	
	10							0002	0008	0149	0289	0771	1669	8	
	11							0000	0001	0046	0105	0374	1214	7	
	12								0000	0012	0031	0145	0708	6	
	13									0002	0007	0045	0327	5	
	14									0000	0001	0011	0117	4	
	15										0000	0002	0031	3	
	16											0000	0006	2	
	17												0000	1	
n	k	p	0,98	0,97	0,96	0,95	0,90	5/6	0,80	0,70	2/3	0,60	0,50	k	n

Stochastik

Wertetafel zur Binomialverteilung ($n = 25, 50$) $\qquad P(X=k) = \binom{n}{k} p^k \cdot (1-p)^{n-k}$

n	k	p	0,02	0,03	0,04	0,05	0,10	1/6	0,20	0,30	1/3	0,40	0,50	k	n
25	0		0,6034	4670	3604	2774	0718	0105	0038	0001	0000			25	
	1		3079	3611	3754	3650	1994	0524	0236	0014	0005	0000		24	
	2		0754	1340	1877	2305	2659	1258	0708	0074	0030	0004	0000	23	
	3		0118	0318	0600	0930	2265	1929	1358	0243	0114	0019	0001	22	
	4		0013	0054	0137	0269	1384	2122	1867	0572	0313	0071	0004	21	
	5		0001	0007	0024	0060	0646	1782	1960	1030	0658	0199	0016	20	
	6		0000	0001	0003	0010	0239	1188	1633	1472	1096	0442	0053	19	
	7			0000	0000	0001	0072	0645	1108	1712	1487	0800	0143	18	
	8					0000	0018	0290	0623	1651	1673	1200	0322	17	
	9						0004	0110	0294	1336	1580	1511	0609	16	
	10						0001	0035	0118	0916	1264	1612	0974	15	25
	11						0000	0010	0040	0536	0862	1465	1328	14	
	12							0002	0012	0268	0503	1140	1550	13	
	13							0000	0003	0115	0251	0760	1550	12	
	14								0001	0042	0108	0434	1328	11	
	15								0000	0013	0040	0212	0974	10	
	16									0004	0012	0088	0609	9	
	17									0001	0003	0031	0322	8	
	18									0000	0001	0009	0143	7	
	19										0000	0002	0053	6	
	20											0000	0016	5	
	21												0004	4	
	22												0001	3	
	23												0000	2	
50	0		0,3642	2181	1299	0769	0052	0001	0000					50	
	1		3716	3372	2706	2025	0286	0011	0002					49	
	2		1858	2555	2762	2611	0779	0054	0011					48	
	3		0607	1264	1842	2199	1386	0172	0044	0000				47	
	4		0145	0459	0902	1360	1809	0405	0128	0001	0000			46	
	5		0027	0131	0346	0658	1849	0745	0295	0006	0001			45	
	6		0004	0030	0108	0260	1541	1118	0554	0018	0004			44	
	7		0001	0006	0028	0086	1076	1405	0870	0048	0012	0000		43	
	8		0000	0001	0006	0024	0643	1510	1169	0110	0033	0002		42	
	9			0000	0001	0006	0333	1410	1364	0220	0077	0005		41	
	10				0000	0001	0152	1156	1398	0386	0157	0014		40	
	11					0000	0061	0841	1271	0602	0286	0035	0000	39	
	12						0022	0546	1033	0838	0465	0076	0001	38	
	13						0007	0319	0755	1050	0679	0147	0003	37	
	14						0002	0169	0499	1189	0898	0260	0008	36	
	15						0001	0081	0299	1223	1077	0415	0020	35	
	16						0000	0035	0164	1147	1178	0606	0044	34	
	17							0014	0082	0983	1178	0808	0087	33	50
	18							0005	0037	0772	1080	0987	0160	32	
	19							0002	0016	0558	0910	1109	0270	31	
	20							0001	0006	0370	0705	1146	0419	30	
	21							0000	0002	0227	0503	1091	0598	29	
	22								0001	0128	0332	0959	0788	28	
	23								0000	0067	0202	0778	0960	27	
	24									0032	0114	0584	1080	26	
	25									0014	0059	0405	1123	25	
	26									0006	0028	0259	1080	24	
	27									0002	0013	0154	0960	23	
	28									0001	0005	0084	0788	22	
	29									0000	0002	0043	0598	21	
	30										0001	0020	0419	20	
	31										0000	0009	0270	19	
	32											0003	0160	18	
	33											0001	0087	17	
	34											0000	0044	16	
	35												0020	15	
	36												0008	14	
	37												0003	13	
	38												0001	12	
	39												0000	11	
n	k	p	0,98	0,97	0,96	0,95	0,90	5/6	0,80	0,70	2/3	0,60	0,50	k	n

Größen

Größen im Mathematikunterricht und ihre Einheiten

Masse

Einheiten	Zeichen	Umrechnung
Tonne	t	1 t = 1000 kg
Kilogramm	kg	1 kg = 1000 g
Gramm	g	1 g = 1000 mg
Milligramm	mg	

alte Einheiten

Einheiten	Zeichen	Umrechnung
Zentner	Ztr	1 Ztr = 50 kg = 100 ℔
Pfund	℔	1 ℔ = 500 g = 0,5 kg

Zeit

Einheiten	Zeichen	Umrechnung
Tag	d	1 d = 24 h
Stunde	h	1 h = 60 min
Minute	min	1 min = 60 s
Sekunde	s	

Geld

Einheiten	Zeichen	Umrechnung
Euro	€	1 € = 100 ct
Cent	ct	

Länge

Einheiten	Zeichen	Umrechnung
Kilometer	km	1 km = 1000 m
Meter	m	1 m = 10 dm = 100 cm = 1000 mm
Dezimeter	dm	1 dm = 10 cm = 100 mm
Zentimeter	cm	1 cm = 10 mm
Millimeter	mm	

Flächeninhalt

Einheiten	Zeichen	Umrechnung
Quadratkilometer	km^2	1 km^2 = 100 ha
Hektar	ha	1 ha = 100 a
Ar	a	1 a = 100 m^2
Quadratmeter	m^2	1 m^2 = 100 dm^2
Quadratdezimeter	dm^2	1 dm^2 = 100 cm^2
Quadratzentimeter	cm^2	1 cm^2 = 100 mm^2
Quadratmillimeter	mm^2	

Volumen (Rauminhalt)

Einheiten	Zeichen	Umrechnung
Kubikmeter	m^3	1 m^3 = 1000 dm^3
Kubikdezimeter	dm^3	1 dm^3 = 1000 cm^3
Kubikzentimeter	cm^3	1 cm^3 = 1000 mm^3
Kubikmillimeter	mm^3	
Liter	l	1 l = 1 dm^3 = 1000 cm^3 = 1000 ml
Milliliter	ml	1 ml = 1 cm^3

Informatik

Datendarstellung

Daten/Binärcode (Dualcode)

Alles, was sich in einer für den Computer erkennbaren Weise erfassen, verarbeiten, speichern und darstellen lässt, bezeichnet man in der elektronischen Datenverarbeitung als Daten. In Datenverarbeitungsanlagen werden Zeichen in Form von Signalen elektrischer (Spannung), optischer (Markierung) oder mechanischer (Lochung) Art dargestellt. Die Daten werden in Form des binären (dualen) Zahlensystems dargestellt. Dabei ist es möglich, zwei definierte Zustände (Signale) zu verwenden. Man bezeichnet die Zustände mit **„binär Eins"** (1) und mit **„binär Null"** (0).

Zahlensysteme (Dezimal-, Dual-, Hexadezimalzahlen)

↗ S. 12

Einheiten

Bit	Das Bit ist die Einheit für die Datendarstellung im Computer. Zustand: 0 oder 1 (in der Technik: 0 – kein Strom = Low [L]; 1 – Strom = High [H])
Byte	Ein Byte ist die Zusammenfassung von 8 Bit zur Darstellung eines Zeichens im Computer. Aus den 8-Bitstellen ergeben sich 256 Kombinationsmöglichkeiten der Zeichendarstellung. weitere Einheiten: 1 KByte = 2^{10} Byte = 1 024 Byte (1 024 Computerzeichen) 1 MByte = 2^{20} Byte = 1 048 576 Byte (1 048 576 Computerzeichen) 1 GByte = 2^{30} Byte = 1 073 741 824 Byte (1 073 741 824 Computerzeichen)
Baud	Ein Baud ist die Einheit der Signalrate, mit der Daten übertragen werden. Sie gibt die Anzahl der Pegelwechsel pro Zeiteinheit an. 1 Baud = Modulationsrate/Sekunde; 1 Bd = s^{-1}
bps	bps ist die Einheit für die Übertragungsgeschwindigkeit von Daten. Sie wird in Bit pro Zeiteinheit gemessen. Einheit: Bit/s (Bit pro Sekunde) oder Byte/s (Byte pro Sekunde)

Umrechnungstafel Dezimalzahlen, Hexadezimalzahlen, Dualzahlen

↗ S. 13

Logische Verknüpfungen

Mit elektronischen Logikbausteinen können logische Verknüpfungen wie UND, ODER, NAND ... umgesetzt werden. Abhängig vom Eingangssignal bildet sich ein logisches Ausgangssignal. Vereinfacht dargestellt verhält sich die Logikschaltung
– in einem gesperrten Zustand so, dass am Ausgang keine Spannung (U = 0 V) anliegt (logisch 0)
– in einem nicht gesperrten Zustand so, dass am Ausgang eine Spannung (U = 5 V) anliegt (logisch 1)

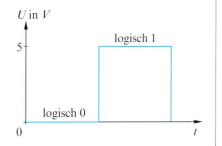

Verknüpfung	Schaltzeichen	Funktionsgleichung	Funktionstabelle	Prinzipschaltung
NOT (NICHT) Negation	A –[1]o– Q	$Q = \bar{A}$	A Q 0 1 1 0	Öffner
AND (UND) Konjunktion	A –[&]– Q B	$Q = A \wedge B$	A B Q 0 0 0 0 1 0 1 0 0 1 1 1	Schließer in Reihenschaltung
OR (ODER) Disjunktion	A –[≧1]– Q B	$Q = A \vee B$	A B Q 0 0 0 0 1 1 1 0 1 1 1 1	Schließer in Parallelschaltung
NAND (NICHT-UND)	A –[&]o– Q B	$Q = \overline{A \wedge B}$	A B Q 0 0 1 0 1 1 1 0 1 1 1 0	Öffner in Reihenschaltung
NOR (NICHT-ODER)	A –[≧1]o– Q B	$Q = \overline{A \vee B}$	A B Q 0 0 1 0 1 0 1 0 0 1 1 0	Öffner in Parallelschaltung
XOR (Exklusiv-ODER) Antivalenz	A –[=1]– Q B	$Q = (\bar{A} \wedge B) \vee (A \wedge \bar{B})$	A B Q 0 0 0 0 1 1 1 0 1 1 1 0	Wechsler in Parallelschaltung
XNOR (Exklusiv-NICHT-ODER) Äquivalenz	A –[=1]o– Q B	$Q = (A \wedge B) \vee (\bar{A} \wedge \bar{B})$	A B Q 0 0 1 0 1 0 1 0 0 1 1 1	Wechsler in Reihenschaltung

$\wedge$ und, $\vee$ oder, ¯ über der Aussage bedeutet Negation der Aussage, ○ beim Ausgangsglied weist auf Negation hin

Datendarstellung

Zeichensätze im Computer

ASCII	ASCII (engl. American Standard Code for Information Interchange) ist die Codierung für insgesamt 128 Buchstaben, Ziffern und Zeichen. Dabei wird jedes Zeichen eindeutig im Zahlenraum von 0 bis 127 abgebildet. Die Zahlen von 0 bis 31 sind für Steuerzeichen reserviert. Zur Übertragung eines Zeichens benötigt man 7 Bit.
ISO-8859	Die ersten 128 Zahlen vom Zeichensatz der ISO-8859-Familie entsprechen dem ASCII. Den Zahlen 128 bis 159 werden keine Zeichen zugeordnet. Den Zahlen 160 bis 255 werden bei ISO-8859-1 Buchstaben und Zeichen der Sprachen des westlichen Kulturraums zugeordnet. Andere ISO-8859-Zeichensätze bilden beispielsweise griechische oder kyrillische Zeichen ab. Zum Speichern eines Zeichens wird ein Byte benötigt.
Windows-1252	Dieser Zeichensatz wird oft als Ansi-Code bezeichnet. Das Betriebssystem Windows benutzt diese Codierung, um Zeichen des westlichen Kulturraums darzustellen. Im Gegensatz zum ISO-Zeichensatz werden auch den Zahlen 128 bis 159 Zeichen zugeordnet. Zum Speichern eines Zeichens wird ein Byte benötigt.
Unicode	Der Unicode (engl. Universal Multiple-Octet Coded Character Set) ist ein universeller Zeichensatz nach der ISO/ICE-Norm 10646, der alle wesentlichen Zeichen der meisten Sprachen enthält. Die Zuordnung zu den ersten 128 Zahlen ist mit ASCII, die Zuordnung zu den ersten 256 Zahlen ist mit ISO-8859-1 identisch. Unicode beschreibt nur die Zuordnung von Zeichen zu Zahlen.

Bedeutung der Zeichen (ISO-8859 / Windows-1252)

↗ vordere Umschlagseiten

Datentypen (Auswahl)

Datentyp	Beschreibung	Wertebereich (Visual-BASIC 6.0)
Boolean (Logik)	speichert logische Werte	true or false (wahr oder falsch)
Char (Zeichen)	speichert einzelne Zeichen (Ziffern, Buchstaben, …)	Zeichen des ASCII- oder Ansi-Codes
Currency (Währung)	speichert Festkommazahlen mit hoher Rundungsgenauigkeit (15 Vorkommastellen und 4 Nachkommastellen)	−922 337 203 685 477, 5808 bis 922 337 203 685 477, 5807
Date (Datum, Zeit)	speichert eine Kombination von Datums- und Zeitinformationen als Fließkommazahl	Datum: 01.01.100 bis 31.12.9999 Zeit: 00:00:00 bis 23:59:59
Double (doppelt)	speichert eine Zahl mit Fließkomma und doppelter Genauigkeit	für negative Werte: $-1{,}8 \cdot 10^{308}$ bis $-4{,}9 \cdot 10^{-324}$ für positive Werte: $4{,}9 \cdot 10^{-324}$ bis $1{,}8 \cdot 10^{308}$
Integer (ganz)	speichert ganze Zahlen	ganze Zahlen von −32 768 bis 32 767
String (Zeichenfolge)	speichert eine endliche Aneinanderreihung von Zeichen (Zeichenfolge)	0 bis 2 Milliarden Zeichen

Datenorganisation (logisch)

Datenstruktur	Erläuterung	Beispiel
Feld (array)	Gruppe von Elementen gleichen Typs (Datenfeld), die unter einem gemeinsamen Namen (Feldname) gespeichert werden. Das Feld stellt die kleinste Struktureinheit dar.	Feldname: Vorname Feldinhalt: Maren
Datensatz/ Verbund (record)	Eine Ansammlung von Daten, die in elementarer Beziehung zueinander stehen oder gemeinsame Merkmale haben. Datensätze sind gleichartig aufgebaut.	Datensatz: Adresse Vorname: ...; Name: ...
Datendatei (datafile)	Zusammenfassung gleich strukturierter Datensätze. Wird unter einem Namen auf Datenträgern gespeichert.	Datendatei: Adressdatei.dbm

Algorithmik

Algorithmusbegriff

Ein Algorithmus ist ein eindeutiges Verfahren zur Lösung von gleichen Problemen einer Klasse. Er wird durch einen aus elementaren Anweisungen bestehenden Text beschrieben.

Eigenschaft	Erläuterung
Allgemeingültigkeit	Die Anweisungen besitzen Gültigkeit für die Lösung einer ganzen Problemklasse, nicht nur für ein Einzelproblem.
Ausführbarkeit	Die Anweisungen müssen verständlich formuliert und ausführbar sein.
Endlichkeit	Die Beschreibung der Anweisungsfolge muss in einem endlichen Text möglich sein.
Eindeutigkeit	An jeder Stelle muss der Ablauf der Anweisungen eindeutig sein.
Terminiertheit	Nach endlich vielen Schritten liefert die Anweisungsfolge eine Lösung des Problems.

Strukturelemente der Algorithmierung in verschiedenen Darstellungsformen

Name	Verbal formuliert	Grafisch (Strukturprogramm)	Programmiersprache (PASCAL)
Folge	Anweisung 1 Anweisung 2 ... Anweisung n	Anweisung 1 / Anweisung 2 / ... / Anweisung n	BEGIN Anweisung 1; Anweisung 2; ... Anweisung n; END. } Verbund

A = Anweisung; B = Bedingung; I = Variable; aw = Anfangswert; ew = Endwert; s = Schrittweise

Datendarstellung/Algorithmik/Netzwerkkommunikation

Name	Verbal formuliert	Grafisch (Strukturprogramm)	Programmiersprache (PASCAL)
Einseitige Auswahl	WENN Bedingung DANN Anweisung	B ja/nein, A / —	IF Bedingung THEN Anweisung;
Zweiseitige Auswahl	WENN Bedingung DANN Anweisung 1 SONST Anweisung 2	B ja/nein, A1 / A2	IF Bedingung THEN Anweisung 1 ELSE Anweisung 2;
Wiederholschleife (mit nachgestellter Bedingung)	WIEDERHOLE Anweisung 1 ... Anweisung n BIS Bedingung	Wiederhole A bis B	REPEAT Anweisung 1; ... Anweisung n; UNTIL Bedingung;
Solangeschleife (mit vorangestellter Bedingung)	SOLANGE Bedingung TUE Anweisung	Solange B tue A	WHILE Bedingung DO Anweisung oder Verbund;
Zählschleife (gezählte Wiederholungen in Abhängigkeit einer Schrittweite)	FÜR I = aw BIS ew SCHRITT s TUE Anweisung	Für I = aw bis ew Schritt s tue A	FOR I := Anfangswert TO Endwert STEP s DO Anweisung oder Verbund;

Netzwerkkommunikation

Netzverwaltung

URL	Ist eine standardisierte Angabe von Internetadressen (engl. Uniform Resource Locator), enthält den Internetdienst oder das Protokoll, die Rechneradresse (Domain) und die Pfadangabe. Eine Internetadresse kann als Text (Domain) oder als nummerischen IP-Adresse (32-Bit-Zahlenfolge) angegeben werden. Ein Domain-Name setzt immer eine IP-Adresse voraus. Aufbau einer URL: <Protokoll>:// <Rechneradresse (Domain)>/ <Verzeichnis>/ <Datei> http:// www.tafelwerk-interaktiv.de/ informationen/ Info_buch.html
Domain	Eine aus organisatorischen oder inhaltlichen Gründen zusammengefasste Gruppe von IP-Adressen unter einem Namen (Beispiel: http:// www.cornelsen.de). Ein Domain-Name besteht aus einzelnen Namen (Zonen), die durch Punkte voneinader getrennt sind. www. tafelwerk-interaktiv. de Host-Anteil Domain-Name Top Level Domain Second-Level-Domain

Top Level Domain (TLD)	Sie gibt Auskunft entweder über eine thematische (generic Top Level Domain) oder eine landesspezifische Kennung (country Code Top Level Domain).
	<table><tr><th colspan="2">Generic TLD</th><th colspan="2">Country Code TLD (Auswahl)</th></tr><tr><td>.aero</td><td>Fluggesellschaften</td><td>.at</td><td>Österreich</td></tr><tr><td>.biz</td><td>Handelsfirmen</td><td>.au</td><td>Australien</td></tr><tr><td>.com</td><td>Unternehmen, Firmen</td><td>.bg</td><td>Bulgarien</td></tr><tr><td>.coop</td><td>Genossenschaften</td><td>.ch</td><td>Schweiz</td></tr><tr><td>.edu</td><td>Bildungseinrichtungen</td><td>.de</td><td>Deutschland</td></tr><tr><td>.gov</td><td>US-Regierungsorgane</td><td>.es</td><td>Spanien</td></tr><tr><td>.info</td><td>Informationsanbieter</td><td>.in</td><td>Indien</td></tr><tr><td>.int</td><td>Internationale Organisationen</td><td>.jp</td><td>Japan</td></tr><tr><td>.mil</td><td>USA-Militär</td><td>.mx</td><td>Mexico</td></tr><tr><td>.museum</td><td>Museen</td><td>.uk</td><td>Großbritannien</td></tr><tr><td>.name</td><td>Privatpersonen</td><td>.us</td><td>Vereinigte Staaten (USA)</td></tr><tr><td>.net</td><td>Netzverwaltungseinrichtungen</td><td>.va</td><td>Vatikanstadt</td></tr><tr><td>.org</td><td>nichtkommerzielle Organisationen</td><td>.za</td><td>Südafrika</td></tr></table>
Intranet	Lokales Netzwerk (LAN), das Internet- und Programmstandards verwendet. Es ist ein auf dem TCP/IP-Standard basierendes internes (privates) Netzwerk, ist nach außen abgeschottet.
Internet	Öffentlicher, weltweiter Zusammenschluss tausender lokaler Netze, bestehend aus Millionen einzelner Computer. Der Informationsaustausch erfolgt über den TCP/IP-Standard.
Extranet	Öffnung eines Intranets für begrenzte Nutzergruppen über das Internet (außerhalb von Institutionen oder Unternehmen).
Client	Ein Programm, welches von einem anderen Programm (Server) Dienstleistungen anfordert.
Server	Computer, der in Netzwerken Dienste (E-Mail, WWW, FTP) anbietet, die vom Client genutzt werden können.

Übertragung, Protokolle und Dienste

HTTP	Übertragungsprotokoll, das das Übertragen von Web-Seiten ermöglicht (engl. Hyper Text Transfer Protocol). Textbestandteil jeder URL, die auf die WWW-Seite verweist.
TCP/IP	Ergeben zusammen das Übertragungsprotokoll im Internet (engl. Transmission Control Protocol/Internet Protocol). TCP: verantwortlich für das Verpacken; IP: verantwortlich für das Versenden der Pakete
FTP	Dienst oder Netzprotokoll im Internet, das die Dateiübertragung über FTP-Server steuert (engl. File Transfer Protocol).
WWW	Dienst im Internet zur Anforderung und Anzeige von HTML-Seiten auf der Basis von http (engl. World Wide Web).
E-Mail	Nachrichtensendung (elektronische Post) in Form von Dokumenten, Grafiken, Video- und Audiodaten über Computernetze (Internet, Intranet, lokale Netze).

Web-Seitengestaltung

HTML-Befehle (Auswahl)

Tag	Beschreibung
Grundlagen	
`<html>...</html>`	Jedes HTML-Dokument beginnt mit dem tag `<html>` und schließt mit dem tag `</html>`. Es gliedert sich in die Teile head und body.
`<head>...</head>`	Enthält Informationen über die Seite und deren Verwaltung, die aber nicht auf der Seite ausgedruckt werden.
`<title>`*Text*`</title>`	Können innerhalb von head benutzt werden. *Text* gibt den Titel der Seite an, dieser erscheint in der Fensterleiste.
`<body>...</body>`	Der sichtbare Inhalt einer HTML-Seite (Text und Bilder) wird zwischen `<body>` und `</body>` eingegeben.
Textgestaltung	
` `	Einfügen eines Zeilenumbruchs.
`<hr size="n">`	Erzeugen einer horizontalen Linie. Mit size „n" kann die Höhe der Linie in Pixel eingestellt werden.
`<h1>`*Text*`</h1>` bis `<h6>`*Text*`</h6>`	Der *Text* wird als Überschrift dargestellt. Die Größe ist zwischen 1 und 6 wählbar.
`<b>`*Text*`</b>`	Der *Text* wird halbfett dargestellt.
`<p>`*Text*`</p>`	Der *Text* gehört zu einem Absatz.
Tabellen	
`<table>`*Tabelle*`</table>`	Definieren Anfang und Ende einer Tabelle.
`<tr>`*Zeile der Tabelle*`</tr>`	Es wird eine Tabellenzeile erzeugt.
`<td>`*Zelleninhalt*`</td>`	Damit werden innerhalb einer Tabellenzeile die Daten aufgeführt.
`<th>`*Überschrift*`</th>`	Damit wird eine Kopfzeile in die Tabelle eingefügt.
`<table border=n>`*Tabelle*`</table>`	Es wird ein Rahmen um die *Tabelle* mit der Linienstärke n gezogen.
Links	
`<a href="Ziel">`*Text*`</a>`	*Text* wird andersfarbig oder unterstrichen dargestellt, das Ziel ist die Sprungadresse.
Grafiken	
`<img src="Dateiname">`	Das Bild „*Dateiname*" wird eingefügt.

HTML (engl. Hypertext Markup Language)

Cascading Style Sheet (CSS)

Allgemeine Syntax: Selektor {Eigenschaft : Wert;}   Beispiel: h1 {color : red;}

Selektoren kennzeichnen die jeweilige Anweisung. Sie können als *HTML*-Selektor (z. B. h1), als *Klassenselektor* (.Klassenname) oder als *ID-Selektor* (#IDName) angegeben werden.
Eigenschaften geben an, was definiert werden soll. Werte werden den Eigenschaften zugewiesen.
Eigenschaften und Werte werden zusammen als **Deklaration** bezeichnet. Die Deklaration wird in "{...}" gesetzt und durch ein " ; " abgeschlossen.

Einbindung von CSS-Anweisungen

Extern	Formate können in einer separaten Textdatei (formate.css) definiert werden. Sie gelten dann für alle HTML-Dateien, die auf diese CSS-Datei verweisen. Änderungen in der CSS-Datei wirken sich auf alle eingebundenen HTML-Dateien aus.	`<html>`
		`<head><title>...</title>`
		`<link rel="stylesheet" type="text/css" href="formate.css">`
		`</head>`
		`<body>`
		`</body>`
		`</html>`

Head	Formate werden im Abschnitt head definiert. Diese Formate sind nur für diese eine HTML-Datei gültig.	`<html>`
		`<head><title>...</title>`
		`<style>h1 {font-size: 12 pt; color: blue; font-family: arial;}`
		`</style>`
		`</head>`
		`<body>`
		`</body>`
		`</html>`

Inline	Format wird nur für ein einzelnes HTML-tag definiert. Es gilt damit nur für das betreffende tag an dieser Position.	`<h1 style="text-indent: 12pt;"`

CSS-Referenzen (Auswahl)

	Eigenschaft	Wert (Beispiel)	Beschreibung
Schrift/Text	font-family font-style font-size text-align	Arial italic 44pt right	Legt die Schriftart fest. Legt den Schriftstil fest. Legt die Schriftgröße fest. Legt die Ausrichtung des Textes fest.
Farben	color background-color	red blue	Legt die Vordergrundfarbe fest. Legt die Hintergrundfarbe fest.
Abstand/ Rand	margin margin-left margin-top	12pt 10pt 20pt	Legt Abstand für alle Seiten eines Elements fest. Legt Abstand nach links fest. Legt Abstand nach oben fest.
Rahmen	border border-style	thin outset	Legt Aussehen eines Rahmens fest. Legt den Rahmenstyp fest.
Sound	cue play-during voice-family	url(audio.wav) url(audio.wav) child	Legt Sound vor und nach einem Element fest. Legt Hintergrund-Sound fest. Legt Sprachausgabe (female, male und child) fest.

Technik und Wirtschaft

Technisches Zeichnen

Linienarten

Linienart	Darstellung	Liniengruppe 0,35	0,5	0,7	1	Anwendung (Auswahl)
		Linienbreite in mm				
Volllinie, breit	————	0,35	0,5	0,7	1	Sichtbare Kanten und Umrisse
Volllinie, schmal	————	0,18	0,25	0,35	0,5	Maßlinien, Maßhilfslinien, Hinweis- und Bezugslinien, Schraffuren
Freihandlinie, schmal	~~~	0,18	0,25	0,35	0,5	Begrenzung von Teil- oder unterbrochenen Ansichten und Schnitten
Strichlinie, schmal	- - - - -	0,18	0,25	0,35	0,5	verdeckte Kanten und Umrisse
Strichpunktlinie, schmal	— · — · —	0,18	0,25	0,35	0,5	Mittellinien, Symmetrielinien
Strichpunktlinie, breit	— · — · —	0,35	0,5	0,7	1	Kennzeichnung von Schnittebenen
Strich-Zweipunktlinie, schmal	— ·· — ·· —	0,18	0,25	0,35	0,5	Umrisse benachbarter Teile, Endstellung beweglicher Teile

Maßstäbe (DIN ISO 5455)

Verkleinerungsmaßstäbe	1 : 2 1 : 20 1 : 200	1 : 5 1 : 50 1 : 500	1 : 10 1 : 100 1 : 1 000
Natürlicher Maßstab	1 : 1		
Vergrößerungsmaßstäbe	2 : 1 20 : 1	5 : 1 50 : 1	10 : 1

Maßeintragung

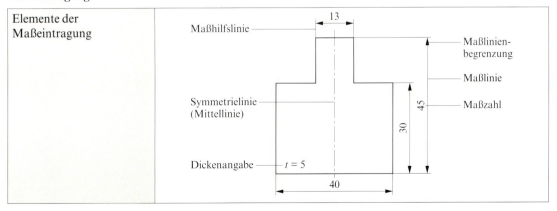

Elemente der Maßeintragung — Maßhilfslinie, Maßlinienbegrenzung, Maßlinie, Maßzahl, Symmetrielinie (Mittellinie), Dickenangabe $t = 5$

Fertigungstechnik

Einteilung der Fertigungsverfahren

Hauptgruppe	Merkmal	Verfahren (Beispiel)
Urformen	Schaffen einer Form, Zusammenhalt des Werkstoffs wird geschaffen	Gießen, Sintern
Umformen	plastisch bleibende Verformung, Zusammenhalt des Werkstoffs bleibt erhalten	Walzen, Tiefziehen, Biegen
Trennen	Werkstoffteilchen werden zur Formänderung abgetrennt, Zusammenhalt des Werkstoffs wird aufgehoben	Schneiden, Drehen, Bohren, Brennschneiden
Fügen	Zwei oder mehrere Werkstücke werden verbunden, Zusammenhalt des Werkstoffs wird vermehrt	Schrauben, Kleben, Löten, Nieten
Beschichten	Fest haftende Schicht aus formlosem Stoff wird aufgebracht, Zusammenhalt des Werkstoffs wird vermehrt	Tauchen, Streichen, Emaillieren
Stoffeigenschaft ändern	Eigenschaften werden durch physikalische oder chemische Prozesse verändert, Zusammenhalt des Werkstoffs kann beibehalten, vermehrt oder vermindert werden	Glühen, Härten

Elektrotechnik/Elektronik

Farbcode für Widerstände

Kennfarbe	1. Ziffer	2. Ziffer	Multiplikator	Toleranz in %
keine				± 20
Silber			×0,01 Ω	± 10
Gold			×0,1 Ω	± 5
Schwarz		0	×1 Ω	
Braun	1	1	×10 Ω	± 1
Rot	2	2	×100 Ω	± 2
Orange	3	3	×1 kΩ	
Gelb	4	4	×10 kΩ	
Grün	5	5	×100 kΩ	± 0,5
Blau	6	6	×1 MΩ	
Violett	7	7	×10 MΩ	
Grau	8	8		
Weiß	9	9		

1. Ziffer
2. Ziffer
Multiplikator
Toleranz

Beispiel:
Für den abgebildeten Widerstand erhält man einen Wert von 100 Ω ± 0,5 %

Stromkreisarten

↗ Seite 77

Schaltzeichen

Symbol	Bedeutung	Symbol	Bedeutung	Symbol	Bedeutung
	Leiter, Leitung, Stromweg		Relais mit Schließkontakt		Fotoelement, Fotozelle
	Abzweig von 2 Leitern		Widerstand, allgemein		Diode, lichtempfindlich Fotodiode
	Doppelabzweig von Leitern		Widerstand mit Schleifkontakt, Potenziometer		Leuchtdiode, allgemein
	Erde, allgemein Verbindung mit der Erde		Widerstand mit Schleifkontakt, einstellbar		Oszilloskop
	Masse, Gehäuse		Widerstand, veränderbar, allgemein		Glühlampe
	Anschluss (z. B. Buchse)				Glimmlampe
	Verbindung von Leitern		Fotowiderstand		Lautsprecher, allgemein
	Buchse, Pol einer Steckdose		Heizelement		Mikrofon, allgemein
	Stecker, Pol eines Steckers		Kondensator, allgemein		Hörer, allgemein
	Buchse und Stecker Steckverbindung		Kondensator, gepolt		Summer
	elektrische Energiequelle, allgemein		Spule, Wicklung		Generator, nicht umlaufend
	Primärzelle, Akkumulator		Spule mit Eisenkern		Generator
	Batterie von Primärelementen, Akkumulatorenbatterie		Transformator mit zwei Wicklungen		Elektromotor
					Gleichstrommotor
	Sicherung, allgemein		Transformator, veränderbare Kopplung		Thermoelement
	Schließer, Schalter, allgemein		Transformator mit Mittelanzapfung an einer Wicklung		Messgerät, anzeigend, allgemein, ohne Kennzeichnung der Messgröße
	Öffner		Antenne, allgemein		Strommessgerät, anzeigend
			Halbleiterdiode		Spannungsmessgerät, anzeigend
	Wechsler mit Unterbrechung		npn-Transistor, bei dem der Kollektor mit dem Gehäuse verbunden ist		Leistungsmessgerät, anzeigend
	Zweiwegschließer mit Mittelstellung „Aus"				Galvanometer

Betriebswirtschaft

Rechtsformen von Unternehmen

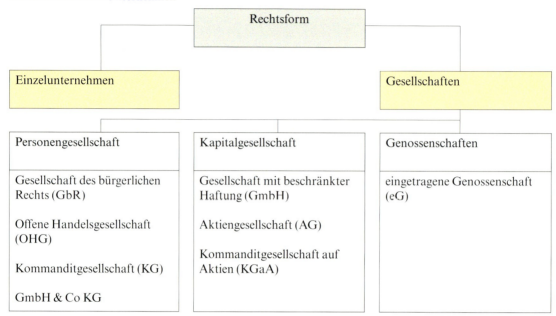

Betriebswirtschaftliche Kennzahlen

Herstellkosten	Materialkosten (Materialeinzel- und Materialgemeinkosten) + Fertigungskosten (Fertigungslöhne, Fertigungsgemeinkosten und Sondereinzelkosten der Fertigung) = Herstellkosten	In der Kostenrechnung versteht man unter Herstellkosten die Summe von Materialkosten und Fertigungskosten (nicht zu verwechseln mit dem Begriff der Herstellungskosten).
Selbstkosten	Herstellkosten + Verwaltungsgemeinkosten + Vertriebsgemeinkosten + Sondereinzelkosten des Vertriebes = Selbstkosten	Selbstkosten sind die auf ein Wirtschaftsgut entfallenden Herstellkosten zuzüglich anteiliger Verwaltungs- und Vertriebskosten.
Produktivität	$\dfrac{\text{Ausbringungsmenge (Output)}}{\text{Einsatzmenge (Input)}}$	Verhältnis zwischen den eingesetzten Produktionsfaktoren (z.B. Arbeit, Kapital: Input) und dem Produktionsergebnis (Output), gibt Auskunft über die Effizienz von Produktionsprozessen.
Wirtschaftlichkeit	$\dfrac{\text{Erlöse}}{\text{Kosten}}$	Vergleich des in Geldeinheiten bewerteten Faktoreinsatzes (Kosten) mit dem erzielten Verkaufspreisen (Erlöse). Bei einem Ergebnis von mehr als 1 arbeitet das Unternehmen wirtschaftlich.

Rentabilität	$\dfrac{\text{Erlöse} - \text{Kosten}}{\text{Kapitaleinsatz}}$	Misst den finanziellen Erfolg eines Unternehmens, Verhältnis einer Ergebnisgröße zum Kapitaleinsatz.
– Gesamtkapitalrentabilität (in %)	$\dfrac{(\text{Gesamtergebnis} + \text{Fremdkapitalzinsen}) \cdot 100}{\text{Gesamtkapitaleinsatz}}$	
– Eigenkapitalrentabilität (in %)	$\dfrac{\text{Gewinn} \cdot 100}{\text{Eigenkapitaleinsatz}}$	
– Umsatzrentabilität (in %)	$\dfrac{\text{Gewinn} \cdot 100}{\text{Umsatz}}$	
Liquiditätsgrade		Dienen der Beurteilung der finanziellen Situation eines Unternehmens.
– Liquidität 1. Grades (in %)	$\dfrac{\text{liquide Mittel (Kasse, Bankguthaben ...)} \cdot 100}{\text{kurzfristiges Fremdkapital}}$	
– Liquidität 2. Grades (in %)	$\dfrac{(\text{liquide Mittel} + \text{kurzfristige Forderungen}) \cdot 100}{\text{kurzfristiges Fremdkapital}}$	
– Liquidität 3. Grades (in %)	$\dfrac{(\text{liquide Mittel} + \text{kurzfristige Forderungen} + \text{Vorräte}) \cdot 100}{\text{kurzfristiges Fremdkapital}}$	

Volkswirtschaftliche Kennzahlen

Bruttoinlandsprodukt (BIP)	Bruttoproduktionswert – Vorleistungen Bruttowertschöpfung + Einfuhrabgaben = Bruttoinlandsprodukt	Maß für die wirtschaftliche Leistung einer Volkswirtschaft in einem bestimmten Zeitraum. Es misst den Wert der im Inland hergestellten Waren und Dienstleistungen (Wertschöpfung), soweit diese nicht als Vorleistungen für die Produktion anderer Waren und Dienstleistungen verwendet werden.
Volkseinkommen	Bruttoinlandsprodukt – Abschreibungen Nettoinlandsprodukt – indirekte Steuern + Subventionen = Volkseinkommen	Gesamtheit aller Einkommen aus unselbstständiger Arbeit (Erwerbsarbeit) und aus unternehmerischer Tätigkeit sowie aus Vermögen (Kapitaleinkommen)
Erwerbsquote (in %)	$\dfrac{\text{Zahl der Erwerbspersonen} \cdot 100}{\text{Zahl der Bevölkerung}}$	Anteil der Erwerbspersonen an der Wohnbevölkerung einer Volkswirtschaft
Arbeitslosenquote (in %)	$\dfrac{\text{Zahl der registrierten Arbeitslosen} \cdot 100}{\text{Zahl aller Erwerbspersonen}}$	Maß für die Arbeitslosigkeit in einer Volkswirtschaft

Hauswirtschaft

Namen und Kurzzeichen von Chemiefaserstoffen und Naturfaserstoffen

Chemiefaserstoffe				
Namen	Polyamidfaser	Polyacrylnitrilfaser	Polyesterfaser	Viskosefaser
Kurzzeichen	PA	PAN	PES	CV
Naturfaserstoffe				
Namen	Baumwolle	Leinen	Wolle	Naturseide
Kurzzeichen	CO	LI	WO	SE

Symbole für die Pflegebehandlung von Textilien

Symbol	Bedeutung der Symbole und Hinweise für die Pflege von Textilien				
Waschen	95 z. B. CO, LI	60 z. B. CV, PA, PES (30...60 °C)	30 z. B. WO, SE, PAN	Handwäsche	nicht waschen
Chloren	Chlorbleiche möglich z. B. CO, LI, CV		Chlorbleiche nicht möglich, z. B. WO, SE, Acetatfaser (CA), PA, PES, PAN		
Bügeln	bis 200 °C z. B. CO, LI	bis 150 °C z. B. PES, CV, WO, SE	bis 110 °C z. B. Acetatfaser, (CA), PA, PAN	nicht bügeln	
Chemischreinigung	A	P	F	keine Chemischreinigung möglich	
	Buchstaben geben einen Hinweis auf die Reinigungsmittel				
Tumbler-Trocknung	80 °C ± 10 °C z. B. CO, CV	< 60 °C z. B. PA, PES, PAN	trocknen im Tumbler nicht möglich		

Energie-, Nährstoff-, Wasser- und Vitamingehalt ausgewählter Nahrungsmittel
↗ Seite 124

Lebensmittelzusatzstoffe nach europäischen Richtlinien
↗ Seite 111

Physik

Einheiten

Basiseinheiten des Internationalen Einheitensystems (SI)

Name	Zeichen	Definition
Meter	m	**Das Meter** ist die Länge der Strecke, die Licht im Vakuum während der Dauer von $1/299\,792\,458$ Sekunde durchläuft.
Kilogramm	kg	**Das Kilogramm** ist die Masse des internationalen Kilogrammprototyps.
Sekunde	s	**Die Sekunde** ist die Dauer von 9 192 631 770 Perioden der Strahlung, die dem Übergang zwischen den beiden Hyperfeinstrukturniveaus des Grundzustandes des Atoms Caesium 133 entspricht.
Ampere	A	**Das Ampere** ist die Stärke des zeitlich unveränderten elektrischen Stromes durch zwei geradlinige, parallele, unendlich lange Leiter von vernachlässigbarem Querschnitt, die den Abstand 1 m haben und zwischen denen die durch den Strom elektrodynamisch hervorgerufene Kraft im leeren Raum je 1 m Länge der Doppelleitung $2 \cdot 10^{-7}$ N beträgt.
Kelvin	K	**Das Kelvin** ist der 273,16te Teil der thermodynamischen Temperatur des Tripelpunktes von Wasser.
Mol	mol	**Das Mol** ist die Stoffmenge eines Systems, das aus ebenso vielen Einzelteilchen besteht, wie Atome in 0,012 kg des Kohlenstoffnuklids ^{12}C enthalten sind.
Candela	cd	**Die Candela** ist die Lichtstärke in einer bestimmten Richtung einer Strahlungsquelle, die monochromatische Strahlung der Frequenz $540 \cdot 10^{12}$ Hertz aussendet und deren Strahlstärke in dieser Richtung $1/683$ Watt durch Steradiant beträgt.

Beispiele für SI-fremde Einheiten

SI-fremde Einheiten lassen sich mithilfe von Zahlenfaktoren auf SI-Einheiten zurückführen.

Name	Zeichen	Beziehungen	Zugehörige Größe
Seemeile	sm	1 sm = 1 852 m	Länge
Knoten	kn	1 kn = 1 sm/h = 1 852 m/h	Geschwindigkeit
Minute	min	1 min = 60 s	Zeit
Torr	Torr	1 Torr = 133,3 Pa	Druck
Kalorie	cal	1 cal = 4,187 J	Energie

Mechanik

Größen und Einheiten der Mechanik

Größe	Formelzeichen	Name der Einheit	Einheitenzeichen	Beziehungen zwischen den Einheiten
Arbeit, Energie	W, E	Joule	J	$1\,\text{J} = 1\,\text{N} \cdot \text{m} = 1\,\dfrac{\text{kg} \cdot \text{m}^2}{\text{s}^2}$
		Newtonmeter	$\text{N} \cdot \text{m}$	$1\,\text{N} \cdot \text{m} = 1\,\text{J}$
		Wattsekunde	$\text{W} \cdot \text{s}$	$1\,\text{W} \cdot \text{s} = 1\,\text{J}$
		Kilowattstunde	$\text{kW} \cdot \text{h}$	$1\,\text{kW} \cdot \text{h} = 3{,}6 \cdot 10^6\,\text{W} \cdot \text{s}$
Beschleunigung	a	Meter durch Quadratsekunde	$\dfrac{\text{m}}{\text{s}^2}$	
Dichte	ϱ	Kilogramm durch Kubikmeter	$\dfrac{\text{kg}}{\text{m}^3}$	$1\,\dfrac{\text{kg}}{\text{m}^3} = 0{,}001\,\dfrac{\text{g}}{\text{cm}^3}$
		Gramm durch Kubikzentimeter	$\dfrac{\text{g}}{\text{cm}^3}$	$1\,\dfrac{\text{g}}{\text{cm}^3} = 1\,\dfrac{\text{kg}}{\text{dm}^3} = 1\,\dfrac{\text{t}}{\text{m}^3}$
Drehmoment	M	Newtonmeter	$\text{N} \cdot \text{m}$	$1\,\text{N} \cdot \text{m} = 1\,\dfrac{\text{kg} \cdot \text{m}^2}{\text{s}^2}$
Druck	p	Pascal	Pa	$1\,\text{Pa} = 1\,\dfrac{\text{N}}{\text{m}^2} = 1\,\dfrac{\text{kg}}{\text{m} \cdot \text{s}^2}$
		Bar	bar	$1\,\text{bar} = 100\,000\,\text{Pa} = 10^5\,\text{Pa}$
Drehzahl	n	durch Sekunde	$\dfrac{1}{\text{s}}$	$\dfrac{1}{\text{s}} = 60\,\dfrac{1}{\text{min}}$
Federkonstante	D, k	Newton durch Meter	$\dfrac{\text{N}}{\text{m}}$	$1\,\dfrac{\text{N}}{\text{m}} = 1\,\dfrac{\text{kg}}{\text{s}^2}$
Fläche, Flächeninhalt	A	Quadratmeter	m^2	$1\,\text{m}^2 = 1\,\text{m} \cdot 1\,\text{m}$
Frequenz	f, ν	Hertz	Hz	$1\,\text{Hz} = \dfrac{1}{\text{s}}$
Geschwindigkeit	v	Meter durch Sekunde	$\dfrac{\text{m}}{\text{s}}$	
		Kilometer durch Stunde	$\dfrac{\text{km}}{\text{h}}$	$1\,\dfrac{\text{km}}{\text{h}} = \dfrac{1}{3{,}6}\,\dfrac{\text{m}}{\text{s}}$
Impuls	p	Kilogrammmeter durch Sekunde	$\dfrac{\text{kg} \cdot \text{m}}{\text{s}}$	$1\,\dfrac{\text{kg} \cdot \text{m}}{\text{s}} = 1\,\text{N} \cdot \text{s}$
Kraft	F	Newton	N	$1\,\text{N} = 1\,\dfrac{\text{kg} \cdot \text{m}}{\text{s}^2}$
Länge	l	**Meter**	**m**	**Basiseinheit**
Leistung, Energiestrom	P	Watt	W	$1\,\text{W} = 1\,\dfrac{\text{J}}{\text{s}} = 1\,\dfrac{\text{N} \cdot \text{m}}{\text{s}} = 1\,\dfrac{\text{kg} \cdot \text{m}^2}{\text{s}^3}$

Mechanik

Größe	Formel-zeichen	Name der Einheit	Einheiten-zeichen	Beziehungen zwischen den Einheiten
Masse	m	**Kilogramm**	**kg**	**Basiseinheit**
		Tonne	t	$1\,t = 10^3\,kg$
		Karat	Kt	$1\,Kt = 0{,}2\,g$
Schwingungsdauer, Periodendauer	T	Sekunde	s	
Volumen	V	Kubikmeter	m³	$1\,m^3 = 1\,m \cdot 1\,m \cdot 1\,m$
		Liter	l	$1\,l = 0{,}001\,m^3 = 10^{-3}\,m^3 = 1\,dm^3$
		Milliliter	ml	$1\,ml = 1\,cm^3$
Wellenlänge	λ	Meter	m	
Winkelgeschwindigkeit	ω	Radiant durch Sekunde	$\dfrac{rad}{s}$	$1\,\dfrac{rad}{s} = \dfrac{1}{s}$
Kreisfrequenz		Eins durch Sekunde	$\dfrac{1}{s}$	
Zeit	t	**Sekunde**	**s**	**Basiseinheit**
		Minute	min	$1\,min = 60\,s$
		Stunde	h	$1\,h = 60\,min = 3\,600\,s$
		Tag	d	$1\,d = 24\,h = 1\,440\,min = 86\,400\,s$
		Jahr	a	$1\,a = 365{,}242\,d = 31\,556\,926\,s$

Kraft, Geschwindigkeit, Beschleunigung

Zusammensetzung von zwei Kräften $\vec{F}_1$ und $\vec{F}_2$			
$\vec{F}_1$ und $\vec{F}_2$ sind gleich gerichtet.	$\vec{F}_1$ und $\vec{F}_2$ sind entgegengesetzt gerichtet.	$\vec{F}_1$ und $\vec{F}_2$ stehen senkrecht aufeinander.	$\vec{F}_1$ und $\vec{F}_2$ bilden einen beliebigen Winkel α miteinander.
$F_R = F_1 + F_2$	$F_R = F_1 - F_2$	$F_R = \sqrt{F_1^2 + F_2^2}$	$F_R = \sqrt{F_1^2 + F_2^2 + 2\,F_1 \cdot F_2 \cdot \cos \alpha}$

F_R Betrag der resultierenden Kraft

Grundgesetze der Dynamik

Für die Translation	Für die Rotation
$\vec{F} = m \cdot \vec{a}$ F Kraft m Masse a Beschleunigung	$\vec{M} = J \cdot \vec{\alpha}$ M Drehmoment J Trägheitsmoment α Winkelbeschleunigung

Kraftumformende Einrichtungen

Hebel

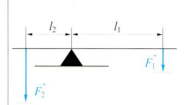

$$\frac{F_1}{F_2} = \frac{l_2}{l_1}$$

F_1, F_2 Kräfte
l_1, l_2 Länge der Kraftarme

Geneigte Ebene

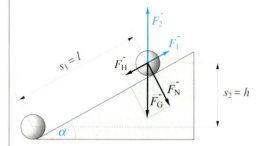

$$\frac{F_H}{F_G} = \frac{h}{l}$$
$$F_H = F_G \cdot \sin \alpha$$
$$F_N = F_G \cdot \cos \alpha$$

F_H Hangabtriebskraft
F_G Gewichtskraft
F_N Normalkraft

Feste Rolle

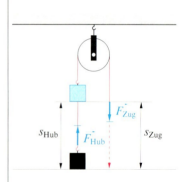

$F_{Zug} = F_{Hub}$

$s_{Zug} = s_{Hub}$

Lose Rolle

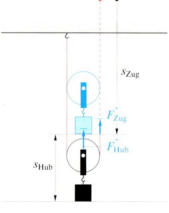

$F_{Zug} = \dfrac{F_{Hub}}{2}$

$s_{Zug} = 2\,s_{Hub}$

Flaschenzug

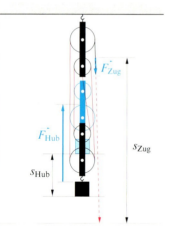

$F_{Zug} = \dfrac{F_{Hub}}{n}$

$s_{Zug} = n \cdot s_{Hub}$

n Anzahl der tragenden Seilstücke

Goldene Regel der Mechanik

Für kraftumformende Einrichtungen gilt:
$$F_1 \cdot s_1 = F_2 \cdot s_2$$

Mechanik

Bewegungsgesetze der Translation

Gleichförmige geradlinige Bewegung	$s = v \cdot t + s_0$; $v = \dfrac{\Delta s}{\Delta t}$; $a = 0$	s Weg v Geschwindigkeit t Zeit s_0 Anfangsweg bei $t = 0$ a Beschleunigung v_0 Anfangsgeschwindigkeit bei $t = 0$
Gleichmäßig beschleunigte geradlinige Bewegung	$s = \dfrac{a}{2} \cdot t^2 + v_0 \cdot t + s_0$ $v = a \cdot t + v_0$; $a = \dfrac{\Delta v}{\Delta t} =$ konst. Bei der Bedingung $s_0 = 0$ und $v_0 = 0$ gilt: $s = \dfrac{a}{2} \cdot t^2$; $v = a \cdot t$; $v = \sqrt{2 a \cdot s}$; $a = \dfrac{v}{t}$ Für den freien Fall gilt: $s = \dfrac{g}{2} \cdot t^2$; $v = g \cdot t$; $v = \sqrt{2 g \cdot s}$	

  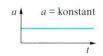

Gleichförmige Kreisbewegung

Geschwindigkeit	$v = \dfrac{2\pi \cdot r}{T} = 2\pi \cdot r \cdot n = \omega \cdot r$	r Kreisradius T Umlaufzeit n Drehzahl ω Winkelgeschwindigkeit
Radialbeschleunigung (Zentripetalbeschleunigung)	$a_r = \dfrac{v^2}{r} = \omega^2 \cdot r$	

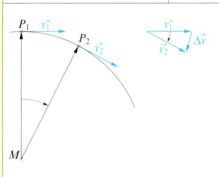

Wurfbewegungen

Wurfart	Gesetze und Gleichungen		
Senkrechter Wurf		*Wurfrichtung nach oben*	*Wurfrichtung nach unten*
	Ort-Zeit-Gesetz	$y = v_0 \cdot t - \dfrac{g}{2} \cdot t^2$	$y = -v_0 \cdot t - \dfrac{g}{2} \cdot t^2$
	Geschwindigkeit-Zeit-Gesetz	$v = v_0 - g \cdot t$	$v = -v_0 - g \cdot t$
	Steigzeit t_h	$t_h = \dfrac{v_0}{g}$	
	Steighöhe s_h	$s_h = \dfrac{v_0^2}{2g}$	

Wurfart	Gesetze und Gleichungen		
Waagerechter Wurf	Ort-Zeit-Gesetz	$x = v_0 \cdot t; \quad y = -\dfrac{g}{2} \cdot t^2$	
	Geschwindigkeit-Zeit-Gesetz	$v = \sqrt{v_0^2 + g^2 \cdot t^2}$	
	Wurfparabel	$y = -\dfrac{g}{2 v_0^2} \cdot x^2$	v_F Geschwindigkeit im freien Fall
Schräger Wurf	Ort-Zeit-Gesetz	$x = v_0 \cdot t \cdot \cos\alpha; \quad y = -\dfrac{g}{2} \cdot t^2 + v_0 \cdot t \cdot \sin\alpha$	
	Geschwindigkeit-Zeit-Gesetz	$v = \sqrt{v_0^2 + g^2 \cdot t^2 - 2 v_0 \cdot g \cdot t \cdot \sin\alpha}$	
	Wurfparabel	$y = -\dfrac{g}{2} \cdot \dfrac{x^2}{v_0^2 \cdot \cos^2\alpha} + x \cdot \tan\alpha$	
	Wurfweite s_w	$s_w = \dfrac{v_0^2 \cdot \sin 2\alpha}{g}$	
	Wurfhöhe s_h	$s_h = \dfrac{v_0^2 \cdot \sin^2\alpha}{2g}$	
	Steigzeit t_h	$t_h = \dfrac{v_0 \cdot \sin\alpha}{g}$	v_0 Anfangsgeschwindigkeit

Kräfte in der Mechanik			
Gewichtskraft F_G	$F_G = m \cdot g$	m g	Masse Fallbeschleunigung
Reibungskraft F_R Gleitreibungskraft F_{GR} Haftreibungskraft F_{HR} Rollreibungskraft F_{RR}	$F_{GR} = \mu_{GR} \cdot F_N$ $F_{HR} = \mu_{HR} \cdot F_N$ $F_{RR} = \mu_{RR} \cdot \dfrac{F_N}{r}$	F_N μ_{GR} μ_{HR} μ_{RR} r	Normalkraft Gleitreibungszahl Haftreibungszahl Rollreibungszahl Radius des rollenden Körpers
Radialkraft F_r	$F_r = \dfrac{m \cdot v^2}{r} = m \cdot a_r$ $F_r = \dfrac{4\pi^2 \cdot m \cdot r}{T^2} = m \cdot \omega^2 \cdot r$	m v r a_r T ω D s ϱ V g	Masse Geschwindigkeit Radius Radialbeschleunigung (Zentripetalbeschleunigung) Umlaufzeit Winkelgeschwindigkeit Federkonstante Verlängerung Dichte der Flüssigkeit/des Gases Volumen des Körpers Fallbeschleunigung
Federspannkraft F_S (Hooke'sches Gesetz)	$F_S = D \cdot s$		
Auftriebskraft F_A	$F_A = \varrho \cdot V \cdot g$		

Mechanik

Reibungszahlen (Richtwerte)

Werkstoffe	Haftreibungszahl μ_{HR}	Gleitreibungszahl μ_{GR}
Stahl auf Stahl	0,15	0,03 … 0,09
Stahl auf Gusseisen	0,18	0,16
Stahl auf Eis	0,03	0,01
Gummireifen auf Asphalt, trocken	< 0,9	< 0,3
Gummireifen auf Asphalt, nass	< 0,5	< 0,15
Gummireifen auf Beton, trocken	< 1,0	< 0,5
Gummireifen auf Beton, nass	< 0,6	< 0,3
Holz auf Holz	0,5 … 0,65	0,2 … 0,4
Metall auf Holz	0,5 … 0,6	0,2 … 0,5
Leder auf Metall (Dichtungen)	0,6	0,25

Werkstoffe	Rollreibungszahl μ_{RR} in cm	Werkstoffe	Rollreibungszahl μ_{RR} in cm
Gummireifen auf Asphalt	0,002	Eisenreifen auf Schotter	0,04
Gummireifen auf Pflaster	0,05	Eisenreifen auf Pflaster	0,02
Eisenreifen auf Asphalt	0,01	Stahlreifen auf Schienen	0,006

Arbeit, Energie, Leistung

Mechanische Arbeit W	$W = F \cdot s$ wenn $F =$ konst.; $\sphericalangle(\vec{F}; \vec{s}) = 0$ $W = F \cdot s \cdot \cos\alpha$ wenn $F =$ konst.; $\sphericalangle(\vec{F}; \vec{s}) = \alpha$	F Kraft s Weg F_G Gewichtskraft m Masse g Fallbeschleunigung h Höhe F_R Reibungskraft F_N Normalkraft μ_{GR} Gleitreibungszahl μ_{RR} Rollreibungszahl
Hubarbeit W_{Hub}	$W_{Hub} = F_G \cdot s$; $W_{Hub} = m \cdot g \cdot h$	
Reibungsarbeit W_R	$W_R = F_R \cdot s$; $W_{GR} = \mu_{GR} \cdot F_N \cdot s$ $W_{RR} = \dfrac{\mu_{RR}}{r} \cdot F_N \cdot s$	
Beschleunigungsarbeit W_B	$W_B = F_B \cdot s$; $W_B = m \cdot a \cdot s$	p Druck F_B beschleunigende Kraft a Beschleunigung F_E Kraft am Ende des Spannvorgangs D Federkonstante
Federspannarbeit W_F	$W_F = \dfrac{1}{2} F_E \cdot s$; $W_F = \dfrac{1}{2} D \cdot s^2$ (Bedingung: Es gilt das Hooke'sche Gesetz.)	

Mechanische Energie

Potenzielle Energie E_{pot}		Kinetische Energie E_{kin}	
im erdnahen Gravitationsfeld	einer gespannten Feder	Translation	Rotation
$E_{pot} = F_G \cdot h$ $E_{pot} = m \cdot g \cdot h$	$E_{pot} = \dfrac{1}{2} F_E \cdot s$ $E_{pot} = \dfrac{1}{2} D \cdot s^2$	$E_{kin} = \dfrac{1}{2} m \cdot v^2$	$E_{kin} = \dfrac{1}{2} J \cdot \omega^2$

Gesetz von der Erhaltung der mechanischen Energie

In einem abgeschlossenen reibungsfreien „mechanischen" System gilt: $E_{ges} = E_{pot} + E_{kin} =$ konst.; $E_{pot,a} + E_{kin,a} = E_{pot,e} + E_{kin,e}$	$E_{pot,a}$; $E_{kin,a}$ potenzielle bzw. kinetische Energie am Anfang der Energieumwandlung $E_{pot,e}$; $E_{kin,e}$ potenzielle bzw. kinetische Energie am Ende der Energieumwandlung

Mechanische Leistung, Wirkungsgrad

Leistung P, Energiestrom	$P = \dfrac{W}{t}$ $P = \dfrac{F \cdot s}{t} = F \cdot v$ (v und F konst.)	W verrichtete Arbeit t Zeit F Kraft s Weg v Geschwindigkeit
Wirkungsgrad η	$\eta = \dfrac{E_{ab}}{E_{zu}}$; $\eta = \dfrac{W_{ab}}{W_{zu}}$; $\eta = \dfrac{P_{ab}}{P_{zu}}$	E_{ab}, W_{ab}, P_{ab} Beträge der abgegebenen, nutzbaren Energie, Arbeit, Leistung E_{zu}, W_{zu}, P_{zu} zugeführte, aufgewandte Energie, Arbeit, Leistung

Gravitation

Gravitationskraft F (Gravitationsgesetz)	$F = \gamma \cdot \dfrac{m_1 \cdot m_2}{r^2}$	γ (G) Gravitationskonstante m_1, m_2 Massen der Körper r Abstand der beiden Massenmittelpunkte r_1, r_2 Abstände $\gamma = 6{,}673 \cdot 10^{-11} \text{m}^3/(\text{kg} \cdot \text{s}^2)$
Arbeit W_G im Gravitationsfeld	$W_G = \gamma \cdot m_1 \cdot m_2 \left(\dfrac{1}{r_1} - \dfrac{1}{r_2}\right)$	
Energie E_{pot} eines Körpers im Gravitationsfeld der Erde	$E_{pot} = -\gamma \cdot \dfrac{m_E \cdot m}{r}$ (für $r > r_E$)	m_E Masse der Erde m Masse des Körpers r Abstand zwischen Erdmittelpunkt und Körper r_E Radius der Erde
Gravitationsfeldstärke g der Erde	$g = \dfrac{\gamma \cdot m_E}{r^2}$ (für $r > r_E$)	m_E Masse der Erde r Abstand vom Erdmittelpunkt r_E Radius der Erde

Mechanische Schwingungen

Periodendauer T Schwingungsdauer T	$T = \dfrac{t}{n}$; $T = \dfrac{1}{f}$	n Anzahl der Schwingungen t Zeit
Frequenz f	$f = \dfrac{n}{t}$; $f = \dfrac{1}{T}$	
Kreisfrequenz ω	$\omega = 2\pi \cdot f$; $\omega = \dfrac{2\pi}{T}$	

Mechanik

Weg-Zeit-Gesetz einer harmonischen Schwingung	$y = y_{max} \cdot \sin(\omega \cdot t + \varphi_0)$	y Auslenkung y_{max} Amplitude ω Kreisfrequenz t Zeit φ_0 Phasenwinkel v Geschwindigkeit a Beschleunigung
Geschwindigkeit-Zeit-Gesetz einer harmonischen Schwingung	$v = y_{max} \cdot \omega \cdot \cos(\omega \cdot t + \varphi_0)$	
Beschleunigung-Zeit-Gesetz einer harmonischen Schwingung	$a = -y_{max} \cdot \omega^2 \cdot \sin(\omega \cdot t + \varphi_0)$	harmonische Schwingung
Weg-Zeit-Gesetz einer gedämpften Schwingung	$y = -y_{max} \cdot e^{-\delta t} \cdot \sin(\omega \cdot t + \varphi_0)$	δ Abklingkoeffizient gedämpfte Schwingung
Schwingungsdauer T eines Fadenpendels	Für kleinen Ausschlag gilt: $T = 2\pi \sqrt{\dfrac{l}{g}}$	l Länge g Fallbeschleunigung $g = 9{,}80665 \,\text{m/s}^2$
Schwingungsdauer T eines Federpendels	$T = 2\pi \sqrt{\dfrac{m}{D}}$	m Masse des Körpers D Federkonstante

Mechanische Wellen

Ausbreitungsgeschwindigkeit c	$c = \lambda \cdot f$	λ Wellenlänge f Frequenz
Wellengleichung	$y = y_{max} \cdot \sin 2\pi \left(\dfrac{t}{T} - \dfrac{x}{\lambda} \right)$	y Auslenkung y_{max} Amplitude t Zeit x Ort T Periodendauer, Schwingungsdauer

Größen und Einheiten der Akustik

Größe	Formelzeichen	Name der Einheit	Einheitenzeichen	Beziehungen zwischen den Einheiten
Lautstärkepegel	L_N, L_S	Phon	phon	
Schalldruckpegel	L_P	Dezibel	dB	
Schallintensität	I	Watt durch Quadratmeter	$\dfrac{W}{m^2}$	$1\,\dfrac{W}{m^2} = 1\,\dfrac{kg}{s^3}$

Akustik

Schwingung und Schallempfindung		
Amplitude	entspricht	Lautstärke
Frequenz	entspricht	Tonhöhe
Schwingungsform	entspricht	Klangfarbe

Schwingende Saiten		
Frequenz f (Grundschwingung)	$f = \dfrac{1}{2l}\sqrt{\dfrac{F}{\varrho \cdot A}}$	l Länge der Saite F Spannkraft der Saite ϱ Dichte des Saitenmaterials A Querschnittsfläche der Saite

Schwingende Luftsäulen		
Frequenz f einer offenen Pfeife (für den Grundton)	$f = \dfrac{c}{2l}$	c Schallgeschwindigkeit in Luft l Länge der schwingenden Luftsäule λ Wellenlänge der entstehenden Schallwelle
Frequenz f einer geschlossenen Pfeife (für den Grundton)	$f = \dfrac{c}{4l}$	c Schallgeschwindigkeit in Luft l Länge der schwingenden Luftsäule λ Wellenlänge der entstehenden Schallwelle

Schallgeschwindigkeiten (Richtwerte für 20 °C und 101,3 kPa)

Feste Stoffe	v in $\dfrac{m}{s}$	Flüssigkeiten und Gase	v in $\dfrac{m}{s}$
Aluminium	5 100	Benzin	1 160
Beton	3 800	Leinöl	1 770
Blei	1 300	Methylalkohol	1 150
Eichenholz	4 100	Paraffinöl	1 420
Eis bei −4 °C	3 230	Petroleum	1 290
Glas	4 000…5 000	Quecksilber	1 460
Granit	3 950	Wasser bei 4 °C	1 400
Gummi	40	Wasser bei 20 °C	1 484
Kork	500	Ammoniak	428
Kupfer	3 900	Chlor bei 0 °C	206
Marmor	3 800	Helium	1 020
Messing	3 400	Kohlenstoffdioxid	260
PVC, weich	80	Luft bei 0 °C	331
PVC, hart	1 700	Luft bei 10 °C	337
Silber	3 650	Luft bei 20 °C	343
Stahl	5 100	Stickstoff	348
Ziegel	3 600	Wasserstoff	1 280

Mechanik der Flüssigkeiten und Gase

Druck	Dichte	Schweredruck
$p = \dfrac{F}{A}$	$\varrho = \dfrac{m}{V}$	$p = \varrho \cdot g \cdot h = \dfrac{F_G}{A}$
Bedingung: Die Kraft ist senkrecht zur Fläche gerichtet.		

Barometrische Höhenformel

$p = p_0 \cdot e^{-\varrho_0 \cdot g \cdot \frac{h}{p_0}}$

ϱ_0 Dichte der Luft bei 0 °C und 101,325 kPa
p_0 Luftdruck in 0 m Höhe

Hydraulische Anlagen

$\dfrac{F_P}{F_A} = \dfrac{A_P}{A_A}$

F_P Kraft am Pumpenkolben
A_P Fläche des Pumpenkolbens
F_A Kraft am Arbeitskolben
A_A Fläche des Arbeitskolbens

Bedingung: Vernachlässigung der Reibung

Auftrieb

Auftriebskraft

$F_A = \varrho \cdot V \cdot g$
(Archimedisches Prinzip)

V Volumen der verdrängten Flüssigkeit/des verdrängten Gases
ϱ Dichte der Flüssigkeit/des Gases
g Fallbeschleunigung

Sinken	Schweben	Steigen	Schwimmen
$F_G > F_A$	$F_G = F_A$	$F_G < F_A$	$F_G = F_A$

Stationäre Strömung

$\dfrac{A_1}{A_2} = \dfrac{v_2}{v_1}$

A_1, A_2 Querschnittsflächen
v_1, v_2 Geschwindigkeiten der Strömung

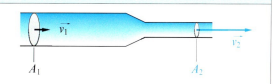

Strömungswiderstand

$F_w = \dfrac{1}{2} c_w \cdot \varrho \cdot v^2 \cdot A$	c_w Widerstandsbeiwert ϱ Dichte des strömenden Stoffes v Strömungsgeschwindigkeit ($\bar{v}$ senkrecht zur durchströmten Fläche A) A Querschnittsfläche des umströmten Körpers

Dichten (↗ Chemie)

Flüssigkeiten (bei 25 °C)

Stoff	Dichte ϱ in $\dfrac{g}{cm^3}$	Stoff	Dichte ϱ in $\dfrac{g}{cm^3}$
Aceton	0,79	Petroleum	0,76
Benzin	0,68…0,72	Quecksilber	13,53
Dieselkraftstoff	0,84	Spiritus	0,83
Erdöl	0,7…0,9	Wasser (destilliert)	0,99
Glycerin	1,26	Wasser (Meerwasser)	1,02

Gase (bei 101,325 kPa und 0 °C)

Stoff	Dichte ϱ in $\dfrac{kg}{m^3}$	Stoff	Dichte ϱ in $\dfrac{kg}{m^3}$
Ammoniak	0,77	Luft	1,29
Chlor	3,214	Propan	2,01
Erdgas	0,73…0,83	Sauerstoff	1,429
Helium	0,179	Stickstoff	1,251
Kohlenstoffdioxid	1,977	Wasserstoff	0,0899

Feste Stoffe (bei 25 °C)

Stoff	Dichte ϱ in $\dfrac{g}{cm^3}$	Stoff	Dichte ϱ in $\dfrac{g}{cm^3}$
Aluminium	2,70	Holz (Kiefer)	0,3…0,7
Beton	2,3	Konstantan	8,8
Blei	11,34	Kork	0,2…0,35
Diamant	3,51	Kupfer	8,96
Eis (bei 0 °C)	0,917	Lehm	1,5…1,8
Eisen	7,86	Magnesium	1,74
Glas (Fensterglas)	2,4…2,6	Papier	0,7…1,2
Glas (Quarzglas)	2,20	Porzellan	2,2…2,4
Gold	19,3	Silber	10,50
Graphit	2,26	Stahl	7,8
Hartgummi	1,2…1,8	Zink	7,14
Holz (Eiche)	0,5…1,3	Zinn	7,28

Widerstandsbeiwerte c_w einiger Körper (Kreisscheibe: $c_w = 1$)

Körper	c_w	Körper	c_w
Hohlhalbkugel (Strömung zur Höhlung)	1,4	Kugel	0,45
Hohlhalbkugel (Strömung zur Wölbung)	0,3…0,4	Pkw (geschlossen)	≈ 0,3
Stromlinienkörper (Strömung zur Spitze)	0,2	Rennwagen	0,15…0,2
Stromlinienkörper (Strömung zur Wölbung)	< 0,1	Fallschirm	1,4

Thermodynamik

Größen und Einheiten der Thermodynamik

Größe	Formelzeichen	Name der Einheit	Einheitenzeichen	Beziehungen zwischen den Einheiten
Innere Energie	U	Joule	J	$1\,\text{J} = 1\,\text{W} \cdot \text{s} = 1\,\text{N} \cdot \text{m}$
Molare Masse	M	Kilogramm durch Mol	$\frac{\text{kg}}{\text{mol}}$	
Molares Volumen	V_M	Kubikmeter durch Mol	$\frac{\text{m}^3}{\text{mol}}$	
Spezifische Wärmekapazität	c	Joule durch Kilogramm und Kelvin	$\frac{\text{J}}{\text{kg} \cdot \text{K}}$	$1\,\frac{\text{J}}{\text{kg} \cdot \text{K}} = 1\,\frac{\text{W} \cdot \text{s}}{\text{kg} \cdot \text{K}}$
Stoffmenge	n	**Mol**	mol	**Basiseinheit**
Temperatur	T ϑ, t	**Kelvin** Grad Celsius	K °C	**Basiseinheit** 0 °C = 273,15 K
Wärme	Q	Joule	J	$1\,\text{J} = 1\,\text{W} \cdot \text{s} = 1\,\text{N} \cdot \text{m}$
Wärmekapazität	C	Joule durch Kelvin	$\frac{\text{J}}{\text{K}}$	$1\,\frac{\text{J}}{\text{K}} = 1\,\frac{\text{W} \cdot \text{s}}{\text{K}}$

Wärme, Wärmeübertragung

Berechnung der Wärme Q Grundgleichung der Wärmelehre	$Q = m \cdot c \cdot \Delta T = C \cdot \Delta T$ (Bedingung: keine Änderung des Aggregatzustandes)	c spezifische Wärmekapazität m Masse ΔT Temperaturänderung C Wärmekapazität
Richmann'sche Mischungsregel (ohne Änderung des Aggregatzustandes)	$T_M = \dfrac{m_A \cdot c_A \cdot T_{a,A} + m_B \cdot c_B \cdot T_{a,B}}{m_A \cdot c_A + m_B \cdot c_B}$	T_M Mischungstemperatur $T_{a,A}, T_{a,B}$ Ausgangstemperaturen der Körper A und B c_A, c_B spezifische Wärmekapazitäten der Stoffe m_A, m_B Massen der Körper

Feste Stoffe und Flüssigkeiten

Spezifische Schmelzwärme q_S	$q_S = \dfrac{Q_S}{m}$	Q_S Schmelzwärme m Masse
Spezifische Verdampfungswärme q_V	$q_V = \dfrac{Q_V}{m}$	Q_V Verdampfungswärme m Masse
Längenänderung Δl	$\Delta l = \alpha \cdot l_0 \cdot \Delta T$ $l = l_0(1 + \alpha \cdot \Delta T)$	α linearer Ausdehnungskoeffizient (Längenausdehnungskoeffizient) ΔT Temperaturänderung l_0 Anfangslänge
Volumenänderung ΔV	$\Delta V = \gamma \cdot V_0 \cdot \Delta T;$ $V = V_0(1 + \gamma \cdot \Delta T)$	γ kubischer Ausdehnungskoeffizient (Volumenausdehnungskoeffizient) V_0 Anfangsvolumen $\gamma \approx 3\alpha$

Eigenschaften von festen Stoffen (↗ Chemie)

Stoff	Linearer Ausdehnungskoeffizient α in $\dfrac{1}{K}$	Schmelztemperatur ϑ_S in °C (bei 101,325 kPa)	Siedetemperatur ϑ_V in °C (bei 101,325 kPa)	Spezifische Wärmekapazität c in $\dfrac{kJ}{kg \cdot K}$	Spezifische Schmelzwärme q_S in $\dfrac{kJ}{kg}$
Aluminium	0,000 023	660	2 450	0,90	397
Beton	0,000 012			0,92	
Bismut	0,000 014	271	1 560	0,12	52,2
Blei	0,000 029	327	1 740	0,13	26
Diamant	0,000 001	ab 3 550	4 830	0,50	
Fensterglas	0,000 010			0,17	
Gold	0,000 014	1 063	2 970	0,13	65
Graphit	0,000 002	3 730	4 830	0,71	
Holz (Eiche)	0,000 008			2,39	
Konstantan	0,000 015			0,41	
Kupfer	0,000 016	1 083	2 600	0,39	205
Magnesium	0,000 026	650	1 110	1,02	382
Mauerwerk	0,000 005			0,86	
Platin	0,000 009	1 770	3 825	0,13	113
Porzellan	0,000 004			≈ 0,84	
Quarzglas	< 0,000 001	1 700		0,73	
Silber	0,000 020	961	2 212	0,23	104
Stahl	0,000 013	≈ 1 500		≈ 0,47	
Wolfram	0,000 004	3 350	5 700	0,13	192
Zink	0,000 036	419	906	0,39	111
Zinn	0,000 027	232	2 350	0,23	59

Eigenschaften von Flüssigkeiten (↗ Chemie)

Stoff	Kubischer Ausdehnungs-koeffizient γ in $\frac{1}{K}$ (bei 18 °C)	Schmelz-temperatur ϑ_S in °C (bei 101,3 kPa)	Siede-temperatur ϑ_V in °C (bei 101,3 kPa)	Spezifische Wärme-kapazität c in $\frac{kJ}{kg \cdot K}$	Spezifische Schmelz-wärme q_S in $\frac{kJ}{kg}$	Spezifische Verdampfungs-wärme q_V in $\frac{kJ}{kg}$ (bei 101,3 kPa)
Benzol	0,001 1	5,49	80,1	1,70	127	394
Diethyl-ether	0,001 6	−116,3	34,5	2,35	98	384
Ethanol	0,001 1	−114,2	78,4	2,42	108	842
Glycerin	0,000 5	18	290	2,39	188	853
Methanol	0,001 2	−97,7	64,7	2,49	69	1 102
Petroleum	0,000 9			2,00		
Queck-silber	0,000 18	−39	357	0,14	11	285
Wasser	0,000 207	0	100	4,186	334	2 260

Eigenschaften von Gasen (↗ Chemie)

Stoff	Schmelz-temperatur ϑ_S in °C (bei 101,3 kPa) (* bei 2,6 MPa)	Siede-temperatur ϑ_V in °C (bei 101,3 kPa)	Spezifische Wärme-kapazität c_V bei konstantem Volumen in $\frac{kJ}{kg \cdot K}$	Spezifische Wärme-kapazität c_p bei konstantem Druck in $\frac{kJ}{kg \cdot K}$	Spezifische Verdampfungs-wärme q_V in $\frac{kJ}{kg}$
Ammoniak	−78	−33	1,56	2,05	1 370
Helium	−270*	−269	3,22	5,23	25
Kohlenstoffdioxid	−57	−79	0,65	0,85	574
Luft	−213	−193	0,72	1,01	190
Propan	−187,7	−42	1,36	1,55	427
Sauerstoff	−219	−183	0,65	0,92	213
Stickstoff	−210	−195,8	0,75	1,04	198
Wasserstoff	−259,3	−252,8	10,13	14,28	455

Heizwerte

Feste Brennstoffe	Heizwert in $\frac{MJ}{kg}$	Flüssige Brennstoffe	Heizwert in $\frac{MJ}{l}$	Heizwert in $\frac{MJ}{kg}$	Gasförmige Brennstoffe	Heizwert in $\frac{MJ}{m^3}$
Anthrazit	32	Benzol	35	40	Butan	134
Rohbraunkohle	8 … 12	Flugbenzin	45	59	Erdgas	19 … 54
Braunkohle-brikett	20	Erdöl	36 … 41	42 … 48	Kokereigas	20
		Dieselkraftstoff	35 … 38	41 … 44	Methan	36
Holz, trocken	15	Heizöl	42	43	Propan	102
Magerkohle	33	Methanol	16	20	Schwefelwasserstoff	24
Steinkohle	30	Petroleum	41	50	Stadtgas	18
Steinkohlenteer	36	Spiritus	32	39	Steinkohlengas	23
Torf, trocken	15	Vergaserkraftstoff	32 … 38	44 … 53	Wasserstoff	11
Zechenkoks	28 … 30					

Druckabhängigkeit der Siedetemperatur des Wassers

Druck in kPa	Siedetemperatur in °C	Druck in kPa	Siedetemperatur in °C	Druck in kPa	Siedetemperatur in °C
50	81,34	94	97,91	105	101,00
55	83,78	95	98,20	106	101,27
60	85,95	96	98,49	107	101,53
65	88,02	97	98,78	200	120,2
70	89,96	98	99,07	300	133,5
75	91,78	99	99,35	400	143,6
80	93,51	100	99,63	500	151,8
85	95,15	101	99,91	600	158,8
90	96,71	101,325	100,00	700	164,9
91	97,01	102	100,18	800	170,4
92	97,32	103	100,46	900	175,4
93	97,62	104	100,73	1 000	180,0

Ideales Gas

Normzustand	$T_n = 273{,}15$ K $p_n = 1{,}01325 \cdot 10^5$ Pa $\quad = 1{,}01325$ bar $V_{m,0} = 22{,}414$ l/mol	T_n Normtemperatur p_n Normdruck $V_{m,0}$ molares Normvolumen des idealen Gases
Allgemeine Zustandsgleichung	$\dfrac{p_1 \cdot V_1}{T_1} = \dfrac{p_2 \cdot V_2}{T_2} = \dfrac{p \cdot V}{T} =$ konst.	V Volumen p Druck T Temperatur
Universelle Gasgleichung	$p \cdot V = n \cdot R \cdot T \quad (n = \text{konst.})$ $R = \dfrac{p_n \cdot V_{m,0}}{T_n}$	n Stoffmenge m Masse R universelle Gaskonstante $R = 8{,}314510$ J/(K · mol)
Isotherme Zustandsänderung (Gesetz von Boyle und Mariotte)	$p_1 \cdot V_1 = p_2 \cdot V_2$ $p \cdot V =$ konst. (Bedingung: $T =$ konst.)	V Volumen p Druck T Temperatur
Isochore Zustandsänderung (Gesetz von Amontons)	$\dfrac{p_1}{T_1} = \dfrac{p_2}{T_2} \quad \dfrac{p}{T} =$ konst. (Bedingung: $V =$ konst.)	isobare Zustandsänderung isochore Zustandsänderung $T_1 \; (T_1 > T_2)$ $T_2 \; (T_2 > T_3)$ T_3
Isobare Zustandsänderung (Gesetz von Gay-Lussac)	$\dfrac{V_1}{T_1} = \dfrac{V_2}{T_2} \quad \dfrac{V}{T} =$ konst. (Bedingung: $p =$ konst.)	
Adiabatische Zustandsänderung (Gesetz von Poisson)	$p_1 \cdot V_1^\varkappa = p_2 \cdot V_2^\varkappa$ $p \cdot V^\varkappa =$ konst. (Bedingung: $Q = 0$) $\varkappa = \dfrac{c_p}{c_V}$	$\varkappa$ Adiabatenexponent $\varkappa \approx 1{,}67$ (einatomiges Gas) $\varkappa = 1{,}40$ (zweiatomiges Gas) c_p spezifische Wärmekapazität bei konstantem Druck c_V spezifische Wärmekapazität bei konstantem Volumen

Energie

Erster Hauptsatz der Wärmelehre	$\Delta U = Q + W$	ΔU Änderung der inneren Energie (des Systems) Q Wärme W Arbeit
Wirkungsgrad η von Wärmekraftmaschinen	$\eta = \dfrac{|W_{ab}|}{Q_{zu}}$	W_{ab} abgegebene Arbeit Q_{zu} zugeführte Wärme
Wärmekapazität C	$C = \dfrac{Q}{\Delta T}$	ΔT Änderung der Temperatur m Masse
Spezifische Wärmekapazität c	$c = \dfrac{Q}{m \cdot \Delta T}$	

Elektrizitätslehre

Größen und Einheiten der Elektrizitätslehre und des Magnetismus

Größe	Formelzeichen	Name der Einheit	Einheitenzeichen	Beziehungen zwischen den Einheiten
Elektrische Arbeit Elektrische Energie	$W\,(W_{el})$ $E\,(E_{el})$	Joule Wattsekunde Kilowattstunde	J W·s kW·h	$1\,\text{J} = 1\,\text{W}\cdot\text{s} = 1\,\text{V}\cdot\text{A}\cdot\text{s}$ $1\,\text{kW}\cdot\text{h} = 3{,}6\,\text{MJ}$
Elektrische Feldstärke	E	Volt durch Meter	$\dfrac{\text{V}}{\text{m}}$	$1\,\dfrac{\text{V}}{\text{m}} = 1\,\dfrac{\text{N}}{\text{C}} = 1\,\dfrac{\text{kg}\cdot\text{m}}{\text{s}^3 \cdot \text{A}}$
Elektrische Kapazität	C	Farad	F	$1\,\text{F} = 1\,\dfrac{\text{C}}{\text{V}} = 1\,\dfrac{\text{A}\cdot\text{s}}{\text{V}}$
Elektrische Ladung	Q	Coulomb	C	$1\,\text{C} = 1\,\text{A}\cdot\text{s}$
Elektrische Leistung	$P\,(P_{el})$	Watt	W	$1\,\text{W} = 1\,\text{V}\cdot\text{A} = 1\,\dfrac{\text{J}}{\text{s}}$
Elektrische Spannung Elektrisches Potenzial	U φ	Volt	V	$1\,\text{V} = 1\,\dfrac{\text{W}}{\text{A}} = 1\,\dfrac{\text{kg}\cdot\text{m}^2}{\text{s}^3 \cdot \text{A}}$
Elektrische Stromstärke	I	**Ampere**	**A**	**Basiseinheit**
Elektrischer Widerstand	R	Ohm	Ω	$1\,\Omega = 1\,\dfrac{\text{V}}{\text{A}}$
Spezifischer elektrischer Widerstand	ϱ	Ohm mal Quadratmillimeter durch Meter Ohmmeter	$\dfrac{\Omega \cdot \text{mm}^2}{\text{m}}$ $\Omega \cdot \text{m}$	$1\,\dfrac{\Omega \cdot \text{mm}^2}{\text{m}} = 10^{-6}\,\Omega \cdot \text{m}$

Spezifische elektrische Widerstände (bei 20 °C)

Metalle	ϱ in $\frac{\Omega \cdot mm^2}{m}$	Kohle und Widerstandslegierungen	ϱ in $\frac{\Omega \cdot mm^2}{m}$	Halbleiter und Isolierstoffe	ϱ in $\frac{\Omega \cdot cm^2}{cm}$
Aluminium	0,028	Bogenlampenkohle	60…80	Bernstein	bis 10^{18}
Antimon	0,39	Bürstenkohle	40…100	Flintglas	$3 \cdot 10^{10}$
Bismut	0,107	Chromnickel	1,1	Hartgummi	$10^{15}…10^{18}$
Blei	0,21	Eisen, legiert (4 Si)	0,5	Holz, trocken	$10^{11}…10^{15}$
Cadmium	0,068	Goldchrom	0,33	Kupferoxid	$10^{3}…10^{8}$
Eisen	0,10	Graphit	8,00	Marmor	$10^{9}…10^{10}$
Gold	0,022	Konstantan	0,50	Papier	$10^{17}…10^{18}$
Kupfer	0,0172	Leitungskupfer	0,0178	Polyethylen	$10^{12}…10^{15}$
Platin	0,098	Manganin	0,43	Polyvinylchlorid	$10^{14}…10^{15}$
Quecksilber	0,96	Neusilber	0,30	Porzellan	bis 10^{15}
Silber	0,016	Nickelin	0,43	Quarzglas	$10^{13}…10^{15}$
Titan	0,39	Resistin	0,51	Silicium	$10^{-1}…10^{5}$
Wolfram	0,055	Rotguss	0,127	Transformatorenöl	$10^{12}…10^{15}$
Zinn	0,11	Stahlguss	0,18	Wasser (dest.)	$(1…4) \cdot 10^{6}$

Gleichstrom

Elektrische Stromstärke I	$I = \dfrac{Q}{t}$	Q elektrische Ladung t Zeit W_{el} elektrische Arbeit P_{el} elektrische Leistung
Elektrische Spannung U	$U = \dfrac{W_{el}}{Q}$; $U = \dfrac{P_{el}}{I}$	
Elektrischer Widerstand R	$R = \dfrac{U}{I}$	
Ohm'sches Gesetz (bei konstanter Temperatur)	$U \sim I$ $U = R \cdot I$ $R = $ konst.	
Widerstandsgesetz	$R = \dfrac{\varrho \cdot l}{A}$	ϱ spezifischer elektrischer Widerstand l Länge des Leiters A Querschnittsfläche
Elektrische Leistung P_{el}	$P_{el} = U \cdot I = \dfrac{W_{el}}{t}$	
Elektrische Arbeit W_{el} (Joule'sches Gesetz) übertragene elektrische Energie E_{el}	$W_{el} = U \cdot I \cdot t$	U elektrische Spannung I elektrische Stromstärke t Zeit
Temperaturabhängigkeit des elektrischen Widerstandes	$\Delta R = R_{20} \cdot \alpha \cdot \Delta T$ $R = R_{20}(1 + \alpha \cdot \Delta T)$	ΔR Widerstandsänderung R_{20} Widerstand bei 20 °C α Temperaturkoeffizient ΔT Temperaturänderung

Elektrizitätslehre

Stromkreisarten

Unverzweigter Stromkreis (Reihenschaltung)	Verzweigter Stromkreis (Parallelschaltung)
$I = I_1 = I_2$ $U = U_1 + U_2$ $R = R_1 + R_2$ Spannungsteilerregel $\dfrac{U_1}{U_2} = \dfrac{R_1}{R_2}$	$I = I_1 + I_2$ $U = U_1 = U_2$ $\dfrac{1}{R} = \dfrac{1}{R_1} + \dfrac{1}{R_2}$; $R = \dfrac{R_1 \cdot R_2}{R_1 + R_2}$ Stromteilerregel $\dfrac{I_1}{I_2} = \dfrac{R_2}{R_1}$
Reihenschaltung von Kondensatoren	**Parallelschaltung von Kondensatoren**
$\dfrac{1}{C} = \dfrac{1}{C_1} + \dfrac{1}{C_2}$	$C = C_1 + C_2$
Reihenschaltung von Spannungsquellen	**Parallelschaltung von Spannungsquellen**
$U = U_1 + U_2 + \ldots + U_n$	Für gleiche Spannungsquellen gilt: $U = U_1 = U_2 = \ldots = U_n$

Diode und Transistor

Diode		Transistor	
pn-Gebiet in Durchlassrichtung	pn-Gebiet in Sperrrichtung	npn-Transistor	pnp-Transistor
		Emitterschaltung eines npn-Transistors	

Elektrisches Feld

Elektrische Ladung Q für I = konst.	$Q = I \cdot t$	I t	elektrische Stromstärke Zeit
Elektrische Kapazität C – allgemein – für einen Plattenkondensator	$C = \dfrac{Q}{U}$ $C = \varepsilon_0 \cdot \varepsilon_r \cdot \dfrac{A}{s} = \varepsilon \cdot \dfrac{A}{s}$	Q U ε_0 ε_r A s ε	elektrische Ladung elektrische Spannung elektrische Feldkonstante relative Permittivität des Stoffes im Plattenkondensator Fläche der Platten Abstand der Platten Permittivität
Kinetische Energie E_{kin} eines Ladungsträgers nach der Beschleunigung in einem elektrischen Feld	$E_{kin} = Q \cdot U$	U Q	elektrische Spannung elektrische Ladung
Arbeit W im elektrischen Feld – allgemein – Beschleunigungsarbeit W beim Elektron – Arbeit W zum Laden eines Kondensators	$W = Q \cdot U$ $W = e \cdot U$ $W = \dfrac{1}{2} C \cdot U^2$	Q U e C $e = 1{,}602\,176\,462 \cdot 10^{-19}$ C	elektrische Ladung elektrische Spannung Elementarladung Kapazität des Kondensators

Magnetisches Feld

Kraft F_L auf einen bewegten Ladungsträger (Lorentzkraft)	$F_L = Q \cdot v \cdot B$ (für $\vec{v}$ senkrecht zu $\vec{B}$)	Q v B	elektrische Ladung Geschwindigkeit magnetische Flussdichte
Kraft F auf einen stromdurchflossenen Leiter	$F = l \cdot I \cdot B$ (für $\vec{B}$ senkrecht zur Stromrichtung)	l I B	Länge des Leiters elektrische Stromstärke magnetische Flussdichte

Wechselstrom

Momentanwert – Wechselspannung u – Wechselstromstärke i	$u = u_{max} \cdot \sin(\omega \cdot t + \varphi_1)$ $i = i_{max} \cdot \sin(\omega \cdot t + \varphi_2)$	u_{max}, i_{max} ω φ_1, φ_2 t	Scheitelwert (Amplitude) der elektrischen Spannung bzw. Stromstärke Kreisfrequenz Phasenwinkel Zeit
Effektivwert – Wechselspannung U – Wechselstromstärke I	$U = \dfrac{u_{max}}{\sqrt{2}}$ $I = \dfrac{i_{max}}{\sqrt{2}}$		
Kreisfrequenz ω	$\omega = \dfrac{2\pi}{T}$	T	Periodendauer

Leistungsfaktor $\cos \varphi$	$\cos \varphi = \dfrac{P_W}{P_S}$
Wirkleistung P_W	$P_W = U \cdot I \cdot \cos \varphi$ $P_W = P_S \cdot \cos \varphi$
Scheinleistung P_S	$P_S = U \cdot I$
Blindleistung P_B	$P_B = P_S \cdot \sin \varphi$
Scheinarbeit W_S	$W_S = P_S \cdot t$ $W_S = U \cdot I \cdot t$
Wirkarbeit W_W	$W_W = P_W \cdot t$ $W_W = U \cdot I \cdot t \cdot \cos \varphi$

φ Phasenverschiebung zwischen Stromstärke und Spannung
U, I Effektivwerte der elektrischen Spannung bzw. Stromstärke
t Zeit

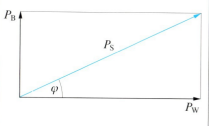

Widerstände im Wechselstromkreis

Ohmscher Widerstand R	Induktiver Widerstand X_L (R_L)	Kapazitiver Widerstand X_C (R_C)
$R = \dfrac{U}{I}$ bei $\vartheta =$ konst.	$X_L = \dfrac{U}{I}$; $X_L = \omega \cdot L$ $\varphi = \dfrac{\pi}{2}$	$X_C = \dfrac{U}{I}$; $X_C = \dfrac{1}{\omega \cdot C}$ $\varphi = -\dfrac{\pi}{2}$

Reihen- und Parallelschaltung von Widerständen im Wechselstromkreis

	Reihenschaltung von R, X_L und X_C	Parallelschaltung von R, X_L und X_C
Blindwiderstand X	$X = \omega \cdot L - \dfrac{1}{\omega \cdot C}$	$\dfrac{1}{X} = \omega \cdot C - \dfrac{1}{\omega \cdot L}$
Scheinwiderstand Z (Wechselstromwiderstand)	$Z = \sqrt{R^2 + X^2}$	$\dfrac{1}{Z} = \sqrt{\dfrac{1}{R^2} + \dfrac{1}{X^2}}$
Tangens der Phasenverschiebung φ	$\tan \varphi = \dfrac{X_L - X_C}{R}$	$\tan \varphi = R \left(\dfrac{1}{X_C} - \dfrac{1}{X_L} \right)$

Transformator

Spannungsverhältnis am unbelasteten (idealen) Transformator	$\dfrac{U_1}{U_2} = \dfrac{N_1}{N_2}$	U_1 Primärspannung U_2 Sekundärspannung N_1 Windungszahl der Primärspule N_2 Windungszahl der Sekundärspule I_1 Primärstromstärke I_2 Sekundärstromstärke
Stromstärkeverhältnis am stark belasteten Transformator	$\dfrac{I_1}{I_2} = \dfrac{N_2}{N_1}$	

Elektromagnetischer Schwingkreis

Thomson'sche Schwingungsgleichung	$T = 2\pi \cdot \sqrt{L \cdot C}$	T Periodendauer L Induktivität C Kapazität R ohmscher Widerstand c Ausbreitungsgeschwindigkeit l Länge des Dipols
Eigenfrequenz f eines elektrischen Schwingkreises – ungedämpft ($R = 0$)	$f = \dfrac{1}{2\pi \cdot \sqrt{L \cdot C}}$	
– gedämpft	$f = \dfrac{1}{2\pi} \cdot \sqrt{\dfrac{1}{L \cdot C} - \dfrac{R^2}{4L^2}}$	
Eigenfrequenz f eines Dipols	$f = \dfrac{c}{2l}$	

Elektromagnetische Wellen; Lichtwellen

Ausbreitungsgeschwindigkeit c	$c = \lambda \cdot f$	λ Wellenlänge f Frequenz

Wellenlängen des sichtbaren Lichtes

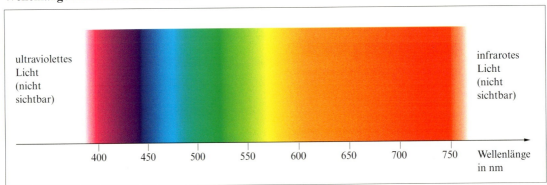

Elektromagnetisches Spektrum

Bezeichnung	Frequenz f in Hz	Wellenlänge λ
Hertz'sche Wellen	$10^4 \ldots 10^{13}$	30 km … 0,03 mm
Langwellen	$1{,}5 \cdot 10^5 \ldots 3 \cdot 10^5$	2000 m … 1000 m
Mittelwellen	$0{,}5 \cdot 10^6 \ldots 2 \cdot 10^6$	600 m … 150 m
Kurzwellen	$0{,}6 \cdot 10^7 \ldots 2 \cdot 10^7$	50 m … 15 m
Ultrakurzwellen	$10^8 \ldots 3 \cdot 10^8$	30 m … 1 m
Mikrowellen	$3 \cdot 10^8 \ldots 10^{13}$	1 m … 0,03 m
Lichtwellen	$10^{12} \ldots 5 \cdot 10^{16}$	0,3 mm … 5 nm
infrarotes Licht	$10^{12} \ldots 3{,}9 \cdot 10^{14}$	0,3 mm … 770 nm
sichtbares Licht	$3{,}9 \cdot 10^{14} \ldots 7{,}7 \cdot 10^{14}$	770 nm … 390 nm
– Rot	$3{,}9 \cdot 10^{14} \ldots 4{,}7 \cdot 10^{14}$	770 nm … 640 nm
– Orange	$4{,}7 \cdot 10^{14} \ldots 5 \cdot 10^{14}$	640 nm … 600 nm
– Gelb	$5 \cdot 10^{14} \ldots 5{,}3 \cdot 10^{14}$	600 nm … 570 nm
– Grün	$5{,}3 \cdot 10^{14} \ldots 6{,}1 \cdot 10^{14}$	570 nm … 490 nm
– Blau	$6{,}1 \cdot 10^{14} \ldots 6{,}5 \cdot 10^{14}$	490 nm … 460 nm
– Violett	$6{,}5 \cdot 10^{14} \ldots 7{,}7 \cdot 10^{14}$	460 nm … 390 nm
ultraviolettes Licht	$7{,}7 \cdot 10^{14} \ldots 5 \cdot 10^{16}$	390 nm … 5 nm
Röntgenstrahlung	$3 \cdot 10^{16} \ldots 3 \cdot 10^{21}$	10 nm … 0,1 pm
Gammastrahlung	$10^{18} \ldots 10^{23}$	300 pm … 0,003 pm
Kosmische Strahlung	$10^{21} \ldots 10^{24}$	0,3 pm … 0,0003 pm

Optik

Größen und Einheiten der Optik

Größe	Formelzeichen	Name der Einheit	Einheitenzeichen	Beziehungen zwischen den Einheiten
Brechwert	D	Dioptrie	dpt	$1\,\text{dpt} = \dfrac{1}{\text{m}}$
Brechzahl	n	Eins	–	
Brennweite Objektweite Bildweite	f g, a, s b, a', s'	Meter	m	
Lichtstärke	I	Candela	cd	**Basiseinheit**

Strahlenoptik

Brechzahl n	$n = \dfrac{c_{\text{Vakuum}}}{c_{\text{Medium}}}$	α Einfallswinkel β Brechungswinkel n_1, n_2 Brechzahlen der Medien 1 und 2 c_1, c_2 Lichtgeschwindigkeit im Medium 1 bzw. Medium 2
Brechungsgesetz	$\dfrac{\sin \alpha}{\sin \beta} = \dfrac{n_2}{n_1} = \dfrac{c_1}{c_2}$	
Grenzwinkel α_G der Totalreflexion	$\sin \alpha_G = \dfrac{n_2}{n_1}$	n_1 Brechzahl des optisch dichteren Mediums n_2 Brechzahl des optisch dünneren Mediums
Abbildungsgleichung (für dünne Linsen)	$\dfrac{1}{f} = \dfrac{1}{g} + \dfrac{1}{b}$	f Brennweite g Gegenstandsweite b Bildweite G Gegenstandsgröße B Bildgröße
Abbildungsmaßstab A	$A = \dfrac{B}{G} = \dfrac{b}{g}$	
Brechwert D einer Linse	$D = \dfrac{1}{f}$	

Optische Linsen

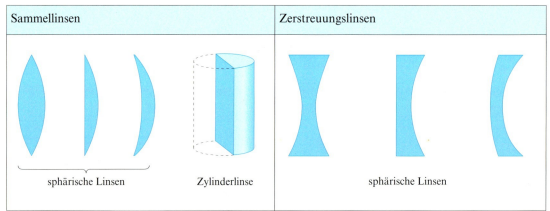

Lichtgeschwindigkeiten in Stoffen und im Vakuum

Stoff	c in $10^8 \frac{m}{s}$	Stoff	c in $10^8 \frac{m}{s}$
Diamant	1,22	Kohlenstoffdisulfid	1,84
Flintglas	1,86	Wasser	2,24
Kronglas	1,97	Luft	2,997 11
Polystyrol	1,89	Vakuum	2,997 924 58

Brechzahlen n

für den Übergang des Lichtes aus dem Vakuum in den betreffenden Stoff
für die gelbe Natriumlinie ($\lambda = 589{,}3$ nm)

Feste Stoffe	Brechzahl n	Flüssigkeiten und Gase	Brechzahl n
Diamant	2,417	Aceton	1,359
Eis	1,31	Ammoniak	1,000 38
Fensterglas	1,5	Ethanol	1,362
Flintglas, leicht	1,608	Glycerin	1,469
Flintglas, schwer	1,754	Helium	1,000 04
Flussspat	1,434	Kohlenstoffdioxid	1,000 45
Kaliumchlorid	1,490	Kohlenstoffdisulfid	1,629
Kronglas, leicht	1,515	Leinöl	1,486
Kronglas, schwer	1,615	Luft	1,000 29
Plexiglas	1,49	Methanol	1,329
Polykarbonat	1,59	Neon	1,000 07
Polystyrol	1,59	Stickstoff	1,000 30
Quarzglas	1,459	Wasser	1,333
Saphir	1,769	Wasserstoff	1,000 14
Steinsalz	1,544	Zedernöl	1,505

Kernphysik

Größen und Einheiten der Kernphysik und im Strahlenschutz

Größe	Formelzeichen	Name der Einheit	Einheitenzeichen	Beziehungen zwischen den Einheiten
Aktivität	A	Becquerel	Bq	$1 \text{ Bq} = \frac{1}{s}$
Äquivalentdosis	H	Sievert	Sv	$1 \text{ Sv} = 1 \frac{J}{kg}$
		rem	rem	$1 \text{ rem} = 10^{-2}$ Sv
Energiedosis	D	Gray	Gy	$1 \text{ Gy} = 1 \frac{J}{kg}$
Ionendosis	J	Coulomb durch Kilogramm	$\frac{C}{kg}$	

Atomkerne und Strahlenschutz

Atomare Masseneinheit u	$1\,\text{u} = \dfrac{1}{12}\,m_a\,(^{12}_{6}\text{C})$	m_a	Atommasse
Relative Atommasse A_r	$A_r = \dfrac{m_a}{u}$	m_a u	Atommasse atomare Masseneinheit
Massenzahl A	$A = Z + N$	Z N	Protonenanzahl Neutronenanzahl
Massendefekt	$\Delta m = (Z \cdot m_p + N \cdot m_n) - m_k$	m_p m_n m_k	Masse eines Protons Masse eines Neutrons Gesamtmasse des Kerns
Kernbindungsenergie E_B	$E_B = \Delta m \cdot c^2$	c	Lichtgeschwindigkeit
Halbwertszeit $T_{1/2}\,(t_H)$	$T_{1/2} = \dfrac{\ln 2}{\lambda}$	λ N_0	Zerfallskonstante Anzahl der Kerne zum Zeitpunkt $t = 0$
Zerfallsgesetz	$N = N_0 \cdot e^{-\lambda \cdot t}$ $N = N_0 \cdot \left(\dfrac{1}{2}\right)^{\frac{t}{T_{1/2}}}$	N t	Anzahl der Kerne zum Zeitpunkt t Zeit
Aktivität A eines Radionuklids	$A = \dfrac{\Delta N}{\Delta t}$; $A = \lambda \cdot N$	ΔN	Anzahl der zerfallenen Kerne in der Zeitdauer Δt
Energiedosis D	$D = \dfrac{E}{m}$	E m	aufgen. Strahlungsenergie Masse des bestrahlten Körpers
Äquivalentdosis H	$H = D \cdot q$	D q	Energiedosis Bewertungsfaktor
Ionendosis	$J = \dfrac{Q}{m}$	Q m	Betrag der von ionisierender Strahlung in Luft gebildeten elektrischen Ladung Masse der Luft

Alpha-, Beta- und Gammastrahlung

Name	Art	Symbol	Elektrische Ladung	Massenzahl
α	Heliumkern	$^{4}_{2}\text{He}$	$+2e$	4
β⁻	Elektron	$^{0}_{-1}\text{e}$	$-1e$	0
β⁺	Positron	$^{0}_{+1}\text{e}$	$+1e$	0
γ	elektromagnetische Strahlung	$^{0}_{0}\gamma$	ungeladen	0

Natürliche Zerfallsreihen

Umwandlung radioaktiver Nuklide zu stabilen Kernen

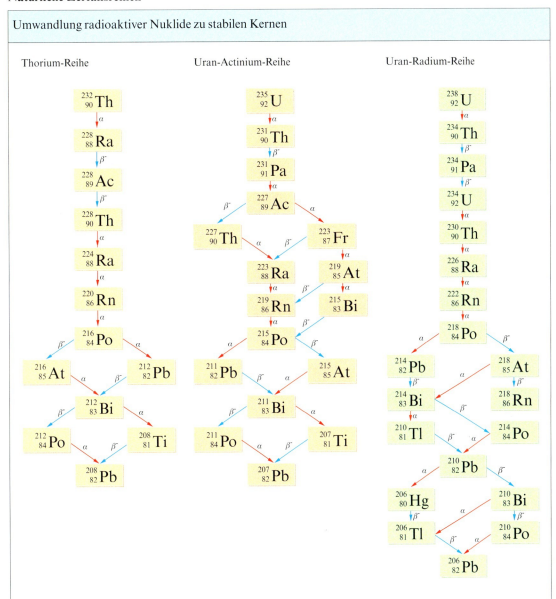

Beispiele für Halbwertszeiten $T_{1/2}$

Element	Radionuklid	Halbwertszeit	Element	Radionuklid	Halbwertszeit
Natrium	Na-22	2,6 Jahre	Iridium	Ir-192	73,8 Tage
Phosphor	P-29	4,1 Sekunden		Ir-195	2,5 Stunden
	P-32	14,5 Tage	Blei	Pb-210	22,5 Jahre
Cobalt	Co-60	5,3 Jahre	Radium	Ra-226	1 600 Jahre
Krypton	Kr-85	10,7 Jahre			
Caesium	Cs-137	30,3 Jahre			

PHYSIK

Auszug aus der Nuklidkarte (vereinfacht)

Kernphysik

Umrechnungsfaktoren

Druck			
Einheit	$Pa; \frac{N}{m^2}$	bar	Torr
1 Pascal = 1 Newton durch Quadratmeter	1	$\frac{1}{10^5}$	$\frac{7,5}{10^3}$
1 Bar	10^5	1	$7,5 \cdot 10^2$
1 Torr	133,3	$\frac{1,333}{10^3}$	1
Arbeit und Energie			
Einheit	$J; N \cdot m; W \cdot s$	$kW \cdot h$	kcal
1 Joule = 1 Newtonmeter = 1 Wattsekunde	1	$\frac{0,2778}{10^6}$	$\frac{0,2388}{10^3}$
1 Kilowattstunde	$3,6 \cdot 10^3$	1	859,8
1 Kilokalorie	$4,1868 \cdot 10^3$	$\frac{1,163}{10^3}$	1
Leistung			
Einheit	W	$\frac{kcal}{h}$	PS
1 Watt	1	0,860	$\frac{1,360}{10^3}$
1 Kilokalorie durch Stunde	1,163	1	$\frac{1,581}{10^3}$
1 Pferdestärke	735,5	632,4	1
Wärme			
Einheit	$J; N \cdot m; W \cdot s$	cal	kcal
1 Joule = 1 Newtonmeter = 1 Wattsekunde	1	0,2388	$\frac{0,2388}{10^3}$
1 Kalorie	4,187	1	$\frac{1}{10^3}$
1 Kilokalorie	$4,187 \cdot 10^3$	10^3	1

Astronomie

Konstanten, Einheiten und Werte

Konstanten

Größe	Formelzeichen	Wert
Lichtgeschwindigkeit im Vakuum	c	$299\,792\,458$ m·s^{-1}
Gravitationskonstante	γ, G, f	$6{,}673 \cdot 10^{-11}$ m^3/(kg·s^2)
Solarkonstante	S	$1{,}368$ kW/m^2
Hubble-Konstante	H	$50 \ldots 100$ km/(s·Mpc)
Masseverhältnis Erde – Mond	m_E/m_M	$81{,}3$
Masseverhältnis Sonne – Erde	m_S/m_E	$332\,964{,}0$
Schiefe der Ekliptik (für das Jahr 2000)	ε	$23°\,26'\,21{,}488''$
Nutationskonstante (für das Jahr 2000)	N	$9{,}205\,5''$
Sonnenparallaxe	p_S	$8{,}794\,148''$
Aberrationskonstante (für das Jahr 2000)	$\bar{k}$	$20{,}495\,52''$

Einheiten der Länge

Name der Einheit	Einheitenzeichen	Beziehungen
Astronomische Einheit (mittlere Entfernung Erde – Sonne)	AE	1 AE $= 149{,}6 \cdot 10^9$ m $= 4{,}85 \cdot 10^{-6}$ pc $= 15{,}8 \cdot 10^{-6}$ Lj
Parsec	pc	1 pc $= 30{,}857 \cdot 10^{15}$ m $= 0{,}206 \cdot 10^6$ AE $= 3{,}26$ Lj
Lichtjahr	Lj, ly	1 Lj $= 9{,}460\,5 \cdot 10^{15}$ m $= 63{,}239 \cdot 10^3$ AE $= 0{,}306\,6$ pc

Einheiten der Zeit

Definition des Jahres	
Tropisches Jahr	365 d 5 h 48 min 46 s
Siderisches Jahr	365 d 6 h 9 min 9 s
Definition des Monats	
Siderischer Monat	27,322 d (27 d 7 h 43 min 12 s)
Synodischer Monat	29,53 d (29 d 12 h 44 min 3 s)
Definition des Tages	
Sterntag	23 h 56 min 4,091 s = 86 164,091 s = 0,997 27 d
Sonnentag	1 d = 24 h = 86 400 s

Ausgewählte Zeitzonen

Zeitzone	Vergleich zur MGZ
Mittlere Greenwicher Zeit (MGZ)	= Westeuropäische Zeit (WEZ)
Mitteleuropäische Zeit	MGZ + 1 Stunde
Osteuropäische Zeit	MGZ + 2 Stunden
Atlantic Standard Time	MGZ − 4 Stunden
Pacific Standard Time	MGZ − 8 Stunden

Zeitzonen der Erde

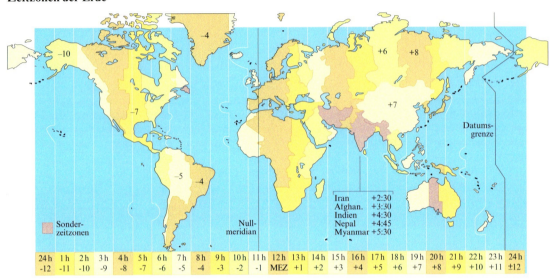

Astronomische Koordinaten

	Horizontsystem	Rotierendes Äquatorsystem
Grundkreis	Horizont	Himmelsäquator
Mittelpunkt	Beobachtungsort	Beobachtungsort
Pole	Zenit, Nadir	Himmelspole
Abstandswinkel	Höhe h	Deklination δ
Richtungswinkel	Azimut a	Rektaszension α
Leitpunkt	Südpunkt des Horizonts	Frühlingspunkt γ

Konstanten, Einheiten und Werte

Erde

Größe	Formelzeichen	Wert
Radius am Äquator	$r_Ä$	6 378 km
Radius am Pol	r_P	6 357 km
Abplattung	$(r_Ä - r_P) : r_Ä$	0,003 3
Volumen	V_E	$1,083 \cdot 10^{12}$ km³
Masse	m_E	$5,976 \cdot 10^{24}$ kg
Mittlere Dichte	ϱ_E	5,52 g/cm³
Normfallbeschleunigung	g_n	9,806 65 m/s²
Luftdruck in Meereshöhe (Normdruck)	p_n	101,3 kPa = 1 013 hPa
Mittlere Entfernung von der Sonne	r, S_S	$149,6 \cdot 10^6$ km = 1 AE
Mittlere Bahngeschwindigkeit	v_E	29,79 km/s
Siderische Umlaufzeit um die Sonne	T_{sid}	365,26 d

Mond

Größe	Formelzeichen	Wert
Mittlere Entfernung von der Erde	s_M	384 400 km ≈ 60,3 Erdradien
Mittlerer scheinbarer Radius	R'_M	15′ 32,6″ = 0,259°
Radius	R_M	1 738 km ≈ 0,272 5 Erdradien
Volumen	V_M	$2,192 \cdot 10^{10}$ km³ ≈ $0,02\, V_E$
Masse	m_M	$7,35 \cdot 10^{22}$ kg = $0,012\, 3\, m_E$
Mittlere Dichte	ϱ_M	3,34 g/cm³ = $0,61\, \varrho_E$
Fallbeschleunigung an der Oberfläche	g_M	1,62 m/s² = $0,165\, g_n$
Mittlere Bahngeschwindigkeit	v_M	1,02 km/s
Bahnneigung gegen die Erdbahn		5° 8′ 43″
Siderische Umlaufzeit um die Erde	T_{sid}	27,322 d

Entstehung der Mondphasen

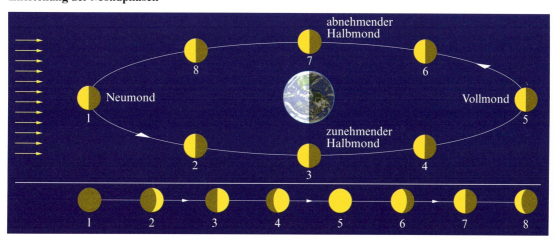

Planeten des Sonnensystems

Planet	Symbol	Mittlere Bahn-geschwindigkeit in $\frac{km}{s}$	Mittlere Entfernung von der Sonne in 10^6 km	Äquator-durchmesser in km	Masse in Erdmassen ($5{,}976 \cdot 10^{24}$ kg)	Mittlere Dichte in $\frac{g}{cm^3}$
Merkur	☿	47,8	57,9	4 878	0,06	5,43
Venus	♀	35,03	108,2	12 104	0,82	5,24
Erde	♁, ⊕	29,79	149,6	12 756	1	5,52
Mars	♂	24,13	227,9	6 794	0,11	3,93
Jupiter	♃	13,06	778,3	143 600	317,9	1,31
Saturn	♄	9,64	1 427	120 000	95,15	0,69
Uranus	⛢	6,81	2 869,6	50 800	14,54	1,3
Neptun	♆	5,43	4 496,7	49 500	17,20	1,71
Pluto	♇	4,74	5 900	2 200	0,001 7	um 2

Einige Monde der Planeten

Planet und Monde	Entfernung des Mondes vom Planeten in km	Siderische Umlaufzeit in d	Durchmesser in km
Mars: Phobos	$9{,}38 \cdot 10^3$	0,319	22
Deimos	$23{,}48 \cdot 10^3$	1,262	12
Jupiter: Ganymed	$1\,070 \cdot 10^3$	7,155	5276
Callisto	$1\,880 \cdot 10^3$	16,689	4820
Saturn: Titan	$1\,222 \cdot 10^3$	15,95	5150
Rhea	$527 \cdot 10^3$	4,52	1530
Uranus: Titania	$436 \cdot 10^3$	8,70	1610
Oberon	$583 \cdot 10^3$	13,46	1550
Neptun: Triton	$355 \cdot 10^3$	5,88	2705
Nereid	$5\,563 \cdot 10^3$	360	340
Pluto: Charon	$19{,}6 \cdot 10^3$	6,39*	1200

* Dauer der Bewegung um den gemeinsamen Schwerpunkt

Sonne

Größe	Formelzeichen	Wert
Mittlere Entfernung zwischen Sonne und Erde	S_S	$149{,}6 \cdot 10^6$ km $= 1$ AE
Mittlerer scheinbarer Radius	R'_S	$16'\,1{,}2'' = 0{,}267°$
Radius	R_S	$700\,000$ km $= 109$ Erdradien
Volumen	V_S	$1{,}414 \cdot 10^{18}$ km$^3 = 1{,}3 \cdot 10^6\,V_E$
Masse	m_S	$2 \cdot 10^{30}$ kg $= 3{,}35 \cdot 10^5\,m_E$
Mittlere Dichte	ϱ_S	$1{,}41$ g/cm$^3 = 0{,}26\,\varrho_E$
Fallbeschleunigung an der Oberfläche	g_S	274 m/s$^2 = 27{,}94\,g_n$
Oberflächentemperatur	T	$\approx 6\,000$ K

Einige Daten unseres Milchstraßensystems (Galaxis)

Durchmesser der diskusähnlichen Scheibe	$30\,000$ pc
Dicke – in den Randgebieten – im zentralen Kern	$1\,000$ pc $5\,000$ pc
Mittlere Dichte	$\approx 10^{-23}$ g/cm^3
Abstand der Sonne vom Zentrum der „Scheibe"	$\approx 10\,000$ pc $\approx 32\,600$ Lj
Zeit für einen vollen Umlauf der Sonne um das Zentrum	≈ 250 Mio. Jahre
Umlaufgeschwindigkeit der Sonne um das Zentrum	≈ 250 km/s
Mit bloßem Auge sichtbare Sterne	$\approx 6\,000$
Gesamtanzahl der Sterne	≈ 100 Mrd.

Scheinbare Helligkeiten einiger Sterne

Stern (Sternbild)	Scheinbare Helligkeit	Farbe	Entfernung
Sirius (Großer Hund)	$-1{,}46^m$	weiß	8,8 Lj
Wega (Leier)	$0{,}04^m$	weiß	26 Lj
Rigel (Orion)	$0{,}12^m$	weiß	880 Lj
Atair (Adler)	$0{,}77^m$	gelblich	16,1 Lj
Aldebaran (Stier)	$0{,}85^m$	orange	68 Lj
Spica (Jungfrau)	$0{,}97^m$	bläulich	274 Lj
Pollux (Zwillinge)	$1{,}21^m$	orange	36 Lj

Radien und mittlere Dichten von Sternen

Stern	Radius in Sonnenradien	Mittlere Dichte in g/cm^3
Überriesen	20 bis 750	10^{-7}
Riesen	3 bis 40	10^{-5} bis 10^{-2}
Massereiche Hauptreihensterne	1 bis 8	10^{-2}
Massearme Hauptreihensterne	0,2 bis 1	1 bis 3
Weiße Zwerge	$\approx 0{,}01$	10^5

Formeln

Grundlegende Größen

Fluchtgeschwindigkeit v eines Sternsystems (Gesetz von Hubble)	$v = H \cdot r$	H Hubble-Konstante r Entfernung des Sternsystems
Zusammenhang zwischen scheinbarer Helligkeit, absoluter Helligkeit und Entfernung eines Sterns	$m - M = 5 \cdot \lg r - 5$	m scheinbare Helligkeit M absolute Helligkeit r Entfernung des Sterns in pc
Leuchtkraft L	$L = \dfrac{E}{t}$	E ausgestrahlte Energie t Zeit
Zusammenhang zwischen Parallaxe und Entfernung eines Sterns	$r = \dfrac{1}{p}$	r Entfernung des Sterns in pc p Parallaxe in Bogensekunden

Die Kepler'schen Gesetze

Erstes Kepler'sches Gesetz	Alle Planeten bewegen sich auf Ellipsenbahnen, in deren einem Brennpunkt die Sonne steht.	A vom Leitstrahl überstrichene Fläche t erforderliche Zeit
Zweites Kepler'sches Gesetz	$\dfrac{\Delta A}{\Delta t} = \text{konst.}; \quad \dfrac{\Delta A_1}{\Delta t_1} = \dfrac{\Delta A_2}{\Delta t_2}$	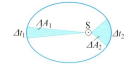
Drittes Kepler'sches Gesetz	$\dfrac{T_1^2}{T_2^2} = \dfrac{a_1^3}{a_2^3}$	T Umlaufzeit a große Halbachse der Planetenbahn e lineare Exzentrizität
Numerische Exzentrizität ε (für Ellipse)	$\varepsilon = \dfrac{e}{a}$	

Das Gravitationsgesetz

Gravitationsgesetz, Gravitationskraft F	$F = \gamma \cdot \dfrac{m_1 \cdot m_2}{r^2}$	γ Gravitationskonstante m_1, m_2 Massen der Körper r Abstand der beiden Massenmittelpunkte

Kosmische Geschwindigkeiten

1. kosmische Geschwindigkeit (Kreisbahn an der Erdoberfläche)	$v_K = \sqrt{\gamma \dfrac{m_E}{r_E}} = 7{,}9 \text{ km/s}$	γ Gravitationskonstante m_E Masse der Erde r_E Radius der Erde v_{P1} Parabelgeschwindigkeit für die Erde 11,2 km/s v_{P2} 12,4 km/s
2. kosmische Geschwindigkeit (Fluchtgeschwindigkeit aus dem Gravitationsfeld der Erde)	$v_P = \sqrt{2\gamma \dfrac{m_E}{r_E}} = 11{,}2 \text{ km/s}$	
3. kosmische Geschwindigkeit (Hyperbel, Fluchtgeschwindigkeit aus dem Gravitationsfeld der Sonne)	$v_H = \sqrt{v_{P1}^2 + v_{P2}^2} = 16{,}7 \text{ km/s}$	

Chemie

Übersichten zur Chemie

Chemische Elemente

Die Werte in eckigen Klammern geben die Atommassen der längstlebigen zurzeit bekannten Atomart des betreffenden Elements an.
Die Massenzahlen der Elemente sind nach der Häufigkeit der natürlich vorkommenden Isotope geordnet.

Element	Symbol	Ordnungszahl	Atommasse in u (gerundet)	Massenzahlen natürlicher Isotope	Oxidationszahlen (häufig auftretende)	Elektronegativitätswert
Actinium	Ac	89	227	227; 228	+3	1,1
Aluminium	Al	13	27	27	+3	1,5
Americium	Am	95	[243]		+3	1,3
Antimon	Sb	51	122	121; 123	+3; +5; −3	1,9
Argon	Ar	18	40	40; 36; 38	±0	
Arsen	As	33	75	75	+3; +5; −3	2,0
Astat	At	85	[210]	215; 216; 218	−1	2,2
Barium	Ba	56	137	138; 137; 136; 135; 134; 130; 132	+2	0,9
Berkelium	Bk	97	[247]		+3	1,3
Beryllium	Be	4	9	9	+2	1,5
Bismut	Bi	83	209	209	+3; −3	1,9
Blei	Pb	82	207	208; 206; 207; 204	+2; +4	1,8
Bor	B	5	11	11; 10	+3	2,0
Brom	Br	35	80	79; 81	+1; +5; −1	2,8
Cadmium	Cd	48	112,5	114; 112; 111; 110; 113; 116; 106; 108	+2	1,7
Caesium	Cs	55	113	133	+1	0,7
Calcium	Ca	20	40	40; 44; 42; 48; 43; 46	+2	1,0
Californium	Cf	98	[251]		+3	1,3
Cer	Ce	58	140	140; 142; 138; 136	+3	1,1
Chlor	Cl	17	35,5	35; 37	+1; +3; +5; +7; −1	3,0
Chrom	Cr	24	52	52; 53; 50; 54	+2; +3; +6	1,6
Cobalt	Co	27	59	59	+2; +3	1,8
Curium	Cm	96	[247]		+3	1,3
Dysprosium	Dy	66	162,5	164; 162; 163; 161; 160; 158; 156	+3	1,2
Einsteinium	Es	99	[252]			1,3
Eisen	Fe	26	56	56; 54; 57; 58	+2; +3; +6	1,8
Erbium	Er	68	167	166; 168; 167; 170; 164; 162	+3	1,2
Europium	Eu	63	152	153; 151	+3	1,2
Fermium	Fm	100	[257]			1,3
Fluor	F	9	19	19	−1	4,0
Francium	Fr	87	[223]	223	+1	0,7
Gadolinium	Gd	64	157	158; 160; 156; 157; 155; 154; 152	+3	1,1

Element	Symbol	Ordnungszahl	Atommasse in u (gerundet)	Massenzahlen natürlicher Isotope	Oxidationszahlen (häufig auftretende)	Elektronegativitätswert
Gallium	Ga	31	70	69; 71	+3	1,6
Germanium	Ge	32	72,5	74; 72; 70; 73; 76	+4	1,8
Gold	Au	79	197	197	+1; +3	2,4
Hafnium	Hf	72	178,5	180; 178; 177; 179; 176; 174	+4	1,3
Helium	He	2	4	4; 3	±0	
Holmium	Ho	67	165	165	+3	1,2
Indium	In	49	115	115; 113	+3	1,7
Iod	I	53	127	127	+1; +5; +7; −1	2,5
Iridium	Ir	77	192	193; 191	+3; +4	2,2
Kalium	K	19	39	39; 41; 40	+1	0,8
Kohlenstoff	C	6	12	12; 13	+2; +4; −2	2,5
Krypton	Kr	36	84	84; 86; 83; 82; 80; 78	±0	
Kupfer	Cu	29	63,5	63; 65	+1; +2	1,9
Lanthan	La	57	139	139; 138	+3	1,1
Lithium	Li	3	7	7; 6	+1	1,0
Lutetium	Lu	71	175	175; 176	+3	1,2
Magnesium	Mg	12	24	24; 26; 25	+2	1,2
Mangan	Mn	25	55	55	+2; +4; +6; +7	1,5
Molybdän	Mo	42	96	98; 96; 95; 92; 100; 97; 94	+6	1,8
Natrium	Na	11	23	23	+1	0,9
Neodym	Nd	60	144	142; 144; 146; 143; 145; 148; 150	+3	1,2
Neon	Ne	10	20	20; 22; 21	±0	
Neptunium	Np	93	[237]	237	+5	1,3
Nickel	Ni	28	59	58; 60; 62; 61; 64	+2	1,8
Niob	Nb	41	93	93	+5	1,6
Osmium	Os	76	190	192; 190; 189; 188; 187; 186; 184	+4; +8	2,2
Palladium	Pd	46	106	106; 108; 105; 110; 104; 102	+2; +4	2,2
Phosphor	P	15	31	31	+3; +5; −3	2,1
Platin	Pt	78	195	195; 194; 196; 198; 192; 190	+2; +4	2,2
Plutonium	Pu	94	[244]	239	+4	1,3
Polonium	Po	84	[209]	209; 210; 211; 212; 214; 215; 216; 218	+4; −2	2,0
Praseodym	Pr	59	141	141	+3	1,1
Promethium	Pm	61	[145]	147	+3	1,2
Protactinium	Pa	91	231	231; 234	+5	1,5
Quecksilber	Hg	80	200,5	202; 200; 199; 201; 198; 204; 196	+1; +2	1,9
Radium	Ra	88	226	223; 224; 226; 228	+2	0,9
Radon	Rn	86	[222]	218; 219; 220; 222	±0	
Rhenium	Re	75	186	187; 185	+7	1,9
Rhodium	Rh	45	103	103	+3; +4	2,2
Rubidium	Rb	37	85,5	85; 87	+1	0,8
Ruthenium	Ru	44	101	102; 104; 101; 99; 100; 96; 98	+4; +8	2,2
Samarium	Sm	62	150	152; 154; 147; 149; 148; 150; 144	+3	1,2

Element	Symbol	Ordnungszahl	Atommasse in u (gerundet)	Massenzahlen natürlicher Isotope	Oxidationszahlen (häufig auftretende)	Elektronegativitätswert
Sauerstoff	O	8	16	16; 18; 17	-2	3,5
Scandium	Sc	21	45	45	$+3$	1,3
Schwefel	S	16	32	32; 34; 33; 36	$+4; +6; -2$	2,5
Selen	Se	34	79	80; 78; 82; 76; 77; 74	$+4; +6; -2$	2,4
Silber	Ag	47	108	107; 109	$+1$	1,9
Silicium	Si	14	28	28; 29; 30	$+4; -4$	1,8
Stickstoff	N	7	14	14; 15	$+3; +5; -3$	3,0
Strontium	Sr	38	87,5	88; 86; 87; 84	$+2$	1,0
Tantal	Ta	73	181	181; 180	$+5$	1,5
Technetium	Tc	43	[98]		$+7$	1,9
Tellur	Te	52	127,5	130; 128; 126; 125; 124; 122; 123; 120	$+4; +6; -2$	2,1
Terbium	Tb	65	159	159	$+3$	1,2
Thallium	Tl	81	204	205; 203	$+3$	1,8
Thorium	Th	90	232	227; 228; 230; 231; 234	$+4$	1,3
Thulium	Tm	69	169	169	$+3$	1,2
Titan	Ti	22	48	48; 46; 47; 49; 50	$+4$	1,5
Uran	U	92	238	238; 234; 235	$+4; +5; +6$	1,7
Vanadium	V	23	51	51; 50	$+5$	1,6
Wasserstoff	H	1	1	1; 2	$+1; -1$	2,1
Wolfram	W	74	184	184; 186; 182; 183; 180	$+6$	1,7
Xenon	Xe	54	131	132; 129; 131; 134; 136; 130; 128; 124; 126	± 0	
Ytterbium	Yb	70	173	174; 172; 173; 171; 176; 170; 168	$+3$	1,1
Yttrium	Y	39	89	89	$+3$	1,3
Zink	Zn	30	65	64; 66; 68; 67; 70	$+2$	1,6
Zinn	Sn	50	119	120; 118; 116; 119; 117; 124; 122; 112; 114; 115	$+2; +4$	1,8
Zirconium	Zr	40	91	90; 94; 92; 91; 96	$+4$	1,4

Elektronenanordnung und Elektronenschreibweise einiger Elemente

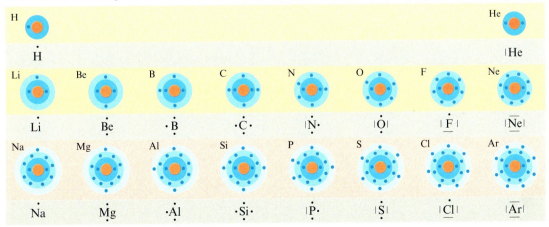

Atombau der Elemente mit den Ordnungszahlen 1 bis 54

Periode	Protonenanzahl ≙ Ordnungszahl	Element Name	Symbol	Elektronenanzahl der Elektronenschale						
				1.	2.	3.	4.	5.	6.	7.
1	1	Wasserstoff	H	1						
	2	Helium	He	2						
2	3	Lithium	Li	2	1					
	4	Beryllium	Be	2	2					
	5	Bor	B	2	3					
	6	Kohlenstoff	C	2	4					
	7	Stickstoff	N	2	5					
	8	Sauerstoff	O	2	6					
	9	Fluor	F	2	7					
	10	Neon	Ne	2	8					
3	11	Natrium	Na	2	8	1				
	12	Magnesium	Mg	2	8	2				
	13	Aluminium	Al	2	8	3				
	14	Silicium	Si	2	8	4				
	15	Phosphor	P	2	8	5				
	16	Schwefel	S	2	8	6				
	17	Chlor	Cl	2	8	7				
	18	Argon	Ar	2	8	8				
4	19	Kalium	K	2	8	8	1			
	20	Calcium	Ca	2	8	8	2			
	21	Scandium	Sc	2	8	8+1	2			
	22	Titan	Ti	2	8	8+2	2			
	23	Vanadium	V	2	8	8+3	2			
	24	Chrom	Cr	2	8	8+4	2*			
	25	Mangan	Mn	2	8	8+5	2			
	26	Eisen	Fe	2	8	8+6	2			
	27	Cobalt	Co	2	8	8+7	2			
	28	Nickel	Ni	2	8	8+8	2			
	29	Kupfer	Cu	2	8	8+9	2*			
	30	Zink	Zn	2	8	8+10	2			
	31	Gallium	Ga	2	8	18	3			
	32	Germanium	Ge	2	8	18	4			
	33	Arsen	As	2	8	18	5			
	34	Selen	Se	2	8	18	6			
	35	Brom	Br	2	8	18	7			
	36	Krypton	Kr	2	8	18	8			
5	37	Rubidium	Rb	2	8	18	8	1		
	38	Strontium	Sr	2	8	18	8	2		
	39	Yttrium	Y	2	8	18	8+1	2		
	40	Zirconium	Zr	2	8	18	8+2	2		
	41	Niob	Nb	2	8	18	8+3	2*		
	42	Molybdän	Mo	2	8	18	8+4	2*		
	43	Technetium	Tc	2	8	18	8+5	2		
	44	Ruthenium	Ru	2	8	18	8+6	2*		
	45	Rhodium	Rh	2	8	18	8+7	2*		
	46	Palladium	Pd	2	8	18	8+8	2*		
	47	Silber	Ag	2	8	18	8+9	2*		
	48	Cadmium	Cd	2	8	18	8+10	2		
	49	Indium	In	2	8	18	18	3		
	50	Zinn	Sn	2	8	18	18	4		
	51	Antimon	Sb	2	8	18	18	5		
	52	Tellur	Te	2	8	18	18	6		
	53	Iod	I	2	8	18	18	7		
	54	Xenon	Xe	2	8	18	18	8		

* Bei diesen Elementen bestehen Abweichungen in der Anordnung der Elektronen.

Atomradien einiger Elemente (in pm; 1 pm = 10^{-12} m)

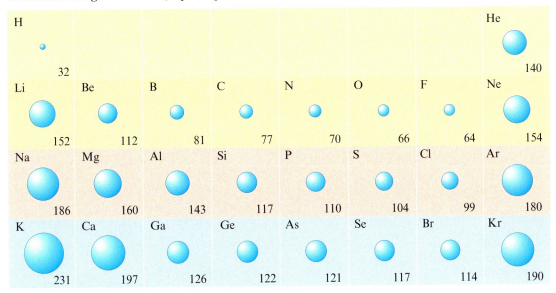

Ionenradien einiger Elemente (in pm; 1 pm = 10^{-12} m)

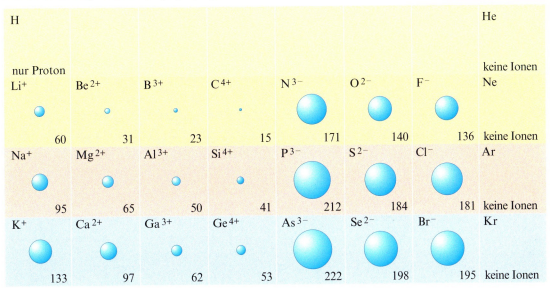

Elektrische Ladung der Ionen einiger Elemente (häufig auftretende)

Element	H	He	Li	Be	B	C	N	O	F	Ne	Na	Mg	Al	Si	P	S	Cl	Ar	K	Ca
Elektrische Ladung der Ionen 3+ 2+ 1+	■		■	■							■	■	■						■	■
Ordnungszahl	1	2	3	4	5	6	7	8	9	10	11	12	13	14	15	16	17	18	19	20
Elektrische Ladung der Ionen 1− 2− 3−							■	■	■						■	■	■			
Hauptgruppe	I	VIII	I	II	III	IV	V	VI	VII	VIII	I	II	III	IV	V	VI	VII	VIII	I	II
Periode	1.		2.								3.								4.	

Anorganische Stoffe (zers.: zersetzlich; subl.: sublimiert, [1] bei 101,3 kPa)

Name	Symbol/ Formel	Molare Masse M in g·mol^{-1} (gerundet)	Aggregat- zustand bei 25 °C	Dichte ϱ in g·cm^{-3} bei 25 °C (* bei 0 °C)	Schmelz- temperatur[1] ϑ_S in °C	Siede- temperatur[1] ϑ_V in °C
Aluminium	Al	27	s	2,70	660	2450
Aluminiumbromid	AlBr$_3$	267	s	3,01	97,5	257
Aluminiumchlorid	AlCl$_3$	133	s	2,44	192,5 (u. Druck)	subl. bei 180
Aluminiumhydroxid	Al(OH)$_3$	78	s	2,42	zers. ab 170	—
Aluminiumiodid	AlI$_3$	408	s	3,89	191	386
Aluminiumoxid	Al$_2$O$_3$	102	s	3,90	2045	2980
Aluminiumsulfat	Al$_2$(SO$_4$)$_3$	342	s	2,71	zers. ab 600	—
Aluminiumsulfat- 18-Wasser	Al$_2$(SO$_4$)$_3$ · 18 H$_2$O	666	s	1,69	zers. ab 86	—
Ammoniak	NH$_3$	17	g	0,77 g·l^{-1}*	−78	−33
Ammoniumcarbonat- 1-Wasser	(NH$_4$)$_2$CO$_3$ · H$_2$O	114	s		zers. ab 58	—
Ammoniumchlorid	NH$_4$Cl	53,5	s	1,54	—	subl. bei 340
Ammoniumnitrat	NH$_4$NO$_3$	80	s	1,73	169	zers. ab 200
Ammoniumsulfat	(NH$_4$)$_2$SO$_4$	132	s	1,77	zers. ab 357	—
Antimon	Sb	122	s	6,68	631	1380
Argon	Ar	40	g	1,78 g·l^{-1}*	−189	−186
Arsen (grau)	As	75	s	5,72	817 (u. Druck)	subl. bei 613
Arsentrioxid	As$_2$O$_3$	198	s	3,86	309	457
Barium	Ba	137	s	3,50	714	1640
Bariumcarbonat	BaCO$_3$	197	s	4,40	zers. ab 1350	—
Bariumchlorid	BaCl$_2$	208	s	3,9	963	1562
Bariumfluorid	BaF$_2$	175	s	4,9	1287	2260
Bariumhydroxid	Ba(OH)$_2$	171	s	4,5	408	—
Bariumsulfat	BaSO$_4$	233	s	4,48	1350	—
Bismut	Bi	209	s	9,8	271	1560
Blei	Pb	207	s	11,34	327	1740
Blei(II)-chlorid	PbCl$_2$	278	s	5,85	498	954
Blei(II)-iodid	PbI$_2$	461	s	6,2	402	872
Blei(II)-nitrat	Pb(NO$_3$)$_2$	331	s	4,53	zers. ab 470	—
Blei(II)-oxid	PbO	223	s	9,53	890	1470
Blei(II, IV)-oxid	Pb$_3$O$_4$	685	s	9,10	zers. ab 500	—
Blei(IV)-oxid	PbO$_2$	239	s	9,37	zers. ab 290	—
Blei(II)-sulfat	PbSO$_4$	303	s	6,2	1170	—
Blei(II)-sulfid	PbS	239	s	7,5	1114	—
Bor	B	11	s	2,3	2030	3900
Brom	Br$_2$	160	l	3,12	−7	58,7
Bromwasserstoff	HBr	81	g	3,64 g·l^{-1}*	−87	−67
Cadmium	Cd	112	s	8,64	321	767
Caesium	Cs	133	s	1,9	29	690
Calcium	Ca	40	s	1,55	838	1490
Calciumbromid	CaBr$_2$	200	s	3,35	730	810
Calciumcarbid	CaC$_2$	64	s	2,22	≈ 2300	—
Calciumcarbonat	CaCO$_3$	100	s	2,93	zers. ab 825	—
Calciumchlorid	CaCl$_2$	111	s	2,15	772	>1600

Aggregatzustand: s = fest; l = flüssig; g = gasförmig

Übersichten zur Chemie

Name	Symbol/ Formel	Molare Masse M in g·mol^{-1} (gerundet)	Aggregatzustand bei 25 °C	Dichte ϱ in g·cm^{-3} bei 25 °C (* bei 0 °C)	Schmelztemperatur[1] ϑ_S in °C	Siedetemperatur[1] ϑ_V in °C
Calciumhydroxid	Ca(OH)$_2$	74	s	2,23	zers. ab 580	–
Calciumnitrat	Ca(NO$_3$)$_2$	164	s	2,47	561	–
Calciumoxid	CaO	56	s	3,40	≈ 2570	2850
Calciumphosphat	Ca$_3$(PO$_4$)$_2$	310	s	3,14	1670	–
Calciumsulfat	CaSO$_4$	136	s	2,96	1450	–
Calciumsulfat-2-Wasser	CaSO$_4$·2 H$_2$O	172	s	2,32	zers. ab 100	–
Chlor	Cl$_2$	71	g	3,214 g·l^{-1}*	–101	–35
Chlorwasserstoff	HCl	36,5	g	1,639 g·l^{-1}*	–112	–85
Chrom	Cr	52	s	7,19	≈ 1900	2642
Chrom(II)-chlorid	CrCl$_2$	123	s	2,75	815	–
Chrom(III)-chlorid	CrCl$_3$	158	s	2,76	≈ 1150	subl. bei ≈ 1300
Chrom(III)-oxid	Cr$_2$O$_3$	152	s	5,21	2437	≈ 3000
Chrom(VI)-oxid	CrO$_3$	100	s	2,70	zers. bei 198	–
Chrom(III)-sulfat-18-Wasser	Cr$_2$(SO$_4$)$_3$·18 H$_2$O	716	s	1,86	zers. ab 100	–
Cobalt	Co	59	s	8,90	1490	≈ 2900
Cobalt(II)-chlorid	CoCl$_2$	130	s	3,36	727	1050
Cobalt(II)-oxid	CoO	75	s	5,68	1935	zers. ab 2800
Deuterium	D$_2$	4	g	0,170 g·l^{-1}*	–254,6	–249,7
Deuteriumoxid	D$_2$O	20	l	1,11	3,8	101,4
Eisen	Fe	56	s	7,86	1540	≈ 3000
Eisen(III)-chlorid	FeCl$_3$	162	s	2,80	306	zers. ab 315
Eisen(III)-hydroxid	Fe(OH)$_3$	107	s	3,4 … 3,9	zers. ab 500	–
Eisen(II)-nitrat	Fe(NO$_3$)$_2$	180	s	–	–	–
Eisen(II)-oxid	FeO	72	s	5,70	1360	–
Eisen(III)-oxid	Fe$_2$O$_3$	160	s	5,24	zers. ab 1560	–
Eisen(II,III)-oxid	Fe$_3$O$_4$	231,5	s	5,18	zers. ab 1538	–
Eisen(II)-sulfat	FeSO$_4$	152	s	2,84	zers.	–
Eisen(III)-sulfat	Fe$_2$(SO$_4$)$_3$	400	s	3,10	zers. bei 480	–
Eisen(II)-sulfid	FeS	88	s	4,84	1195	zers.
Fluor	F$_2$	38	g	1,69 g·l^{-1}*	–220	–188
Fluorwasserstoff	HF	20	g	0,99 (l)	–83	19
Gold	Au	197	s	19,3	1063	2970
Helium	He	4	g	0,179 g·l^{-1}*	–270	–269
Iod	I$_2$	254	s	4,94	114	182,8
Iodwasserstoff	HI	128	g	5,79 g·l^{-1}*	–51	–35
Kalium	K	39	s	0,86	64	760
Kaliumbromid	KBr	119	s	2,75	734	1382
Kaliumcarbonat	K$_2$CO$_3$	138	s	2,43	897	zers.
Kaliumchlorat	KClO$_3$	122,5	s	2,32	368	zers. ab 400
Kaliumchlorid	KCl	74,5	s	1,98	770	1405
Kaliumchromat	K$_2$CrO$_4$	194	s	2,73	975	zers.
Kaliumcyanid	KCN	65	s	1,52	623	–
Kaliumdichromat	K$_2$Cr$_2$O$_7$	294	s	2,69	395	zers. ab 500
Kaliumfluorid	KF	58	s	2,48	857	1502
Kaliumhydroxid	KOH	56	s	2,04	360	1327
Kaliumiodid	KI	166	s	3,13	682	1324
Kaliumnitrat	KNO$_3$	101	s	2,11	339	zers. ab 400
Kaliumnitrit	KNO$_2$	85	s	1,91	zers. ab 350	–
Kaliumpermanganat	KMnO$_4$	158	s	2,70	zers. ab 240	–
Kaliumphospat	K$_3$PO$_4$	212	s	2,56	1340	–
Kaliumsulfat	K$_2$SO$_4$	174	s	2,66	1074	1688

Name	Symbol/ Formel	Molare Masse M in g·mol^{-1} (gerundet)	Aggregat-zustand bei 25 °C	Dichte ϱ in g·cm^{-3} bei 25 °C (* bei 0 °C)	Schmelz-temperatur[1] ϑ_S in °C	Siede-temperatur[1] ϑ_V in °C
Kohlenstoff (Diamant)	C	12	s	3,51	ab 3550	4830
Kohlenstoff (Graphit)	C	12	s	2,26	3730	4830
Kohlenstoffdioxid	CO$_2$	44	g	1,977 g·l^{-1}*	−57 (u. Druck)	subl. bei −79
Kohlenstoffdisulfid	CS$_2$	76	l	1,26	−112	46
Kohlenstoffmonooxid	CO	28	g	1,250 g·l^{-1}*	−205	−192
Krypton	Kr	84	g	3,71 g·l^{-1}*	−157	−152
Kupfer	Cu	63,5	s	8,96	1083	2600
Kupfer(I)-chlorid	CuCl	99	s	3,53	432	1490
Kupfer(II)-chlorid	CuCl$_2$	134,5	s	3,05	498	zers. ab 990
Kupfer(I)-iodid	CuI	190,5	s	5,65	602	1336
Kupfer(II)-nitrat	Cu(NO$_3$)$_2$	187,5	s	−	−	−
Kupfer(I)-oxid	Cu$_2$O	143	s	6,0	1232	zers. ab 1800
Kupfer(II)-oxid	CuO	79,5	s	6,45	zers. ab 1026	−
Kupfer(II)-sulfat	CuSO$_4$	159,5	s	3,61	200	zers. ab 650
Kupfer(II)-sulfat-5-Wasser	CuSO$_2$·5 H$_2$O	249,5	s	2,3	zers. ab 250	−
Kupfer(I)-sulfid	Cu$_2$S	159	s	5,8	1130	−
Kupfer(II)-sulfid	CuS	95,5	s	4,6	zers. ab 200	−
Lithium	Li	7	s	0,534	180	1372
Lithiumhydrid	LiH	8	s	0,82	680	−
Magnesium	Mg	24	s	1,74	650	1110
Magnesiumbromid	MgBr$_2$	184	s	3,72	711	1230
Magnesiumcarbonat	MgCO$_3$	84	s	3,04	zers. ab 350	−
Magnesiumchlorid	MgCl$_2$	95	s	2,32	712	1420
Magnesiumhydroxid	Mg(OH)$_2$	58	s	2,4	zers. ab 350	−
Magnesiumnitrat	Mg(NO$_3$)$_2$	148	s	−	−	−
Magnesiumoxid	MgO	40	s	3,65	2800	3600
Magnesiumphosphat	Mg$_3$(PO$_4$)$_2$	263	s	2,1	1184	−
Magnesiumsulfat	MgSO$_4$	120	s	2,66	1127	−
Mangan	Mn	55	s	7,43	1244	≈ 2100
Mangan(II)-chlorid	MnCl$_2$	126	s	2,98	650	1190
Mangan(IV)-oxid	MnO$_2$	87	s	5,03	535	zers.
Mangan(II)-sulfat	MnSO$_4$	151	s	3,18	700	zers. bei 850
Natrium	Na	23	s	0,97	98	892
Natriumbromid	NaBr	103	s	3,21	747	1390
Natriumcarbonat	Na$_2$CO$_3$	106	s	2,53	852	zers. ab 1600
Natriumcarbonat-10-Wasser	Na$_2$CO$_3$·10 H$_2$O	286	s	1,46	33	−
Natriumchlorid	NaCl	58,5	s	2,16	800	1465
Natriumfluorid	NaF	42	s	2,79	992	1704
Natriumhydrogen-carbonat	NaHCO$_3$	84	s	2,159	270	zers. ab 65
Natriumhydrogen-phosphat-7-Wasser	NaHPO$_4$·7 H$_2$O	286	s	1,678	48	−
Natriumhydroxid	NaOH	40	s	2,13	322	1390
Natriumiodid	NaI	150	s	3,67	662	1305
Natriumnitrat	NaNO$_3$	85	s	2,25	310	zers. ab 380
Natriumnitrit	NaNO$_2$	69	s	2,17	271	zers. bei 320
Natriumphosphat	Na$_3$PO$_4$	164	s	2,5	1340	−
Natriumphosphat-12-Wasser	Na$_3$PO$_4$·12 H$_2$O	380	s	1,62	zers. ab 73,4	−
Natriumsulfat	Na$_2$SO$_4$	142	s	2,69	884	−
Natriumthiosulfat-5-Wasser	Na$_2$S$_2$O$_5$·5 H$_2$O	216	s	1,5	zers.	−
Neon	Ne	20	g	0,899 g·l^{-1}*	−249	−246
Nickel	Ni	59	s	8,90	1450	2730

Übersichten zur Chemie

Name	Symbol/ Formel	Molare Masse M in g·mol⁻¹ (gerundet)	Aggregatzustand bei 25 °C	Dichte ϱ in g·cm⁻³ bei 25 °C (* bei 0 °C)	Schmelztemperatur[1] ϑ_S in °C	Siedetemperatur[1] ϑ_V in °C
Osmium	Os	190	s	22,59	2 500	> 3 300
Ozon	O_3	48	g	2,14 g·l⁻¹*	−193	−111
Perchlorsäure	$HClO_4$	100,5	l	1,76	−112	zers.
Phosphor (weiß)	P	31	s	1,82	44	280
Phosphor(V)-oxid	P_2O_5	142	s	2,40	566	subl. bei 358
Phosphorsäure	H_3PO_4	98	s	1,88	42	zers. ab 213
Platin	Pt	195	s	21,45	1770	3825
Quecksilber	Hg	200,5	l	13,53	−39	357
Quecksilber(I)-chlorid	Hg_2Cl_2	472	s	7,15	302	384
Quecksilber(II)-chlorid	$HgCl_2$	271,5	s	5,42	277	304
Quecksilber(II)-oxid	HgO	216,5	s	11,14	zers. ab 500	−
Salpetersäure	HNO_3	63	l	1,51	−47	86
Sauerstoff	O_2	32	g	1,429 g·l⁻¹*	−219	−183
Schwefel (amorph)	S	32	s	1,92	120	444,6
Schwefel (monoklin)	S	32	s	1,96	119	444,6
Schwefel (rhombisch)	S	32	s	2,07	113	444,6
Schwefeldioxid	SO_2	64	g	2,926 g·l⁻¹*	−76	−10
Schwefelsäure	H_2SO_4	98	l	1,83	11	zers. ab 338
Schwefeltrioxid (α)	SO_3	80	l	1,99	17	45
Schwefelwasserstoff	H_2S	34	g	1,539 g·l⁻¹*	−86	−60
Selen (grau)	Se	79	s	4,79	217	685
Silber	Ag	108	s	10,50	961	2212
Silberbromid	AgBr	188	s	6,47	430	zers. ab 700
Silberchlorid	AgCl	143	s	5,56	455	1554
Silberiodid	AgI	235	s	5,71	557	1506
Silbernitrat	$AgNO_3$	170	s	4,35	209	zers. ab 444
Silicium	Si	28	s	2,33	1410	2680
Siliciumdioxid	SiO_2	60	s	2,65	1710	2590
Stickstoff	N_2	28	g	1,251 g·l⁻¹*	−210	−195,8
Stickstoffdioxid	NO_2	46	g	1,49	−11	21
Stickstoffmonooxid	NO	30	g	1,340 g·l⁻¹*	−164	−152
Stickstoffpentaoxid	N_2O_5	108	g	1,64	30	47
Stickstofftrioxid	N_2O_3	76	g	1,45	−102	zers. bei 3,5
Strontium	Sr	88	s	2,58	757	1364
Wasser	H_2O	18	l	1,0	0	100
Wasserstoff	H_2	2	g	0,0899 g·l⁻¹*	−259,3	−252,8
Wasserstoffperoxid	H_2O_2	34	l	1,46	−2	152
Xenon	Xe	131	g	5,89 g·l⁻¹*	−112	−108,0
Zink	Zn	65	s	7,14	419	906
Zinkbromid	$ZnBr_2$	225	s	4,22	394	650
Zinkchlorid	$ZnCl_2$	136	s	2,90	318	732
Zinknitrat-6-Wasser	$Zn(NO_3)_2 \cdot 6 H_2O$	297,5	s	2,07	36,4	zers. ab 105
Zinkoxid	ZnO	81,5	s	5,47	1975 (u. Druck)	subl. bei 1800
Zinn (weiß)	Sn	119	s	7,28	232	2350
Zinn(IV)-oxid	SnO_2	151	s	6,95	1900	subl. > 1800

Organische Stoffe (zers.: zersetzlich; subl.: sublimiert; [1] bei 101,3 kPa)

Name	Formel	Molare Masse M in g·mol^{-1} (gerundet)	Aggregat-zustand bei 25 °C	Dichte ϱ in g·cm^{-3} bei 25 °C (* bei 0 °C)	Schmelz-temperatur[1] ϑ_S in °C	Siede-temperatur[1] ϑ_V in °C
Acrylnitril	CH$_2$=CH–CN	53	l	0,81	−82	78
Aminobenzol (Anilin)	⬡–NH$_2$	93	l	1,02	−6,2	184,4
2-Amino-ethansäure (Glycin)	CH$_2$(NH$_2$)–COOH	75	s	1,16	zers. ab 232	—
2-Amino-propansäure (Alanin)	CH$_3$–CH(NH$_2$)–COOH	89	s	—	zers. ab 297	—
Anthracen	⬡⬡⬡	178	s	1,242	216	340
Benzaldehyd	⬡–CHO	106	l	1,05	−26	178
Benzoesäure	⬡–COOH	122	s	1,27 (15 °C)	121,7	249
Benzol (Benzen)	⬡	78	l	0,88	5,49	80,1
Benzolsulfonsäure	⬡–SO$_3$H	158	s	—	≈ 60	—
Brenztraubensäure (2-Ketopropansäure)	CH$_3$–C–COOH ‖ O	88	l	1,26	11	165
Biphenyl	⬡–⬡	154	s	0,9896 (77 °C)	69	255
Brombenzol	⬡–Br	157	l	1,495	−30,6	155,6
Bromethan	CH$_3$–CH$_2$–Br	109	l	1,46	−119	38,4
Brommethan	CH$_3$–Br	95	g	1,73 (0 °C)	−93,3	4,6
1,3-Butadien	CH$_2$=CH–CH=CH$_2$	54	g	0,65 (−6 °C)	−113	−4,75
Butan	CH$_3$–(CH$_2$)$_2$–CH$_3$	58	g	2,703 g·l^{-1}*	−135	−0,5
1-Butanol	CH$_3$–(CH$_2$)$_3$–OH	74	l	0,81	−89	117
2-Butanol	CH$_3$–CH–CH$_2$–CH$_3$ | OH	74	l	0,81	−114	99
Butansäure (Buttersäure)	C$_3$H$_7$–COOH	88	l	0,96	−4,7	164
Butansäureethylester	C$_3$H$_7$–COO–C$_2$H$_5$	116	l	0,879 (20 °C)	−93,3	120
Chlorbenzol	⬡–Cl	113	l	1,10	−45	132
Chlorethan	CH$_3$–CH$_2$–Cl	64,5	g	0,92 (6 °C)	−136,4	12,3
Chlorethen (Vinylchlorid)	CH$_2$=CH–Cl	62,5	g	0,97 (−13 °C)	−159,7	−13,5
Chlormethan	CH$_3$Cl	50,5	g	2,31 g·l^{-1}*	−97	−23,7
Citronensäure	CH$_2$–COOH | HO–C–COOH | CH$_2$–COOH	192	s	1,54	153	zers.
Cyclohexan	C$_6$H$_{12}$	84	l	0,779	6,6	80,8
Cyclohexen	C$_6$H$_{10}$	82	l	0,81	−104	83
1,2-Dibromethan	Br–CH$_2$–CH$_2$–Br	188	l	2,18	10	131,6
1,2-Dichlorbenzol	⬡(Cl)(Cl)	147	l	1,31	−17,5	179,2
1,3-Dichlorbenzol	⬡(Cl)(Cl)	147	l	1,29	−24,4	172
1,4-Dichlorbenzol	⬡(Cl)(Cl)	147	s	1,26 (55 °C)	54	173,7
Dichlordifluormethan (Freon 12)	CCl$_2$F$_2$	121	g	1,468 (−30 °C)	−158	−30

Aggregatzustand: s = fest; l = flüssig; g = gasförmig

Übersichten zur Chemie

Name	Formel	Molare Masse M in g·mol^{-1} (gerundet)	Aggregatzustand bei 25°C	Dichte ϱ in g·cm^{-3} bei 25°C (* bei 0°C)	Schmelztemperatur[1] ϑ_S in °C	Siedetemperatur[1] ϑ_V in °C
1,2-Dichlorethan	Cl–CH$_2$–CH$_2$–Cl	99	l	1,26	–35,5	83,7
Dichlormethan	Cl–CH$_2$–Cl	85	l	1,34	–96,7	40,7
Diethylether	C$_2$H$_5$–O–C$_2$H$_5$	74	l	0,714	–116,3	34,5
1,2-Dihydroxybenzol (Brenzcatechin)	C$_6$H$_4$(OH)$_2$	110	s	1,344	103	246
1,3-Dihydroxybenzol (Resorcin)	C$_6$H$_4$(OH)$_2$	110	s	1,271 (15°C)	110	280
1,4-Dihydroxybenzol (p-Hydrochinon)	C$_6$H$_4$(OH)$_2$	110	s	1,358	170	286
1,2-Dimethylbenzol (o-Xylol)	C$_6$H$_4$(CH$_3$)$_2$	106	l	0,875	–25	144
1,3-Dimethylbenzol (m-Xylol)	C$_6$H$_4$(CH$_3$)$_2$	106	l	0,864	–48	139
1,4-Dimethylbenzol (p-Xylol)	C$_6$H$_4$(CH$_3$)$_2$	106	l	0,861	13	138
Ethan	CH$_3$–CH$_3$	30	g	1,356 g·l^{-1}*	–183,2	–88,5
Ethanal (Acetaldehyd)	CH$_3$CHO	44	g	0,788 (13°C)	–123	20,2
Ethanol	C$_2$H$_5$OH	46	l	0,79	–114,2	78,4
Ethansäure (Essigsäure)	CH$_3$COOH	60	l	1,05	16,6	118,1
Ethansäureethylester	CH$_3$–COO–C$_2$H$_5$	88	l	0,899	–83,6	77,1
Ethansäuremethylester	CH$_3$–COO–CH$_3$	74	l	0,92	–98	56,9
Ethen (Ethylen)	CH$_2$=CH$_2$	28	g	1,260 g·l^{-1}*	–169,5	–103,9
Ethin (Acetylen)	CH≡CH	26	g	1,17 g·l^{-1}*	–81,8	–83,8
Ethylbenzol	C$_6$H$_5$–CH$_2$–CH$_3$	106	l	0,87	–93,9	136,2
Ethylenglykol (Glykol)	HO–CH$_2$–CH$_2$–OH	62	l	1,113	–12,9	197,8
Furan	C$_4$H$_4$O	68	l	0,94	–86	32
Glucose (Traubenzucker)	C$_6$H$_{12}$O$_6$	180	s	1,54	146	zers. ab 200
Glycerin (Gycerol)	CH$_2$–CH–CH$_2$ | | | OH OH OH	92	l	1,26	18	zers. bei 290
Harnstoff	CO(NH$_2$)$_2$	60	s	1,34	132,7	zers.
Heptan	CH$_3$–(CH$_2$)$_5$–CH$_3$	100	l	0,68	–90	98
l-Hepten	CH$_2$=CH–(CH$_2$)$_4$–CH$_3$	98	l	0,70	–119	94
Hexachlorcyclohexan (Lindan)	C$_6$H$_6$Cl$_6$	291	s	1,85	113	323
Hexadecansäure (Palmitinsäure)	CH$_3$–(CH$_2$)$_{14}$–COOH	256	s	0,85 (62°C)	62,6	219 (2,7 kPa)
Hexan	CH$_3$–(CH$_2$)$_4$–CH$_3$	86	l	0,659	–94,3	68,7
l-Hexen	C$_6$H$_{12}$	84	l	0,6732	–139,8	63,5
l-Hexin	C$_6$H$_{10}$	82	l	0,719 (15°C)	–124	71,5
2-Hydroxybenzoesäure (Salicylsäure)	C$_6$H$_4$(COOH)(OH)	138	s	1,44	159	sub. zers. 200°C
Isopropylbenzol (Cumol)	C$_6$H$_5$–CH(CH$_3$)$_2$	120	l	0,86	–97	153

Name	Formel	Molare Masse M in g·mol^{-1} (gerundet)	Aggregatzustand bei 25°C	Dichte ϱ in g·cm^{-3} bei 25°C (* bei 0°C)	Schmelztemperatur[1] ϑ_S in °C	Siedetemperatur[1] ϑ_V in °C
Methan	CH$_4$	16	g	0,717 g·l^{-1}*	−182,5	−161,4
Methanal (Formaldehyd)	HCHO	30	g	0,82 (−20°C)	−92	−21
Methanol	CH$_3$OH	32	l	0,79	−97,7	64,7
Methansäure (Ameisensäure)	HCOOH	46	l	1,22	8,4	100,5
Methylbenzol (Toluol)	⌬–CH$_3$	92	l	0,87 (15°C)	−95,3	110,8
2-Methylpropan (Isobutan)	(CH$_3$)$_2$–CH–CH$_3$	58	g	2,67 g·l^{-1}*	−145	−11,7
2-Methyl-2-propanol	(CH$_3$)$_3$C–OH	74	l	0,78	24	82
Milchsäure (2-Hydroxypropansäure)	CH$_3$–CH–COOH | OH	90	l	1,21	18	119 zers.
Naphthalin	⌬⌬	128	s	1,168 (22°C)	80,4	217,9
Nitrobenzol	⌬–NO$_2$	123	l	1,20	5,7	210,9
Octadecansäure (Stearinsäure)	CH$_3$–(CH$_2$)$_{16}$–COOH	284,5	s	0,84 (80°C)	69,4	291 (u. Druck)
Octadecen-(9)-säure (Ölsäure)	C$_{17}$H$_{33}$COOH	282,5	l	0,89 (25°C)	14	205
Octan	CH$_3$–(CH$_2$)$_6$–CH$_3$	114	l	0,7024	−56,5	125,8
Oxalsäure (Ethandisäure)	HOOC–COOH	90	s	1,901 (25°C)	189,5	subl.
Pentan	CH$_3$–(CH$_2$)$_3$–CH$_3$	72	l	0,6337 (15°C)	−129,7	36,2
Phenol	⌬–OH	94	s	1,05 (45°C)	41	181,4
Phthalsäure	⌬(COOH)(COOH)	166	s	1,59	210	zers. ab 231
Propan	CH$_3$–CH$_2$–CH$_3$	44	g	2,01 g·l^{-1}*	−187,1	−42,1
1-Propanol	CH$_3$–(CH$_2$)$_2$–OH	60	l	0,8035	−126	97,2
2-Propanol	CH$_3$–CH–CH$_3$ | OH	60	l	0,7854	−89,5	82
Propanon (Aceton)	CH$_3$–CO–CH$_3$	58	l	0,79	−95	56,1
Propen (Propylen)	CH$_3$–CH=CH$_2$	42	g	1,937 g·l^{-1}*	−185,2	−47,7
Propin	CH$_3$–C≡CH	40	g	1,787 g·l^{-1}*	−102	−23,3
Terephthalsäure	HOOC–⌬–COOH	166	s	1,51	subl.	subl. bei ≈ 300
Tetrachlormethan (Tetrachlorkohlenstoff)	CCl$_4$	154	l	1,60	−22,9	76,7
Thiophen	⌬S	84	l	1,06	−38	84
Trichlormethan (Chloroform)	CHCl$_3$	119,5	l	1,50 (15°C)	−63,5	61,2
Triiodmethan (Iodoform)	CHI$_3$	394	s	4,008 (17°C)	119	subl.
1,3,5-Trimethylbenzol	H$_3$C–⌬(CH$_3$)–CH$_3$	120	l	0,86	−44	164
2,2,4-Trimethylpentan (Isooctan)	(CH$_3$)$_3$C–CH$_2$–CH(CH$_3$)$_2$	114	l	0,69	−107	99
Vinylbenzol (Styrol, Styren)	⌬–CH=CH$_2$	104	l	0,91	−31	145

Löslichkeit einiger Salze in Wasser

Angabe in den weißen Feldern:
100 g Wasser lösen a g Salz bis zur Sättigung bei 101,3 kPa und 20 °C.

Ionen	Cl^-	Br^-	I^-	NO_3^-	S^{2-}	SO_4^{2-}	CO_3^{2-}	PO_4^{3-}
Na^+	36	91	179	88	19	19	22	12
K^+	34	66	144	32	–	11	112	23
NH_4^+	37	74	172	188	–	75	100	20
Mg^{2+}	54	102	148	71	–	36	$2 \cdot 10^{-1}$	–
Ca^{2+}	75	142	204	127	–	$2 \cdot 10^{-1}$	$2 \cdot 10^{-3}$	$2 \cdot 10^{-2}$
Ba^{2+}	36	104	170	9	–	$3 \cdot 10^{-4}$	$2 \cdot 10^{-3}$	–
Cu^{2+}	77	122	–	122	$3 \cdot 10^{-3}$	21	–	–
Ag^+	$2 \cdot 10^{-4}$	$1 \cdot 10^{-5}$	$3 \cdot 10^{-7}$	218	$1 \cdot 10^{-5}$	$8 \cdot 10^{-1}$	$3 \cdot 10^{-3}$	–
Zn^{2+}	367	447	432	118	–	54	$2 \cdot 10^{-2}$	–
Pb^{2+}	1	$9 \cdot 10^{-1}$	$7 \cdot 10^{-2}$	52	$9 \cdot 10^{-5}$	$4 \cdot 10^{-3}$	$1 \cdot 10^{-4}$	$1 \cdot 10^{-7}$
Fe^{2+}	62	–	–	–	$6 \cdot 10^{-4}$	27	–	–
Al^{3+}	46	–	–	75	–	36	–	–

Löslichkeit einiger Gase in Wasser

Löslichkeit wird in g Gas je kg Wasser bei 101,3 kPa angegeben.

Gas Name	Chemisches Zeichen	Temperatur in °C					
		0	20	25	40	60	80
Helium	He	0,0017	0,0015	0,0015	0,0014	0,0013	
Argon	Ar	0,099	0,059	0,053	0,042	0,030	
Wasserstoff	H_2	0,0019	0,0016	0,0015	0,0014	0,0012	0,0008
Stickstoff	N_2	0,0294	0,0190	0,0175	0,0139	0,0105	0,0066
Sauerstoff	O_2	0,0694	0,0434	0,0393	0,0308	0,0227	0,0138
Chlor	Cl_2	5,0	7,25	6,41	4,59	3,30	2,23
Ammoniak	NH_3	897	529	480	316	168	65
Schwefelwasserstoff	H_2S	7,07	3,85	3,38	2,36	1,48	0,77
Schwefeldioxid	SO_2	228	113	94,1	54,1		
Kohlenstoffmonooxid	CO	0,0440	0,0284	0,0260	0,0208	0,0152	0,0098
Kohlenstoffdioxid	CO_2	3,35	1,69	1,45	0,973	0,576	
Methan	CH_4	0,0396	0,0232	0,0209	0,0159	0,0114	0,0070
Ethan	C_2H_6	0,132	0,062	0,0535	0,0366	0,0239	0,0134
Ethen	C_2H_4	0,281	0,149	0,131			

Elektrochemische Spannungsreihe der Metalle

Die Standardpotenziale sind bei 25 °C und 101,3 kPa gemessen.

Reduktionsmittel	⇌ Oxidationsmittel	$+z \cdot e^-$	Redoxpaar	Standardpotenzial $E^\ominus$ in V
Li (s)	⇌ Li$^+$(aq)	$+e^-$	Li/Li$^+$	−3,04
K (s)	⇌ K$^+$(aq)	$+e^-$	K/K$^+$	−2,92
Ba (s)	⇌ Ba^{2+}(aq)	$+2e^-$	Ba/Ba^{2+}	−2,90
Ca (s)	⇌ Ca^{2+}(aq)	$+2e^-$	Ca/Ca^{2+}	−2,87
Na (s)	⇌ Na$^+$(aq)	$+e^-$	Na/Na$^+$	−2,71
Mg (s)	⇌ Mg^{2+}(aq)	$+2e^-$	Mg/Mg^{2+}	−2,36
Be (s)	⇌ Be^{2+}(aq)	$+2e^-$	Be/Be^{2+}	−1,85
Al (s)	⇌ Al^{3+}(aq)	$+3e^-$	Al/Al^{3+}	−1,66
Ti (s)	⇌ Ti^{3+}(aq)	$+3e^-$	Ti/Ti^{3+}	−1,21
Mn (s)	⇌ Mn^{2+}(aq)	$+2e^-$	Mn/Mn^{2+}	−1,18
V (s)	⇌ V^{2+}(aq)	$+2e^-$	V/V^{2+}	−1,17
Zn (s)	⇌ Zn^{2+}(aq)	$+2e^-$	Zn/Zn^{2+}	−0,76
Cr (s)	⇌ Cr^{3+}(aq)	$+3e^-$	Cr/Cr^{3+}	−0,74
Fe (s)	⇌ Fe^{2+}(aq)	$+2e^-$	Fe/Fe^{2+}	−0,41
Cd (s)	⇌ Cd^{2+}(aq)	$+2e^-$	Cd/Cd^{2+}	−0,40
Co (s)	⇌ Co^{2+}(aq)	$+2e^-$	Co/Co^{2+}	−0,28
Ni (s)	⇌ Ni^{2+}(aq)	$+2e^-$	Ni/Ni^{2+}	−0,23
Sn (s)	⇌ Sn^{2+}(aq)	$+2e^-$	Sn/Sn^{2+}	−0,14
Pb (s)	⇌ Pb^{2+}(aq)	$+2e^-$	Pb/Pb^{2+}	−0,13
Fe (s)	⇌ Fe^{3+}(aq)	$+3e^-$	Fe/Fe^{3+}	−0,02
H_2(g) + 2 H_2O(l)	⇌ 2 H_3O^+(aq)	$+2e^-$	H_2/2 H_3O^+	0,00 (pH = 0)
Cu (s)	⇌ Cu^{2+}(aq)	$+2e^-$	Cu/Cu^{2+}	+0,35
Cu (s)	⇌ Cu$^+$(aq)	$+e^-$	Cu/Cu$^+$	+0,52
2 Hg (l)	⇌ Hg$_2^{2+}$(aq)	$+2e^-$	Hg/Hg$_2^{2+}$	+0,79
Ag (s)	⇌ Ag$^+$(aq)	$+e^-$	Ag/Ag$^+$	+0,80
Hg (l)	⇌ Hg^{2+}(aq)	$+2e^-$	Hg/Hg^{2+}	+0,85
Pt (s)	⇌ Pt^{2+}(aq)	$+2e^-$	Pt/Pt^{2+}	+1,20
Au (s)	⇌ Au^{3+}(aq)	$+3e^-$	Au/Au^{3+}	+1,50
Au (s)	⇌ Au$^+$(aq)	$+e^-$	Au/Au$^+$	+1,70

zunehmend edler Charakter der Metalle

zunehmendes Reduktionsvermögen der Metalle

s = fest; l = flüssig; g = gasförmig; aq = in wässriger Lösung

Übersichten zur Chemie

Chemische Zeichen und Namen von Ionen

Chemisches Zeichen	Name	Chemisches Zeichen	Name	Chemisches Zeichen	Name
NH_4^+	Ammonium-Ion	SO_4^{2-}	Sulfat-Ion	PO_4^{3-}	Phospat-Ion
F^-	Fluorid-Ion	HSO_4^-	Hydrogensulfat-Ion	HPO_4^{2-}	Hydrogen-phosphat-Ion
Cl^-	Chlorid-Ion	SO_3^{2-}	Sulfit-Ion	$H_2PO_4^-$	Dihydrogen-phosphat-Ion
Br^-	Bromid-Ion	HSO_3^-	Hydrogensulfit-Ion		
I^-	Iodid-Ion	NO_3^-	Nitrat-Ion		
O^{2-}	Oxid-Ion	NO_2^-	Nitrit-Ion	ClO_2^-	Chlorit-Ion
OH^-	Hydroxid-Ion	CO_3^{2-}	Carbonat-Ion	ClO_3^-	Chlorat-Ion
H^-	Hydrid-Ion	HCO_3^-	Hydrogen-carbonat-Ion	ClO_4^-	Perchlorat-Ion
H^+	Wasserstoff-Ion (Proton)			S^{2-}	Sulfid-Ion
		CN^-	Cyanid-Ion	HS^-	Hydrogensulfid-Ion
H_3O^+	Hydronium-Ion	CrO_4^{2-}	Chromat-Ion	$HCOO^-$	Formiat-Ion
				CH_3COO^-	Acetat-Ion

Griechische Zahlwörter in der chemischen Nomenklatur

Ziffer	Zahlwort	Ziffer	Zahlwort	Ziffer	Zahlwort
1/2	hemi	7	hepta	14	tetradeca
1	mono	8	octa	15	pentadeca
2	di, bis	9	nona	16	hexadeca
3	tri	10	deca	17	heptadeca
4	tetra	11	undeca	18	octadeca
5	penta	12	dodeca	19	enneadeca
6	hexa	13	trideca	20	eicosa

Namen und allgemeine Formeln von organischen Verbindungen

Kohlenwasserstoffe			Verbindungen mit funktionellen Gruppen im Molekül R, R': Kohlenwasserstoffreste	
Name	Allgemeine Formel	Strukturmerkmal	Name	Allgemeine Formel
Alkane	C_nH_{2n+2}	$-\overset{|}{\underset{|}{C}}-\overset{|}{\underset{|}{C}}-$	Alkohole	$R-OH$
Alkene	C_nH_{2n}	$C=C$	Aldehyde	$R-\overset{O}{\underset{H}{C}}$
Alkine	C_nH_{2n-2}	$-C\equiv C-$	Ether	$R-O-R'$
			Ketone	$R-\underset{O}{C}-R'$
Diene	C_nH_{2n-2}	$C=C-C=C$	Carbonsäuren	$R-\overset{O}{\underset{OH}{C}}$
Cycloalkane	C_nH_{2n}	$\begin{array}{c}C\\C\quad C\\|\quad|\\C-C\end{array}$	Ester	$R-\overset{O}{\underset{O-R'}{C}}$
			Amine	$R-NH_2$
			Nitrile	$R-C\equiv N$
			Sulfonsäuren	$R-SO_3H$

Einteilung des Wassers nach Härtebereichen

Wasserhärte in °d	0…7	7…14	14…21	> 21
Härtebereich	1 = weich	2 = mittel	3 = hart	4 = sehr hart
Bedeutung	1°d $\triangleq \beta(CaO) = 10\,mg \cdot l^{-1}$		1°d $\triangleq c(Ca^{2+}) = 0{,}178\,mmol \cdot l^{-1}$	

Massenanteil und Dichte von sauren und alkalischen Lösungen

Lösung	Verdünnte Lösung * gesättigte Lösung bei 20°C			Konzentrierte Lösung		
	Massenanteil in %	Dichte bei 20°C in $g \cdot cm^{-3}$	Stoffmengenkonzentration in $mol \cdot l^{-1}$	Massenanteil in %	Dichte bei 20°C in $g \cdot cm^3$	Stoffmengenkonzentration in $mol \cdot l^{-1}$
Salzsäure	7	1,033	2	37	1,18	12
Schwefelsäure	9	1,059	1	96	1,83	17,97
Salpetersäure	12	1,066	2	65	1,39	14,35
Phosphorsäure	10	1,05	1,1	85	1,71	14,65
Essigsäure	12	1,015	2,1	98	1,05	17,22
Natronlauge	8	1,087	2,2	32	1,35	11,21
Kalilauge	11	1,1	2,2	27	1,26	6,12
Kalkwasser	0,12*	1,001*	0,017*			
Barytwasser	1,8*	1,04*	0,11*			
Ammoniaklösung	3	0,981	1,7	25	0,91	13,35

pH-Werte von Lösungen

pH-Wert	0 1 2 3 4 5 6	7	8 9 10	11 12 13 14
Eigenschaft der Lösung	stark sauer / schwach sauer	neutral	schwach alkalisch	stark alkalisch
Stoffmengenkonzentration von Hydronium-Ionen und Hydroxid-Ionen	$c(H_3O^+) > c(OH^-)$	$c(H_3O^+) = c(OH^-)$	$c(H_3O^+) < c(OH^-)$	

Umschlagsbereiche für Säure-Base-Indikatoren

Indikator	pH-Wert-Bereich des Farbumschlages	Farbe des Indikators	
		unterer pH-Wert	oberer pH-Wert
Thymolblau 1. Stufe	1,2 … 2,8	rot	gelb
Methylgelb	2,4 … 4,0	rot	gelb
Methylorange	3,0 … 4,4	rot	gelborange
Methylrot	4,4 … 6,2	rosa	gelb
Lackmus	5,0 … 8,0	rot	blau
Bromthymolblau	6,0 … 7,6	gelb	blau
Thymolblau 2. Stufe	8,0 … 9,6	gelb	blau
Phenolphthalein	8,3 … 10,0	farblos	rot
Alizaringelb	10,1 … 12	gelb	orangebraun

Übersichten zur Chemie

Einige Lebensmittelzusatzstoffe nach europäischen Richtlinien

E-Nummer	Name	Verwendung
Farbstoffe		
E 100	Kurkumin	Currypulver, Reisfertiggerichte, Margarine
E 101	Riboflavin	Cremespeisen, Kunstspeiseeis, Majonäse, Suppen
E 102	Tartrazin	Brausen, Kunsthonig, Kunstspeiseeis, Puddingpulver, Senf, Sirup, Süßwaren
E 104	Chinolingelb	Brausen, Puddingpulver, Räucherfisch, Ostereierfarbe
E 110	Gelborange S	Aprikosenmarmelade, Schokomixgetränke, Fertigsuppen, Jogurtcreme, Marzipan, Puddingpulver
E 120	Echtes Karmin (Cochenille)	alkoholische Getränke, Süßwaren, Konfitüren
E 122	Azorubin	Pudding, Fertigsuppen, Paniermehl, Kunstspeiseeis, Marzipan, Süßwaren
E 124	Cochenillerot A	Brausen, Fruchtgelees, Lachsersatz, Süßwaren
E 131	Patentblau V	Glasuren, Getränke, Süßwaren
E 133	Brillantblau FCF	Süßwaren, englisches Konservengemüse
E 140	Chlorophylle, Chlorophylline	Kaugummi, Kunstspeiseeis, Süßwaren
E 142	Grün S	Süßwaren, Erbsen (Dosenkonserven), Ostereierfarbe
E 151	Brillantschwarz BN	deutscher Kaviar, Fischrogen, Lakritze, Saucen, Süßwaren
E 160 a	Carotine, Beta-Carotin	Butter, Käse, Margarine, Marzipan, Legehennenfutter zur Eidotterfärbung
E 163	Anthocyane	Getränke, Kunstspeiseeis, Obstkonserven, Süßwaren
E 170	Calciumcarbonat	Dragees, Verzierungen von Lebensmitteln
E 171	Titandioxid	Oberflächenbehandlung bzw. -färbung von Dragees, Süßwaren
E 175	Gold	Überzüge von Süßwaren, Verzierung von Pralinen, Liköre
Konservierungsstoffe		
E 200	Sorbinsäure	Schnittbrot, Margarine, Feinkostprodukte, Marmeladen, Obstsäfte, Erfrischungsgetränke, Wein, Backwaren, Süßspeisen
E 210	Benzoesäure	Sauerkonserven, Obstprodukte, Erfrischungsgetränke (Limonaden)
E 214	p-Hydroxybenzoesäureester (PHB-Ester)	Süßwaren, Marinaden, Würzsoßen, Konservierung kosmetischer und pharmazeutischer Produkte
Säuerungsmittel		
E 260	Essigsäure	Glas- oder Dosenkonserven von Obst und Gemüse
E 262	Natriumacetate	Glas- oder Dosenkonserven von Obst und Gemüse
E 270	Milchsäure	eingelegtes Obst und Gemüse, Kindernahrung, Salatsaucen, kohlensäurehaltige Getränke, Nektare
E 290	Kohlenstoffdioxid	kohlensäurehaltige Getränke, Backwaren
E 296	Äpfelsäure	Lebensmittel allgemein
E 297	Fumarsäure	Zuckerwaren, Tee, Kaugummi, Desserts
E 330	Citronensäure	Backwaren, Obst und Gemüse in Dosen, Eiscreme
E 331	Natriumcitrate	Süßigkeiten, Eiscreme, Konfitüren, Gelees, Obst und Gemüse in Dosen, Backwaren, Schmelzkäse
E 334	L(+)-Weinsäure	Konfitüren, Marmeladen, Schokoladenerzeugnisse
E 338	Phosphorsäure	nichtalkoholische aromatisierte Getränke, Obstzubereitungen
E 355	Adipinsäure	Füllungen und Überzüge für Backwaren, Desserts, Pulver zur Getränkezubereitung
E 507	Salzsäure	zum Aufschluss von Eiweiß sowie für die Würzeherstellung
E 508	Kaliumchlorid	zum Aufschluss von Eiweiß sowie für die Würzeherstellung
E 513	Schwefelsäure	Lebensmittel allgemein, Stärke- und Eiweißhydrolyse
E 514	Natriumsulfat	Lebensmittel allgemein, als Trägerstoff für Lebensmittelfarbstoffe
Geschmacksverstärker		
E 620	Glutaminsäure	Fleisch-, Gemüse- und Fertiggerichte, Wurstwaren und Kleingebäck, Würzmittel
E 621	Mononatriumglutamat	Fleisch-, Gemüse- und Fertiggerichte, Wurstwaren und Kleingebäck, Würzmittel
E 626	Guanylsäure	Würzmittel, Fertiggerichte, Tomatenprodukte, Fleischerzeugnisse
E 640	Glycin bzw. Natriumsalz	Würzmittel, Süßstofftabletten, Marzipan

Nährstoffanteil und Energiegehalt einiger Nahrungsmittel

Nahrungsmittel	Massenanteil in %			Energiegehalt je 100 g	
	Kohlenhydrate	Fette	Eiweiße	in kJ	in kcal
Hühnerei	0,7	11,5	12,8	678	162
Trinkmilch, 3,5% Fett	4,6	3,7	3,2	268	64
Buttermilch	4,0	0,5	3,5	151	36
Jogurt, 1,5% Fett	4,7	1,6	4,8	297	71
Saure Sahne, 10% Fett	4,0	10,5	3,1	531	127
Schlagsahne, mind. 30% Fett	3,4	31,7	2,4	1 326	317
Emmentaler, 45% F. i. Tr.	2,0	30	28,7	1 715	410
Sauermilchkäse (Harzer)	0,6	0,7	30	590	141
Speisequark, mager	4,1	0,25	13,5	322	77
Hammelfleisch, Keule	+	18	18	1 046	250
Kalbfleisch, Keule	+	1,6	20,7	444	106
Rindfleisch, Filet	+	4,4	19,2	511	122
Schweinefleisch, Schulter	+	22,5	17,0	1 209	289
Rehfleisch, Rücken	+	3,5	22,4	556	133
Entenfleisch	+	17,2	18,1	1 017	243
Hühnerfleisch, Brust	+	0,9	22,8	456	109
Salami	+	49,7	17,8	2 301	550
Leberwurst	0,9	41,2	12,4	1 883	450
Wiener Würstchen	+	20,8	14,9	1 105	264
Aal	+	24,5	15,0	1 251	299
Forelle	+	2,1	19,2	423	101
Hering	+	14,9	18,2	929	222
Karpfen	+	4,8	18	523	125
Ölsardinen	+	13,9	24,2	983	235
Butter	0,7	81,0	0,6	2 996	716
Speiseöl	0	99,8	0	3 883	928
Schweineschmalz	0	99,7	+	3 962	947
Haferflocken	66,4	7,0	13,5	1 695	405
Reis, poliert	78,7	0,6	7,0	1 540	368
Eierteigwaren (Nudeln)	72,4	2,9	13,0	1 632	390
Weizenmehl, Type 405	74	0,98	10,6	1 540	368
Brötchen	58	0,5	6,8	1 126	269
Roggenmischbrot	51,2	1,1	6,8	1 071	256
Knäckebrot	77,2	1,4	10,1	1 602	383
Blumenkohl	3,9	0,3	2,5	117	28
Bohnen, grün	5,0	0,3	2,2	138	33
Gurke	1,3	0,2	0,6	42	10
Kohlrabi	4,4	0,1	1,9	109	26
Kopfsalat	2,2	0,2	1,2	67	16
Linsen, getrocknet	56,2	1,4	23,5	1 481	354
Möhren	7,3	0,2	1,0	146	35
Sellerie	7,4	0,3	1,5	159	38
Tomaten	3,3	0,2	0,9	79	19
Kartoffeln	17,7	0,1	2,1	318	76
Apfel	12,6	0,4	0,3	230	55
Banane	22,2	0,2	1,1	356	85
Kirschen, süß	15,1	0,4	0,9	280	67
Backobst	69,4	0,6	2,3	1 213	290
Haselnüsse	13,7	61,6	14,1	2 904	694
Honig	82,3	0	0,3	1 272	304
Marmelade	63,7	0,3	0,7	1 075	257
Milchschokolade	54,7	32,8	9,1	2 356	563
Bier (Vollbier)	3,7	0	0,5	201	48
Orangensaft, 100% Fruchtanteil	10,9	0,2	0,6	205	49

(+ nur in Spuren enthalten; F. i. Tr. Fett in der Trockenmasse)

Größengleichungen der Chemie

Stoffmenge, molare Masse, molares Volumen, Normvolumen und Dichte

Berechnungen zur Stoffmenge n		
$n = \dfrac{N}{N_A}$	n	Stoffmenge einer Stoffportion
	N	Teilchenanzahl einer Stoffportion
	N_A	Avogadro-Konstante ($6{,}022\,136\,7 \cdot 10^{23}\,\mathrm{mol}^{-1}$)
$n = \dfrac{m}{M}$	m	Masse in g
	M	molare Masse in $\mathrm{g \cdot mol^{-1}}$
$n = \dfrac{V}{V_m} \quad n = \dfrac{V_n}{V_{m,n}}$	V_n	Normvolumen in l
	$V_{m,n}$	molares Normvolumen in $\mathrm{l \cdot mol^{-1}}$
$n = c \cdot V(\mathrm{Ls})$	c	Stoffmengenkonzentration eines Stoffes in $\mathrm{mol \cdot l^{-1}}$
	$V(\mathrm{Ls})$	Volumen der Lösung in l
$n = \dfrac{p \cdot V}{R \cdot T}$	p	Druck in Pa
	V	Volumen in m^3
	T	Temperatur in K
	R	(universelle) Gaskonstante ($8{,}314\,510\,\mathrm{J \cdot K^{-1} \cdot mol^{-1}}$)

Berechnungen zur molaren Masse M		
$M = \dfrac{m}{n}$	m	Masse in g
	n	Stoffmenge in mol
$M = \dfrac{m \cdot V_{m,n}}{V_n}$	$V_{m,n}$	molares Normvolumen in $\mathrm{l \cdot mol^{-1}}$
	V_n	Normvolumen in l
$M = \dfrac{m \cdot R \cdot T}{p \cdot V}$	R	(universelle) Gaskonstante ($8{,}314\,510\,\mathrm{J \cdot K^{-1} \cdot mol^{-1}}$)
	T	Temperatur in K
	p	Druck in Pa
	V	Volumen in m^3
$M = V_m \cdot \varrho$	V_m	molares Volumen in $\mathrm{l \cdot mol^{-1}}$
	ϱ	Dichte in $\mathrm{g \cdot l^{-1}}$

Berechnungen zum molaren Volumen V_m		
$V_m = \dfrac{V}{n}$	V	Volumen in l
	n	Stoffmenge in mol
$V_{m,n} = \dfrac{V_n}{n}$	$V_{m,n}$	molares Normvolumen in $\mathrm{l \cdot mol^{-1}}$
	V_n	Normvolumen in l

Berechnung zum Normvolumen V_n		
$V_n = \dfrac{p \cdot T_n}{p_n \cdot T} \cdot V$	T_n	Normtemperatur (273,15 K)
	p_n	Normdruck (101,3 kPa)
$V_n = n \cdot V_{m,n}$		

Berechnungen zur Dichte ϱ		
$\varrho = \dfrac{m}{V}$		
$\varrho_n = \dfrac{M}{V_{m,n}}$	ϱ_n	Dichte unter Normbedingungen in $\mathrm{g \cdot l^{-1}}$

Zusammensetzungsgrößen

Massenanteil w

$w(B) = \dfrac{m(B)}{m(Gem)}$

$m(B)$	Masse des Stoffes B
$m(Gem)$	Masse des Stoffgemisches
Einheiten:	$1; \%; \text{‰}; $ ppm, ppb, ppt
% (Prozent)	entspricht $1 : 10^2$
‰ (Promille)	entspricht $1 : 10^3$
ppm (parts per million)	entspricht $1 : 10^6$
ppb (parts per billion)	entspricht $1 : 10^9$
ppt (parts per trillion)	entspricht $1 : 10^{12}$

Volumenanteil φ

$\varphi(B) = \dfrac{V(B)}{\Sigma V(Ko)}$

$V(B)$	Volumen des Stoffes B
$\Sigma V(Ko)$	Summe der Volumina der Komponenten des Stoffgemisches
Einheiten:	$1; \%; \text{‰}; $ ppm, ppb, ppt

Stoffmengenanteil x

$x(B) = \dfrac{n(B)}{\Sigma n(Ko)}$

$n(B)$	Stoffmenge des Stoffes B
$\Sigma n(Ko)$	Summe der Stoffmengen der Komponenten des Gemisches
Einheiten:	$1; \%; \text{‰}; $ ppm, ppb, ppt

Massenkonzentration β

$\beta(B) = \dfrac{m(B)}{V(Ls)}$

$m(B)$	Masse des Stoffes B
$V(Ls)$	Volumen der Lösung
Einheit:	$g \cdot l^{-1}$

Volumenkonzentration σ

$\sigma(B) = \dfrac{V(B)}{V(Ls)}$

$\sigma(B)$	Volumenkonzentration des Stoffes B
$V(Ls)$	Volumen der Lösung
Einheiten:	$1; \%; \text{‰}; $ ppm, ppb, ppt

Stoffmengenkonzentration c

$c(B) = \dfrac{n(B)}{V(Ls)}$

$n(B)$	Stoffmenge des gelösten Stoffes B
$V(Ls)$	Volumen der Lösung
Einheiten:	$\text{mol} \cdot m^{-3}; \text{mol} \cdot l^{-1}$

Molalität b

$b(B) = \dfrac{n(B)}{m(Lm)}$

$b(B) = \dfrac{m(B)}{m(Lm) \cdot M(B)}$

$b(B)$	Molalität des Stoffes B in einer Lösung in $\text{mol} \cdot kg^{-1}$
$m(B)$	Masse des zu lösenden Stoffes B in g
$M(B)$	molare Masse des zu lösenden Stoffes B in $g \cdot \text{mol}^{-1}$
$m(Lm)$	Masse des Lösemittels in kg
Einheiten:	$\text{mol} \cdot g^{-1}; \text{mol} \cdot kg^{-1}$

Mischungsgleichung – Mischungskreuz (Mischungsregel)

$m_1 \cdot w_1 + m_2 \cdot w_2 = (m_1 + m_2) \cdot w_3$

$\dfrac{m_1}{m_2} = \dfrac{w_3 - w_2}{w_1 - w_3}$

w_1, w_2	Massenanteile eines Stoffes in den Lösungen 1 und 2
w_3	Massenanteil eines Stoffes in der herzustellenden Lösung
m_1, m_2	Massen der Lösungen 1 und 2

Größengleichungen der Chemie

Berechnungen des Blutalkoholgehaltes

$$w(C_2H_5OH) = \frac{m(C_2H_5OH)}{0{,}7^* \cdot m(\text{Körper})}$$

$$w(C_2H_5OH) = \frac{V(C_2H_5OH) \cdot \varrho(C_2H_5OH)}{0{,}7^* \cdot m(\text{Körper})}$$

* bei ♀ 0,6;   bei ♂ 0,7

$w(C_2H_5OH)$	Massenanteil des Alkohols im Blut, wird in ‰ angegeben
$m(C_2H_5OH)$	Masse des aufgenommenen Alkohols in g
$m(\text{Körper})$	Masse des Körpers in g
$V(C_2H_5OH)$	Volumen des Alkohols in cm^3
$\varrho(C_2H_5OH)$	Dichte des Alkohols in g·cm^3

Massen- und Volumenberechnungen bei chemischen Reaktionen

Gesuchte Größe	Gegebene Größe	Allgemeine Größengleichung
$m(A)$	$m(B)$	$\dfrac{m(A)}{m(B)} = \dfrac{n(A) \cdot M(A)}{n(B) \cdot M(B)}$
$m(A)$	$V(B)$	$\dfrac{m(A)}{V(B)} = \dfrac{n(A) \cdot M(A)}{n(B) \cdot V_m(B)}$
$V(A)$	$m(B)$	$\dfrac{V(A)}{m(B)} = \dfrac{n(A) \cdot V_m(A)}{n(B) \cdot M(B)}$
$V(A)$	$V(B)$	$\dfrac{V(A)}{V(B)} = \dfrac{n(A)}{n(B)}^*$

n	Stoffmenge in mol
m	Masse der beteiligten Stoffe in g
V	Volumen der beteiligten Stoffe in l
M	molare Masse in g·mol^{-1}
V_m	molares Volumen in l·mol^{-1}
(A)	Stoff der gesuchten Größe
(B)	Stoff der gegebenen Größe
*	gilt nur für Gase

Berechnung zur Titration von Lösungen

Berechnung der Stoffmengenkonzentration:

$c_1 = \dfrac{c_2 \cdot V_2}{V_1}$ (Berechnung gilt nur für verwendete Stoffe mit gleicher Äquivalenzzahl)

Berechnung der Stoffmenge: $n_1 = c_2 \cdot V_2$

Berechnung der Masse: $m_1 = M_1 \cdot c_2 \cdot V_2$

c_1	Stoffmengenkonzentration der zu bestimmenden Lösung
c_2	Stoffmengenkonzentration der Maßlösung
V_1	Volumen der zu bestimmenden Lösung
V_2	Volumen der verbrauchten Maßlösung
n_1	Stoffmenge des zu bestimmenden Stoffes
m_1	Masse des zu bestimmenden Stoffes
M_1	molare Masse des zu bestimmenden Stoffes

Berechnungen nach den Faraday'schen Gesetzen

$I \cdot t = F \cdot n \cdot z$

$\dfrac{m}{M} = \dfrac{I \cdot t}{F \cdot z}$

F	Faraday-Konstante (9,6485·10^4 C·mol^{-1})
n	Stoffmenge in mol
z	Anzahl der Elementarladungen
t	Zeit
M	molare Masse
m	Masse
I	Stromstärke

Gefahrstoffe

Gefahrensymbole, Kennbuchstaben und Gefahrenbezeichnungen

T	**Giftige Stoffe** (sehr giftige Stoffe T+) verursachen durch Einatmen, Verschlucken oder Aufnahme durch die Haut meist erhebliche Gesundheitsschäden oder sogar den Tod. *Was tun?* Nicht direkt berühren! Unwohlsein sofort dem Lehrer melden!
Xn	**Gesundheitsschädliche Stoffe** können durch Einatmen, Verschlucken oder Aufnahme durch die Haut gesundheitsschädigend wirken. *Was tun?* Nicht direkt berühren! Unwohlsein sofort dem Lehrer melden!
C	**Ätzende Stoffe** zerstören das Hautgewebe oder die Oberfläche von Gegenständen. *Was tun?* Berührungen mit Haut, Augen und Kleidung vermeiden! Dämpfe nicht einatmen!
Xi	**Reizende Stoffe** haben Reizwirkung auf Haut, Augen und Atmungsorgane. *Was tun?* Berührungen mit Haut, Augen und Atmungsorganen vermeiden! Nicht einatmen! Schutzhandschuhe, Schutzkleidung und Schutzbrille tragen!
E	**Explosionsgefährliche Stoffe** können unter bestimmten Bedingungen explodieren. *Was tun?* Schlag, Stoß, Reibung, Funkenbildung und Hitzeeinwirkung vermeiden! Abfälle und Behälter müssen in gesicherter Weise beseitigt werden!
O	**Brandfördernde Stoffe** können brennbare Stoffe entzünden oder ausgebrochene Brände fördern. *Was tun?* Kontakt mit brennbaren Stoffen vermeiden! Explosions- und Brandgase nicht einatmen!
F	**Leichtentzündliche Stoffe** (hochentzündliche Stoffe F+) entzünden sich von selbst an heißen Gegenständen. Zu ihnen gehören selbstentzündliche Stoffe, leicht entzündliche gasförmige Stoffe, feuchtigkeitsempfindliche Stoffe und brennbare Flüssigkeiten. *Was tun?* Vorsicht beim Umgang mit offenen Flammen und Wärmequellen! Keine Berührung mit brandfördernden Stoffen!
N	**Umweltgefährliche Stoffe** sind sehr giftig, giftig oder schädlich für Wasserorganismen. In Gewässern können sie langfristig schädliche Wirkungen haben. Sie sind giftig für Pflanzen, Tiere – insbesondere Bienen – und Bodenorganismen. Langfristig können sie auf die Umwelt und die Ozonschicht schädliche Wirkungen haben. *Was tun?* Freisetzung der Stoffe in die Umwelt vermeiden! Stoffe der Problemabfallentsorgung zuführen!
Xn oder Xi	**Sensibilisierende Stoffe** können durch Einatmen (Xn) oder durch Hautkontakt (Xi) eine Sensibilisierung hervorrufen. *Was tun?* Staub, Gas, Dampf und Aerosol nicht einatmen! Berührung mit der Haut vermeiden!
T oder Xn	**Krebserzeugende Stoffe** können Krebs und **erbgutverändernde Stoffe** können vererbbare Schäden hervorrufen. *Was tun?* Exposition vermeiden! Bei Unfall oder Unwohlsein sofort den Arzt hinzuziehen!
T oder Xn	**Fortpflanzungsgefährdende Stoffe** können die Fortpflanzungsfähigkeit des Menschen beeinträchtigen oder das Kind im Mutterleib schädigen. *Was tun?* Exposition vermeiden!

Gefahrstoffe

Gefahrenhinweise (R-Sätze)	Sicherheitsratschläge (S-Sätze)
R 1 In trockenem Zustand explosionsgefährlich	S 1 Unter Verschluss aufbewahren
R 2 Durch Schlag, Reibung, Feuer oder andere Zündquellen explosionsgefährlich	S 2 Darf nicht in die Hände von Kinder gelangen
R 3 Durch Schlag, Reibung, Feuer oder andere Zündquellen besonders explosionsgefährlich	S 3 Kühl aufbewahren
R 4 Bildet hochempfindliche explosionsgefährliche Metallverbindungen	S 4 Von Wohnplätzen fernhalten
R 5 Beim Erwärmen explosionsfähig	S 5 Unter... aufbewahren (geeignete Flüssigkeit vom Hersteller anzugeben)
R 6 Mit und ohne Luft explosionsfähig	S 6 Unter... aufbewahren (inertes Gas vom Hersteller anzugeben)
R 7 Kann Brand verursachen	S 7 Behälter dicht geschlossen halten
R 8 Feuergefahr bei Berührung mit brennbaren Stoffen	S 8 Behälter trocken halten
R 9 Explosionsgefahr bei Mischung mit brennbaren Stoffen	S 9 Behälter an einem gut gelüfteten Ort aufbewahren
R 10 Entzündlich	S 12 Behälter nicht gasdicht verschließen
R 11 Leicht entzündlich	S 13 Von Nahrungsmitteln, Getränken und Futtermitteln fernhalten
R 12 Hochentzündlich	S 14 Von ... fernhalten (inkompatible Substanzen sind vom Hersteller anzugeben)
R 14 Reagiert heftig im Wasser	S 15 Vor Hitze schützen
R 15 Reagiert mit Wasser unter Bildung hochentzündl. Gase	S 16 Von Zündquellen fernhalten – Nicht rauchen
R 16 Explosionsgefährlich in Mischung mit brandfördernden Stoffen	S 17 Von brennbaren Stoffen fernhalten
R 17 Selbstentzündlich an der Luft	S 18 Behälter mit Vorsicht öffnen und handhaben
R 18 Bei Gebrauch Bildung explosionsfähiger/leicht entzündlicher Dampf-Luftgemische möglich	S 20 Bei der Arbeit nicht essen und trinken
R 19 Kann explosionsfähige Peroxide bilden	S 21 Bei der Arbeit nicht rauchen
R 20 Gesundheitsschädlich beim Einatmen	S 22 Staub nicht einatmen
R 21 Gesundheitsschädlich bei Berührung mit der Haut	S 23 Gas/Rauch/Dampf/Aerosol nicht einatmen (geeignete Bezeichnung(en) vom Hersteller anzugeben)
R 22 Gesundheitsschädlich beim Verschlucken	S 24 Berührung mit der Haut vermeiden
R 23 Giftig beim Einatmen	S 25 Berührung mit den Augen vermeiden
R 24 Giftig bei Berührung mit der Haut	S 26 Bei Berührung mit den Augen sofort gründlich mit Wasser abspülen und Arzt konsultieren
R 25 Giftig beim Verschlucken	S 27 Beschmutzte getränkte Kleidung sofort ausziehen
R 26 Sehr giftig beim Einatmen	S 28 Bei Berührung mit der Haut sofort abwaschen mit viel ... (vom Hersteller anzugeben)
R 27 Sehr giftig bei Berührung mit der Haut	S 29 Nicht in die Kanalisation gelangen lassen
R 28 Sehr giftig beim Verschlucken	S 30 Niemals Wasser hinzugießen
R 29 Entwickelt bei Berührung mit Wasser giftige Gase	S 33 Maßnahmen gegen elektrostatische Aufladungen treffen
R 30 Kann bei Gebrauch leicht entzündlich werden	S 35 Abfälle u. Behälter müssen in gesicherter Weise beseitigt werden
R 31 Entwickelt bei Berührung mit Säure giftige Gase	S 36 Bei der Arbeit geeignete Schutzkleidung tragen
R 32 Entwickelt bei Berührung mit Säure sehr giftige Gase	S 37 Geeignete Schutzhandschuhe tragen
R 33 Gefahr kumulativer Wirkungen	S 38 Bei unzureichender Belüftung Atemschutzgerät anlegen
R 34 Verursacht Verätzungen	S 39 Schutzbrille/Gesichtsschutz tragen
R 35 Verursacht schwere Verätzungen	S 40 Fußboden und verunreinigte Gegenstände mit ... reinigen (Material vom Hersteller anzugeben)
R 36 Reizt die Augen	S 41 Explosions- und Brandgase nicht einatmen
R 37 Reizt die Atmungsorgane	S 42 Bei Räuchern/Versprühen geeignetes Atemschutzgerät anlegen (geeignete Bezeichnung(en) vom Hersteller anzugeben)
R 38 Reizt die Haut	S 43 Zum Löschen ... (vom Hersteller anzugeben) verwenden (wenn Wasser die Gefahr erhöht, anfügen: „Kein Wasser verwenden")
R 39 Ernste Gefahr irreversiblen Schaden	
R 40 Irreversibler Schaden möglich	
R 41 Gefahr ernster Augenschäden	S 45 Bei Unfall oder Unwohlsein sofort Arzt hinzuziehen (wenn möglich dieses Etikett vorzeigen)
R 42 Sensibilisierung durch Einatmen möglich	S 46 Bei Verschlucken sofort ärztlichen Rat einholen und Verpackung oder Etikett vorzeigen
R 43 Sensibilisierung durch Hautkontakt möglich	S 47 Nicht bei Temperaturen über ... °C aufbewahren (vom Hersteller anzugeben)
R 44 Explosionsgefahr bei Erhitzen unter Einschluss	S 48 Feucht halten mit ... (geeignetes Mittel vom Hersteller anzugeben)
R 45 Kann Krebs erzeugen	
R 46 Kann vererbbare Schäden verursachen	S 49 Nur im Originalbehälter aufbewahren
R 48 Gefahr ernster Gesundheitsschäden bei längerer Exposition	S 50 Nicht mischen ... (vom Hersteller anzugeben)
R 49 Kann Krebs erzeugen beim Einatmen	S 51 Nur in gut gelüfteten Bereichen verwenden
R 50 Sehr giftig für Wasserorganismen	S 52 Nicht großflächig für Wohn- u. Aufenthaltsräume verwenden
R 51 Giftig für Wasserorganismen	S 53 Exposition vermeiden – vor Gebrauch besondere Anweisungen einholen
R 52 Schädlich für Wasserorganismen	
R 53 Kann in Gewässern längerfristig schädliche Wirkungen haben	S 56 Diesen Stoff und seinen Behälter der Problemabfallentsorgung zuführen
R 54 Giftig für Pflanzen	S 57 Zur Vermeidung einer Kontamination der Umwelt geeignete Behälter verwenden
R 55 Giftig für Tiere	
R 56 Giftig für Bodenorganismen	S 59 Information zur Wiederverwendung/Wiederverwertung beim Hersteller/Lieferanten erfragen
R 57 Giftig für Bienen	S 60 Dieser Stoff und sein Behälter sind als gefährlicher Abfall zu entsorgen
R 58 Kann längerfristig schädliche Wirkungen auf die Umwelt haben	S 61 Freisetzung in die Umwelt vermeiden. Besondere Anweisungen einholen/Sicherheitsdatenblatt zu Rate ziehen
R 59 Gefährlich für die Ozonschicht	
R 60 Kann die Fortpflanzungsfähigkeit beeinträchtigen	S 62 Bei Verschlucken kein Erbrechen herbeiführen. Sofort ärztlichen Rat einholen und Verpackung oder dieses Etikett vorzeigen
R 61 Kann das Kind im Mutterleib schädigen	
R 62 Kann möglicherweise die Fortpflanzungsfähigkeit beeinträchtigen	S 63 Bei Unfall durch Einatmen: Verunfallten an die frische Luft bringen und ruhig stellen
R 63 Kann das Kind im Mutterleib möglicherweise schädigen	S 64 Bei Verschlucken Mund mit Wasser ausspülen (nur wenn Verunfallter bei Bewusstsein ist)
R 64 Kann Säuglinge über die Muttermilch schädigen	
R 65 Gesundheitsschädlich: Kann beim Verschlucken Lungenschäden verursachen	
R 66 Wiederholter Kontakt kann zu spröder oder rissiger Haut führen	
R 67 Dämpfe können Schläfrigkeit und Benommenheit verursachen	
R 68 Irreversibler Schaden möglich	

Liste von Gefahrstoffen (Auswahl, Stand 2000)

Stoff	Kennbuch-stabe	R-Sätze	S-Sätze	E-Sätze
Aceton (Propanon)	F, Xi	11-36-66-67	(2)-9-16-26	1-10-14
Aluminiumchlorid-6-Wasser	C	34	(1/2)-7/8-28-45	2
Aluminiumpulver, phlegmatisiert		10-15	(2)-7/8-43	3
Ameisensäure (Methansäure) ≥ 90%	C	35	(1/2)-23-26-45	1-10
Ameisensäure 2% ... 10%	Xi	36/38	(2)-23-26	1
Ammoniak, wasserfrei	T, N	10-23-34-50	(1/2)-9-16-26-36/37/39-45-61	2-7
Ammoniaklösung 10% ... 25%	C	34	(1/2)-26-36/37/39-45	2
Ammoniaklösung 5% ... 10%	Xi	36/37/38	(1/2)-26-36/37/39-45	2
Ammoniumchlorid	Xn	22-36	(2)-22	1
Ammoniumperoxodisulfat	O, Xn	8-22-42/43	17-22-24-37-43	2
Ammoniumthiocyanat (-rhodanid)	Xn	20/21/22-32	(2)-13	1
Anilin (Aminobenzol)	T, N	20/21/22-40-48/23/24/25-50	(1/2)-28-36/37-45-61	10
Antimon(III)-chlorid	C, N	34-51/53	(1/2)-26-45-61	3-14
Asbest	T	45-48/23	53-45	3
Bariumchlorid-2-Wasser	T	20-25	(1/2)-45	1-3
Bariumchloridlösung 3% ... 25%	Xn	22	(1/2)-45	1
Bariumhydroxid-8-Wasser	C	20/22-34	26-36/37/39-45	1-3
Benzin (Petroleumbenzin)	F	11	9-16-29-33	10-12
Benzol	F, T	45-11-48/23/24/25	53-45	10-12
Blei (bioverfügbar)	T	61-20/22-33	53-45	8
Blei(II)-chlorid	T, N	61-20/22-33-50/53-62	53-45-60-61	4-8-14
Blei(II)-nitrat	O, T, N	61-8-20/22-33-50/53-62	53-17-45-60-61	4-8-14
Blei(II)-nitratlösung 0,5% ... 5%	T	61-33	53-45	4-8-14
Brom	T+, C, N	26-35-50	(1/2)-7/9-26-45-61	16
Bromwasser, gesättigt	T, Xi	23-24	7/9-26	16
Bromwasserstoff	C	35-37	(1/2)-7/9-26-45	2
Butan	F+, T	45-12	53-45	7
Butanol	Xn	10-22-37/38-41-67	(2)-7/9-13-26-37/39-46	10
Buttersäure (Butansäure)	C	34	(1/2)-26-36-45	10
Calcium	F	15	(2)-8-24/25-43	15
Calciumcarbid	F	15	(2)-8-43	15-16
Calciumchlorid	Xi	36	(2)-22-24	1
Calciumchlorid-6-Wasser	Xi	36	(2)-22-24	1
Calciumhydroxid	C	34	26-36/37/39-45	2
Calciumoxid	C	34	26-36	2
Chlor	T, N	23-36/37/38-50	(1/2)-9-45-61	16
Chlorethan (Ethylchlorid)	F+, Xn	12-40-52/53	(2)-9-16-33-36/37-61	7-12
Chlorethen (Vinylchlorid)	F+, T	45-12	53-45	7-12
Chlormethan (Methylchlorid)	F+, Xn	12-40-48/20	(2)-9-16-33	7-12
Chloroform (Trichlormethan)	Xn	22-38-40-48/20/22	(2)-36/37	10-12
Chlorwasser, gesättigt ≈ 0,7%	Xn	20	9-45	16
Chlorwasserstoff, wasserfrei	T, C	23-35	(1/2)-9-26-36/37/39-45	2
Cobaltsalzlösungen 0,1% ... 5%	T	49-42/43	(2)-22-53-45	11-12
Cyclohexan	F, Xn, N	11-38-50/53-65-67	(2)-9-16-33-60-61-62	10-12
Cyclohexen	F, Xn	11-22	9-16-23-33	10-16
Diacetyldioxim (Dimethylglyoxim)	Xn	20/21/22	36/37	10
Dibrommethan	Xn	20-52/53	(2)-24-61	10-12
Dichlormethan	Xn	40	(2)-23-24/25-36/37	10-12
Diethylether (Ether)	F+, Xn	12-19-22-66-67	(2)-9-16-29-33	9-10-12
Dimethylanilin	T, N	23/24/25-40-51/53	(1/2)-28-36/37-45-61	10-12
Distickstofftetraoxid/Stickstoffdioxid	T+	26-34	(1/2)-9-26-28-36/37/39-45	7

Gefahrstoffe

Stoff	Kennbuchstabe	R-Sätze	S-Sätze	E-Sätze
Eisen(III)-chlorid-6-Wasser	Xn	22-38-41	26-39	2
Eisen(III)-nitrat-9-Wasser	O, Xi	8-36/38	17	1
Eisen(II)-sulfatlösung $\geq 25\%$	Xn	22	24-25	1
Essigsäure (Ethansäure) $\geq 90\%$	C	10-35	(1/2)-23-26-45	2-10
Essigsäure (Ethansäure) 25% ... 90%	C	34	(1/2)-23-26-45	2-10
Essigsäure (Ethansäure) 10% ... 25%	Xi	36/38	23-26	2-10
Essigsäureethylester (Ethylacetat)	F, Xi	11-36-66-67	(2)-16-26-33	10-12
Ethanal (Acetaldehyd)	F+, Xn	12-36/37-40	(2)-16-33-36/37	9-10-12-16
Ethanol (Ethylalkohol)	F	11	(2)-7-16	1-10
Ethen (Ethylen)	F+	12	(2)-9-16-33	7
Ethin (Acetylen)	F+	5-6-12	(2)-9-16-33	7
Fehling'sche Lösung II (Kaliumnatriumtartrat, alkalisch)	C	35	(2)-26-27-37/39	2
Heptan	F, Xn, N	11-38-50/53-65-67	(2)-9-16-29-33-60-61-62	10-12
Hexan	F, Xn, N	11-38-48/20-51/53-62-65-67	(2)-9-16-29-33-36/37-61-62	10-12
Iod	Xn, N	20/21-50	(2)-23-25-61	1-16
Kalium	F, C	14/15-34	(1/2)-5-8-45	6-12-16
Kaliumchlorat	O, Xn	9-20/22	(2)-13-16-27	1-6
Kaliumhydrogensulfat	C	34-37	(1/2)-26-36/37/39-45	2
Kaliumhydroxid (Ätzkali)	C	22-35	(1/2)-26-36/37/39-45	2
Kaliumhydroxidlösung $\geq 5\%$	C	35	(1/2)-26-37/39-45	2
Kaliumhydroxidlösung 2% ... 5%	C	34	(1/2)-26-37/39-45	2
Kaliumhydroxidlösung 0,5% ... 2%	Xi	36/38	26	2
Kaliumnitrat	O	8	16-41	1
Kaliumperchlorat	O, Xn	9-22	(2)-13-22-27	1
Kaliumpermanganat	O, Xn, N	8-22-50/53	(2)-60-61	1-6
Kaliumsulfid	C, N	31-34-50	(1/2)-26-45-61	1
Kaliumthiocyanat (-rhodanid)	Xn	20/21/22-32	2-13	1
Kohlenstoffdisulfid (Schwefelkohlenstoff)	F, T	11-36/38-48/23-62-63	(1/2)-16-33-36/37-45	9-10-12
Kohlenstoffmonooxid	F+, T	61-21-23-48/23	53-45	7
Kupfer(II)-chlorid-2-Wasser	T	25-36/37/38	37-45	11
Kupfer(II)-sulfat-5-Wasser	Xn, N	22-36/38-50/53	(2)-22-60-61	11
Kupfer(II)-sulfatlösung $\geq 25\%$	Xn	22-36/38	(2)-22	11
Lithiumchlorid	Xn	22-36/37/38	26-36	1
Magnesiumpulver, -späne (phlegmatisiert)	F	11-15	(2)-7/8-43	3
Mangan(II)-chlorid-4-Wasser	Xn	22-36/37/38	26-36/37/39	11
Mangandioxid (Braunstein)	Xn	20/22	(2)-25	3
Methanal(Formaldehyd)-lösung $\geq 25\%$	T	23/24/25-34-40-43	(1/2)-26-36/37/39-45-51	10-12-16
Methanal(Formaldehyd)-lösung 5% ... 25%	Xn	20/21/22-36/37/38-40-43	(1/2)-26-36/37/39-51	1-10
Methanal(Formaldehyd)-lösung 1% ... 5%	Xn	40-43	23-27	1
Methanol (Methylalkohol)	F, T	11-23/24/25-39/23/24/25	(1/2)-7-16-36/37-45	1-10
Natrium	F, C	14/15-34	(1/2)-5-8-43-45	6-12-16
Natriumcarbonat-10-Wasser	Xi	36	(2)-22-26	1
Natriumdithionit	Xn	7-22-31	(2)-7/8-26-28-43	1
Natriumfluorid	T	25-32-36/38	(1/2)-22-36-45	5

Stoff	Kennbuch-stabe	R-Sätze	S-Sätze	E-Sätze
Natriumfluoridlösung 3% ... 20%	Xn	22-32	22-36-45	5
Natriumhydroxid (Ätznatron)	C	35	(1/2)-26-37/39-45	2
Natriumhydroxidlösung ≥ 5%	C	35	(1/2)-26-37/39-45	2
Natriumhydroxidlösung 2% ... 5%	C	34	(1/2)-26-37/39-45	1
Natriumhydroxidlösung 0,5% ... 2%	Xi	36/38	28	1
Natriumnitrit	O, T, N	8-25-50	(1/2)-45-61	1-16
Natriumsulfidlösung 5% ... 10%	Xn	22-31-36/37/38	(1/2)-26-36/37/39-45	1
Nickel(II)-nitratlösung ≥ 25%	Xn	22	53-24	11-12
Nicotin	T+, N	25-27-51/53	(1/2)-36/37-45-61	10-16
Oxalsäure-2-Wasser	Xn	21/22	(2)-24/25	5
Oxalsäurelösung ≥ 5%	Xn	21/22	(2)-24/25	5
Ozon	O, T	34-36/37/38		7
Perchlorsäure ≥ 50%	O, C	5-8-35	(1/2)-23-26-36-45	2
Perchlorsäure 10% ... 50%	C	34	23-28-36	2
Perchlorsäure 1% ... 10%	Xi	36/38	28-36	2
Phenol	T	24/25-34	(1/2)-28-45	10-12
Phenollösung 1% ... 5%	Xn	21/22-36/38	(2)-28-45	10-12
Phosphor, rot	F, N	11-16-50	(2)-7-43-61	6-9
Phosphor(V)-oxid	C	35	(1/2)-22-26-45	2
Phosphorsäure ≥ 25%	C	34	(1/2)-26-45	2
Phosphorsäure 10% ... 25%	Xi	36/38	25	1
Phthalsäureanhydrid	Xn	22-37/38-41-42/43	(2)-23-24/25-26-37/39-46	10
Propan	F+	12	(2)-9-16	7
Propanol	F, Xi	11-41-67	(2)-7-16-24-26-39	10
Quecksilber	T, N	23-33-50/53	(1/2)-7-45-60-61	6-12-14-16
Quecksilber(I)-chlorid (Kalomel)	Xn	22-36/37/38	(2)-13-24/25-46	6-12-16
Resorcin (1,3-Dihydroxybenzol)	Xn, N	22-36/38-50	(2)-26-61	10
Salpetersäure ≥ 70%	O, C	8-35	(1/2)-23-26-36-45	2
Salpetersäure 20% ... 70%	C	35	(1/2)-23-26-36-45	2
Salpetersäure 5% ... 20%	C	34	(1/2)-23-26-36-45	2
Salzsäure ≥ 25%	C	34-37	(1/2)-26-45	2
Salzsäure 10% ... 25%	Xi	36/37/38	(1/2)-26-45	2
Schwefeldioxid	T	23-34	(1/2)-9-26-36/37/39-45	7
Schwefelsäure ≥ 15%	C	35	(1/2)-26-30-45	2
Schwefelsäure 5% ... 15%	Xi	36/38	(2)-26	2
Schwefelwasserstoff	F+, T+, N	12-26-50	(1/2)-9-16-28-36/37-45-61	2-7
Schwefelwasserstofflösung 1% ... 5%	Xn	20	(1/2)-9-16-28-36/37-45	2
Schweflige Säure 0,5% ... 5%	Xi	36/37/38	24-26	2
Silbernitrat	C, N	34-50/53	(1/2)-26-45-60-61	12-13-14
Silbernitratlösung 5% ... 10%	Xi	36/38	(1/2)-26-45	12-13-14
Stickstoffmonooxid	T+	26/27	45	7
Styrol	Xn	10-20-36/38	(2)-23	10-12
Sulfanilsäure	Xi	36/38-43	(2)-24-37	10-16
Tollens Reagens	C	34-36/37/38	(2)-26	
Toluol	F, Xn	11-20	(2)-16-25-29-33	10-12
Wasserstoff	F+	12	(2)-9-16-33	7
Wasserstoffperoxidlösung ≥ 60%	O, C	8-34	(1/2)-3-28-36/39-45	1-16
Wasserstoffperoxidlösung 5% ... 20%	Xi	36/38	(1/2)-28-36/39-45	1
Zinkchlorid	C, N	34-50/53	(1/2)-7/8-28-45-60-61	1-11

Biologie

Allgemeine Angaben

Ungefähre Artenanzahlen einiger wichtiger Tiergruppen weltweit (nach Flindt 2000)

Tiergruppe	Artenanzahl	Tiergruppe	Artenanzahl
Einzeller	40 000	Insekten	1 000 000
Schwämme	5 000	Heuschrecken	20 000
Hohltiere	10 000	Käfer	350 000
Plattwürmer	16 100	Schmetterlinge	120 000
Fadenwürmer	23 000	Wirbeltiere	46 500
Weichtiere (Mollusca)	130 000	Fische	20 600
Schnecken	85 000	Lurche	3 300
Ringelwürmer	17 000	Kriechtiere	6 300
Spinnentiere	68 000	Vögel	8 600
Krebse	50 000	Säugetiere	3 700

Ungefähre Artenanzahlen einiger wichtiger Pflanzengruppen weltweit (nach Flindt 2000)

Pflanzengruppe	Artenanzahl	Pflanzengruppe	Artenanzahl
Prokaryota	3 600	Dicotyledoneae	177 000
Eukaryotische Algen	33 000	Magnoliidae	13 200
Pilze	90 000	Dilleniidae	29 600
Moose	26 000	Rosidae	57 700
Flechten	20 000	Asteridae	64 000
Farnartige	15 000	Monocotyledoneae	52 800
Samenpflanzen	236 000	Commelinidae	19 700
Nacktsamer	800	Arecidae	5 700
Bedecktsamer	235 000	Liliidae	26 800

Maximales Alter verschiedener Lebewesen (nach Flindt 2000)

Lebewesen	Höchstalter*	Lebewesen	Höchstalter*	Lebewesen	Höchstalter*	Lebewesen	Höchstalter*
Tiere		Tiere		Pflanzen		Pflanzen	
Rädertierchen	2…3 T.	Huhn	30 J.	Eichenfarn	7 J.	Ölbaum	700 J.
Stubenfliege	76 T.	Anakonda	31 J.	Heidekraut	42 J.	Rotbuche	900 J.
Bienenarbeiterin	6 Wo.	Feuersalamander	43 J.	Eberesche	80 J.	Zeder	1 300 J.
Bettwanze	6 M.	Braunbär	47 J.	Birke	120 J.	Eiche	1 300 J.
Lanzettfischchen	7 M.	Adler	60…80 J.	Salweide	150 J.	Eibe	1 800 J.
Bienenkönigin	5 J.	Elefant	70 J.	Apfelbaum	200 J.	Linde	1 900 J.
Eidechsen	5…8 J.	Storch	70…100 J.	Kirsche	400 J.	Feige	2 000 J.
Regenwurm	10 J.	Esel	100 J.	Efeu	440 J.	Mammutbaum	4 000 J.
Vogelspinne	15 J.	Elefantenschildkröte		Wacholder	500 J.		
Laubfrosch	22 J.		150 J.	Kiefer	500 J.	Borstenkiefer	4 600 J.

* Zeitangaben: T. = Tage, Wo. = Wochen, M. = Monate, J. = Jahre

Zellbiologie

Lebensdauer von Zellen in verschiedenen Organen des Menschen (verändert nach Flindt 1995)

Organe	Durchschnittliche Lebensdauer in Tagen	Organe	Durchschnittliche Lebensdauer in Tagen
Leber	10,0…20,0	Harnblase	64
Magen (Pylorus)	1,8… 9,1	Epidermis:	
Magen (Cardia)	9,1	– Lippen	14,7
Dünndarm	1,3… 1,6	– Fußsohlen	19,1
Dickdarm	10,0	– Bauch	19,4
Enddarm	6,2	– Ohr	34,5
After	4,3	Rote Blutkörperchen	120,0
Luftröhre	47,5	Weiße Blutkörperchen	1,0…3,0
Lunge (Alveolen)	8,1	Nervensystem	keine Erneuerung

Größe von Zellen oder Zellorganellen (nach Flindt 1995)

	Länge	Durchmesser		Länge	Durchmesser
Virus, Maul- und Klauenseuche		10 nm	Epidermis, Zwiebel		400 µm
Influenza-Virus		120 nm	Faserzelle, Lein	40…65 mm	
Tabak-Mosaik-Virus	28 nm		Faserzelle, Brennnessel	50…75 mm	
Micrococcus (Bakterie)		0,2 µm	Internodalzelle, Chara	40…80 mm	
Escherichia coli (Bakterie)	3 µm		Faserzelle, Ramiepflanze	400 mm	
Thiospirillum (Bakterie)	80 µm		Zelle Mundschleimhaut, Mensch		60…80 µm
Hefezellen		6…8 µm	Chondriosomen		0,5…0,8 µm
Chlamydomonas (Geißelalge)		20 µm	Dictyosomen	0,2…5,5 µm	
Kieselalgen, gestreckte Form	180 µm		Chloroplasten		4…8 µm
Kieselalgen, runde Form		35 µm	Ribosomen		10…15 nm
Rotes Blutkörperchen, Mensch		7,5 µm	Elementar-Membran, Pflanzen		6…8 nm
Spermium, Mensch	50 µm		Doppelmembran, ER, Pflanzen		25…30 nm
Eizelle, Mensch		100 µm	Zellmembran, Mensch, Mundschleimhaut		7,67 nm
Straußenei	150 mm		Zellmembran, Mensch, Erythrozyt		8,5 nm
Epidermis, Eiche		28 µm			
Markgewebe, Holunder		200 µm			

Dauer der Zellteilung (Mitose) verschiedener Zellen (nach Flindt 1995)

Art und Zelle	Prophase	Metaphase	Anaphase	Telophase	Mitosedauer
Sonnentierchen	12 min	3… 6 min	4 min		30 min
Saubohne, Meristem	90 min	31 min	34 min	34 min	189 min
Erbse, Endosperm	40 min	20 min	12 min	110 min	182 min
Iris, Endosperm	40…60 min	10…30 min	12…22 min	40…75 min	140 min
Gräser, Spaltöffnungszellen	36…45 min	7…10 min	15…20 min	20…35 min	78…110 min
Molch, Fibroblasten	18 min	38 min	26 min	28 min	110 min
Hühnchen, Fibroblasten	45 min	6 min	2 min	10 min	63 min
Hühnchen, Mesenchym	30…60 min	2…10 min	2… 3 min	3…12 min	37… 82 min
Ratte, Leberzellen	4 h	10 min	30 min	30 min	5 h 10 min
Drosophila-Eier, Furchung	4 min	30 s	1 min	50 s	6 min 20 s

Sinnes- und Nervenphysiologie

Obergrenze der Hörfähigkeit bei Tieren und beim Mensch (verändert nach Flindt 1995)

Art	Obergrenze in kHz	Art	Obergrenze in kHz	Art	Obergrenze in kHz
Hai	2	Uhu	8	Meerschweinchen	33
Zwergwels	13	Huhn	38	Mensch	
Ochsenfrosch	4	Kanarienvogel	10	– Kind	21
Brillenkaiman	6	Wellensittich	14	– 35 Jahre	15
Eidechsen	8	Delfin	200	– 50 Jahre	12
Schlangen	0	Fledermaus	400	– Greis	5
Sperling	18	Hund	135	Grillen	8
Star	15	Katze	47	Laubheuschrecken	90

Schallpegel verschiedener Geräusche (verändert nach Flindt 1995)

Geräusch	dB(A)*	Geräusch	dB(A)*
Schwellenlautstärke	0	Staubsauger, Straßenverkehr	80
leises Flüstern	10	Motorrad, Lkw, starker Straßenverkehr	90
ruhige Unterhaltung, ruhige Wohnung	40	Propellerflugzeug, Rockkonzert	120
normale Unterhaltung,		Schmerzgrenze, Lärm in Kesselschmiede	130
Lautsprecher auf Zimmerlautstärke	50	Düsenjäger beim Start	140

* dB(A): Intensität der frequenzabhängigen Wahrnehmung des menschlichen Ohres

Erregungsleitungsgeschwindigkeit in Nerven (verändert nach Flindt 1995)

Tierart	Nervenfasertyp	Durchmesser in µm	Erregungsleitungsgeschwindigkeit in m/s
Ohrenqualle (Aurelia)	Nervennetz	6 … 12	0,5
Regenwurm	mediale Riesenfaser	50 … 90	30
	laterale Riesenfaser	40 … 60	11,3
Hummer	Beinnerv	60 … 80	14 … 18
Karpfen	laterale Faser	20	47
Frosch	A-Faser	15	30
Mensch	A-Faser	10 … 20	60 … 120
	B-Faser	3	3 … 15
	C-Faser	0,3 … 1,3	0,6 … 2,3

Anzahl der Rezeptoren und ableitenden Nervenfasern der Sinne des Menschen (nach Flindt 1995)

Sinn	Anzahl der Rezeptoren	Anzahl der Nervenfasern	Sinn	Anzahl der Rezeptoren	Anzahl der Nervenfasern
Auge	$2 \cdot 10^8$	$2 \cdot 10^6$	Druck	$5 \cdot 10^5$	10^6
Ohr	$3 \cdot 10^4$	$2 \cdot 10^4$	Schmerz	$3 \cdot 10^6$	10^6
Geschmack	10^7	$2 \cdot 10^3$	Wärme	10^4	10^6
Geruch	10^7	$2 \cdot 10^3$	Kälte	10^5	10^6

Stoff- und Energiewechsel

Energie-, Nährstoff-, Wasser- und Vitamingehalt ausgewählter Nahrungsmittel (nach Flindt 1995)

Nahrungsmittel in g (berechnet auf 100 g)	Energiegehalt		Nährstoffgehalt in g			Wassergehalt in g	Vitamingehalt			
	in kJ	in kcal	Eiweiß	Fett	Kohlenhydrate		A in I. E.	B in mg	C in mg	E in mg
Roggenbrot	950	227	6,4	1,0	52,7	38,5	o. A.	o. A.	o. A.	o. A.
Brötchen	1 126	269	6,8	0,5	58,0	34,0	o. A.	o. A.	o. A.	o. A.
Spaghetti	1 544	369	12,5	1,2	75,2	10,4	o. A.	o. A.	o. A.	o. A.
Kartoffeln	318	76	2,1	0,1	17,7	79,8	5	0,11	20	0,06
Walnüsse	2 725	651	14,8	64,0	15,8	3,5	30	1,43	2	1,5
Banane	356	85	1,1	0,2	22,2	75,7	190	0,05	10	0,2
Apfel (süß)	243	58	0,3	0,6	15,0	84,0	90	0,04	5	0,3
Jogurt	297	71	4,8	3,8	4,5	86,1	o. A.	o. A.	o. A.	o. A.
Kuhmilch	268	64	3,2	3,7	4,6	88,5	140	0,04	1	0,06
Butter	2 996	716	0,6	81,0	0,7	17,4	3 300	Spuren	Spuren	2,4
Margarine	3 013	720	0,5	80,0	0,4	19,7	3 000	–	–	30,0
Hühnerei	678	162	12,8	11,5	0,7	74,0	1 100	0,12	–	1,0
Honig	1 272	304	0,3	0,0	82,3	17,2	–	Spuren	1	–
Traubenzucker	1 611	385	0,0	0,0	99,5	0,0	–	–	–	–
Forelle	423	101	19,2	2,1	0,0	77,6	150	0,09	–	–
Schweinekotelett	1 427	341	15,2	30,6	0,0	53,9	–	0,8	–	0,6
Rinderfilet	511	122	19,2	4,4	0,0	75,1	–	0,1	–	0,5

o. A.: ohne Angaben
I. E.: Internationale Einheiten

Energiegehalt der Nährstoffe

Nährstoffe	Energiegehalt		Bedarfsfaktor
	in $\frac{kJ}{g}$	in $\frac{kcal}{g}$	in g je kg Körpermasse
Fette	39	9,3	0,8
Eiweiße	17	4,1	0,9
Kohlenhydrate	17	4,1	0,9

4,1868 kJ = 1 kcal

Täglicher Energiebedarf von Säuglingen, Kindern und Jugendlichen (nach Flindt 1995)

Alter	Mittlere Körpermasse in kg	Energiebedarf (Gesamtumsatz)			
		je kg Körpermasse		je Tag	
		in kJ	in kcal	in kJ	in kcal
1 … 2 Monate	5,3	480	115	2 544	609
3 … 6 Monate	6,8	460	110	3 128	748
6 … 9 Monate	8,4	420	100	3 528	840
9 … 12 Monate	9,8	405	97	3 969	950
3 Jahre	15,3	395	95	6 043	1 453
5 Jahre	18,1	375	90	6 787	1 629
10 Jahre	31,3	310	74	9 703	2 316
15 Jahre	55,4	222	53	12 298	2 936
18 Jahre	65,5	205	49	13 427	3 209

Stoff- und Energiewechsel

Täglich benötigte Nahrungsmenge verschiedener Lebewesen (verändert nach Flindt 1995)

Lebewesen	Nahrungsbedarf in % der Körpermasse	Lebewesen	Nahrungsbedarf in % der Körpermasse	Lebewesen	Nahrungsbedarf in % der Körpermasse
Anakonda	0,013	Rind	3,0	Star	11,9
Indischer Elefant	1,0	Huhn	3,5	Blaumeise	30
		Bussard	4,5	Maus	40
Bär	2,0	Steinkauz	6,5	Maulwurf	100
Tiger	2,8	Turmfalke	8	Spitzmaus	100
Löwe	2,9	Singdrossel	10	Kolibri	200

Körpermassenindex (nach Flindt 1995)

$$\text{BMI} = \frac{\text{Körpermasse (in kg)}}{\text{Körpergröße (in m)} \cdot \text{Körpergröße (in m)}} \qquad \text{BMI Body-Mass-Index}$$

ohne Berücksichtigung des Alters			unter Berücksichtigung des Alters	
Klassifikation	Körpermassenindex (BMI)		Altersgruppe nach Jahren	Wünschenswerter Körpermassenindex (BMI)
	männlich	weiblich		
Untergewicht	< 20	< 19	19…24	19…24
Normalgewicht	20…25	19…24	25…34	20…25
Übergewicht	25…30	24…30	35…44	21…26
Fettsucht (Adipositas)	30…40	30…40	45…54	22…27
Massive Fettsucht	> 40	> 40	55…64	23…28
			> 64	24…29

Respiratorischer Quotient

Respiratorischer Quotient RQ	$RQ = \dfrac{n(CO_2)_{aus} - n(CO_2)_{ein}}{n(O_2)_{ein} - n(O_2)_{aus}}$ $= \dfrac{n(CO_2)_{gebildet}}{n(O_2)_{verbraucht}}$ $= \dfrac{V(CO_2)_{gebildet}}{V(O_2)_{verbraucht}}$	$n(CO_2)_{aus/ein}$ aus- bzw. eingeatmete Stoffmenge an Kohlenstoffdioxid $n(O_2)_{ein/aus}$ ein- bzw. ausgeatmete Stoffmenge an Sauerstoff $V(CO_2)_{gebildet}$ gebildetes Kohlenstoffdioxidvolumen $V(O_2)_{verbraucht}$ verbrauchtes Sauerstoffvolumen

Abbau der Nährstoffe im Körper (nach Flindt 1995)

Nährstoffe	Sauerstoffverbrauch in cm³ je g Nährstoff	Kohlenstoffdioxidabgabe in cm³ je g Nährstoff	RQ	Energie in kJ (kcal) je min
Kohlenhydrate	820	820	1	17,2 (4,1)
Fette	2 020	1 430	0,71	39,3 (9,4)
Eiweiße	960	770	0,8	18,0 (4,3)

Energieverbrauch bei verschiedenen Tätigkeiten (verändert nach Flindt 1995)

Tätigkeiten	$\frac{kJ}{h}$	$\frac{kcal}{h}$	Tätigkeiten	$\frac{kJ}{h}$	$\frac{kcal}{h}$
Fenster putzen	3 059	730	Brustschwimmen (50 m/min)	11 942	2 850
Betten machen	3 352	800	Dauerlauf (10 km/h)	10 475	2 500
Wäsche bügeln	2 388	570	Fußball spielen	7 961	1 900
Staub saugen	3 143	750	Rad fahren	2 933	700
Spielen/Aufräumen	1 048	250	Gymnastik	5 866	1 400
Stehen	587	140	Skilanglauf (8 km/h)	13 408	3 250
Sitzen	503	120	Tanzen	4 190	1 000

Veränderung des Sauerstoff- und Kohlenstoffdioxidgehaltes in der Atemluft und im Blut des Menschen während der Atmung (verändert nach Flindt 1995)

	O_2 in %	O_2-Partialdruck $p(O_2)$ in hPa	CO_2 in %	CO_2-Partialdruck $p(CO_2)$ in hPa
Einatemluft	20,9	200	0,03	0,3
Alveolarluft	14	133	5,6	53
Ausatemluft	16	155	4	39
Arterielles Blut	o. A.	127	o. A.	53
Venöses Blut	o. A.	53	o. A.	61

Sauerstoffverbrauch und Gasaustausch des Menschen (verändert nach Flindt 1995)

Sauerstoffverbrauch in cm³/min			
Tätigkeit		je kg Körpermasse	
in Ruhe	150 … 300	Neugeborene (bis 7. Tag)	5,7
bei leichter Arbeit (60 W)	1 000 … 1 200	Säugling, 3 Monate	6,9
bei mittelschwerer Arbeit (120 W)	1 600 … 1 950	Säugling, 6 Monate	7,1
bei schwerer Arbeit (180 W)	2 000 … 2 600	Säugling, 12 Monate	7,0
bei kurzzeitigen Spitzenleistungen	3 000 … 4 600	Erwachsene, in Ruhe	3,4
		Erwachsene, bei Schwerstarbeit	70,0
Gasaustausch			
tägliche Sauerstoffaufnahme		400 … 800 l O_2	
tägliche Kohlenstoffdioxidabgabe		350 … 700 l CO_2	
Sauerstoffaufnahme $V(O_2)$		280 cm³/min	
Kohlenstoffdioxidabgabe $V(CO_2)$		230 cm³/min	

Osmose

Saugkraft der Zelle S	$S = O - W$	W	Turgor (Wanddruck)
		T	Temperatur
Osmotischer Druck O	$O = c \cdot R \cdot T$	R	(universelle) Gaskonstante
		c	Stoffmengenkonzentration der gelösten Stoffe

Fortpflanzung und Entwicklung

Pearl-Index und Entbindungstermin

Pearl-Index PI (Versagerquote)	$PI = \dfrac{N}{N_{\text{Anwender}} \cdot t}$	N	Anzahl der ungewollten Schwangerschaften
		t	Beobachtungszeitraum in Jahren
		N_{Anwender}	Anzahl der Anwender/innen
Entbindungstermin Et (Naegele'sche Regel)	$Et = T_m + 7,\ M_m - 3,\ J_m + 1$	T_m, M_m, J_m	Termin des ersten Tages der letzten Menstruation (T Tag, M Monat, J Jahr)
		Anwendung:	T, M, J = 10.05.1998 10 + 7, 5 − 3, 1998 + 1 $Et = 17.02.1999$
		Einschränkung:	Gilt nicht, wenn Et in die Monate Oktober, November, Dezember fällt.

Das Wachstum des menschlichen Keimlings während der Schwangerschaft (nach Flindt 1995)

Alter	Anzahl der Urwirbel (Somiten)	Länge Scheitel bis Steiß	Länge Scheitel bis Ferse	Masse in g
20 Tage	1…4			
21 Tage	4…7	2 mm		
22 Tage	7…10			
23 Tage	10…13			
24 Tage	13…17			
25 Tage	17…20			
26 Tage	20…23			
27 Tage	23…26	4 mm		
28 Tage	26…29			0,02
30 Tage	34…35			
35 Tage	42…44	5…8 mm		
6 Wochen		10…14 mm		
7 Wochen		17…22 mm	1,9 cm	
8 Wochen		28…30 mm	3,0 cm	1,0
12 Wochen		5,6 cm	7,3 cm	14,0
16 Wochen		11,2 cm	15,7 cm	105,0
20 Wochen		16,0 cm	23,9 cm	310,0
24 Wochen		20,3 cm	29,6 cm	640,0
28 Wochen		24,2 cm	35,5 cm	1 080,0
32 Wochen		27,7 cm	40,9 cm	1 670,0
36 Wochen		31,3 cm	45,8 cm	2 400,0
40 Wochen (Geburt)		35,0 cm	50,0 cm	3 300,0

Genetik und Evolution

Chromosomensätze von Lebewesen

Art **Tiere**	Chromosomenanzahl eines diploiden Chromosomensatzes	Art **Pflanzen**	Chromosomenanzahl eines diploiden Chromosomensatzes
Stechmücke	6	Champignon	8
Drosophila	8	Erbse	14
Stubenfliege	12	Walderdbeere	14
Hecht	18	Heidekraut	16
Riesenkänguru	22	Mais	20
Feuersalamander	24	Fichte	24
Laubfrosch	24	Ginkgo	24
Kreuzotter	36	Kiefer	24
Hauskatze	38	Stieleiche	24
Schwein	38	Erle	28
Hausspinne	43	Kokosnuss	32
Mensch	46	Raps	38
Schimpanse	48	Kürbis	40
Weinbergschnecke	54	Pflaume	48
Pferd	64	Kirsche	16, 24, 32, 64
Haushuhn	78	Birke	84
Hund	78	Birne	34, 51, 68, 85
Kanarienvogel	80	Adlerfarn	104
Taube	80	Augentierchen	ca. 200
Karpfen	104	Schachtelhalm	216
Neunauge	174	Natternzunge	480

Mutationsrate

Berechnung der Mutationsrate M_r (nach Nachtsheim)	$M_r = \dfrac{N_N}{2 N_I}$	N_N Anzahl der Neumutanten N_I Gesamtanzahl der betrachteten Individuen

Populationsgenetik

Hardy-Weinberg-Gesetz	Für die Ausgangspopulation gilt: $p + q = 1$ Für die Folgepopulation gilt: $p^2 + 2pq + q^2 = 1$ $d + h + r = 1$ $p = d + 0{,}5h$ $q = 0{,}5h + r$	p, q Häufigkeit dominanter und rezessiver Allele Genotyphäufigkeit: p homozygot dominant h heterozygot r homozygot rezessiv

Bedingung: Das Gesetz gilt unter den Annahmen, dass
– keine Mutationen auftreten,
– unendlich große Population vorhanden ist,
– die Individuen der Population sich beliebig paaren können (vollständige Panmixie),
– keine Selektion stattfindet,
– kein Genfluss auftritt.

Genetik und Evolution

Entwicklung der Lebewesen im Verlauf der Erdgeschichte

Zeitalter	Epoche (Mio. Jahre)	Hauptgruppe	Entwicklung der Organismen	Erstmalig treten auf
Erdneuzeit	Quartär (2 bis heute)	Säuger und Vögel / Bedecktsamer	Pflanzen und Tiere der Eiszeiten; zunehmender Einfluss der Menschen auf Biotope der Erde	Australopithecinen, Homo habilis, Homo erectus, Homo sapiens
Erdneuzeit	Tertiär (65 bis 2)	Säuger und Vögel / Bedecktsamer	Herausbildung von Pflanzen und Tieren ähnlich den rezenten Formen; Ausbreitung der Säugetiere	Rezente Insektengattungen und rezente Säugerordnungen
Erdmittelalter	Kreide (135 bis 65)	Säuger und Vögel / Bedecktsamer	Entfaltung der Knochenfische; Entwicklung der Säugetiere; Entstehung der Blütenpflanzen	Erste Laubhölzer, echte Vögel
Erdmittelalter	Jura (195 bis 135)	Saurier / Nacktsamer	Volle Entfaltung der Nadelbäume; Blütezeit der Saurier	Urvogel Archaeopteryx, rezente Gattung von Ginkgo
Erdmittelalter	Trias (225 bis 195)	Saurier / Nacktsamer	Fast völliges Aussterben der Ammoniten; Riesenformen von Schachtelhalmen und Farnen	Saurier und erste kleine Säugetiere, Urschmetterlinge
Erdaltertum	Perm (280 bis 225)	erste Lurche / Farne	Weiterentwicklung der Fische, Amphibien und Reptilien	Nadelbäume, Ginkgogewächse, Käfer
Erdaltertum	Karbon (345 bis 280)	erste Lurche / Farne	Blütezeit der Amphibien; Wälder aus Bärlappgewächsen, Schuppenbäumen und Farnen	Erste Reptilien, geflügelte Insekten, Süßwassermuscheln
Erdaltertum	Devon (395 bis 345)	erste Lurche / Farne	Besiedlung feuchter Lebensräume des Festlandes durch Farne, Moose und Schachtelhalme	Übergangsformen von Fischen zu Lurchen, erste Insekten
Erdaltertum	Silur (430 bis 395)	erste Fische / Farne	Algen, Pilze und Flechten besiedeln das Land; Blütezeit der Wirbellosen	Panzerfische (mit Kiefer), Korallenriffe
Erdaltertum	Ordovicium (500 bis 430)	erste Fische	Entfaltung der Artenanzahl der Wirbellosen und Meeresalgen	Erste Fische (ohne Kiefer), Quallen und Weichtiere
Erdaltertum	Kambrium (570 bis 500)	Wirbellose / Algen	Erste vielzellige Tiere im Urozean; Blütezeit der Trilobiten	Algen, Trilobiten, Krebse, Schnecken, Steinkorallen, Stachelhäuter
	Praekambrium (4000 bis 570)	Urbakterien	Entstehung des Lebens; Entwicklung der Fotosynthese	Erste organische Moleküle, Urbakterien, algenartige Strukturen

Evolution des Menschen in einer 24-Stunden-Darstellung
24 Stunden entsprechen dem Zeitraum von vor 4,5 Millionen Jahren bis heute

Vorfahren des heutigen Menschen	Auftreten in einer 24 Stunden Darstellung	Dauer des Auftritts
Australopithecus ramidus	00.32…01.36	1 h 04 min
Australopithecus afarensis	02.40…08.00	5 h 20 min
Australopithecus africanus	08.00…13.20	5 h 20 min
Homo rudolfensis	11.12…14.24	3 h 12 min
Homo habilis	11.44…15.28	3 h 44 min
Homo erectus	14.24…22.56	8 h 32 min
Homo sapiens neanderthalensis	22.56…23.50	54 min
Homo sapiens sapiens	23.28…24.00	32 min

Selektion

Individualfitness W	$W = \dfrac{N_I}{N_{max}}$ Für den besten Genotyp gilt: $W = 1$.	N_I Genotyphäufigkeit des betrachteten Genotyps N_{max} Nachkommenschaft des besten Genotyps
Mittlere Populationsfitness $\overline{W}$	$\overline{W} = \dfrac{f_1 \cdot W_1 + f_2 \cdot W_2 + \ldots + f_n \cdot W_n}{f_1 + f_2 + \ldots + f_n}$	W_1, W_2 Individualfitness der Genotypen 1 und 2 f_1, f_2 Häufigkeit der Genotypen
Genetische Last L (Genetische Bürde)	$L = \dfrac{W_{max} - \overline{W}}{W_{max}}$	W_{max} Fitness des besten Genotyps In jeder Population ist die durchschnittliche Fitness $\overline{W}$ geringer als die Fitness des besten Genotyps.
Selektionskoeffizient S	$S = 1 - W$	

Ökologie

Wachstumsgesetze

Geburtenrate GR	$GR = \dfrac{\Delta N_G}{\Delta t \, N}$	N_G Anzahl der Geburten N Gesamtzahl der betrachteten Individuen N_T Anzahl der Todesfälle t Zeit K Faktor, der die Lebensraumkapazität angibt (maximale Populationsgröße)
Sterberate SR	$SR = \dfrac{\Delta N_T}{\Delta t \, N}$	
Zuwachsrate r	$r = GR - SR$	
Logistisches Wachstum	$\dfrac{dN}{dt} = r \cdot N \cdot \dfrac{K - N}{K}$	
Exponentielles Wachstum	$\dfrac{dN}{dt} = r \cdot N$ gültig für $N < K$	

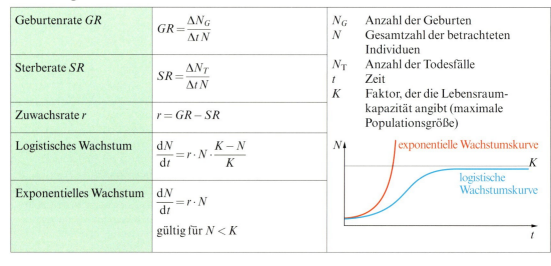

Ökologie

Bestimmen der Wasserqualität

Sauerstoffgehalt $\beta(O_2)$ in mg/l (nach Winkler)	$\beta(O_2) = \dfrac{a \cdot 0{,}08 \cdot 1\,000}{V - b}$	V Volumen der Wasserprobe in ml a Verbrauch an Natriumthiosulfatlösung in ml ($c = 0{,}01$ mol/l) b zugesetzte Reagenzienmenge in ml $1\,000$ Umrechnungsfaktor für einen Liter
Sauerstoffsättigung S	$S = \dfrac{\beta(O_2) \cdot 100\%}{\beta(O_2)\,S}$	$\beta(O_2)$ gemessener Sauerstoffgehalt der Frischprobe bei gemessener Temperatur $\beta(O_2)\,S$ theoretischer Sauerstoffsättigungswert bei der gemessenen Temperatur
Sauerstoffdefizit $\beta(O_2)_{\text{Def}}$	$\beta(O_2)_{\text{Def}} = \beta(O_2) - \beta(O_2)\,S$	
Saprobienindex S_x	$S_x = \dfrac{\sum\limits_{i=1}^{n} h_i \cdot s_i \cdot g_i}{\sum\limits_{i=1}^{n} h_i \cdot g_i}$ oder $S_x = \dfrac{(h_1 \cdot s_1 \cdot g_1) + (h_2 \cdot s_2 \cdot g_2) + \ldots + (h_n \cdot s_n \cdot g_n)}{(h_1 \cdot g_1) + (h_2 \cdot g_2) + \ldots + (h_n \cdot g_n)}$	n Anzahl der untersuchten Organismenarten h Ausgezählte Häufigkeit der Organismen einer Art s Saprobienindex für die einzelne Art, gibt deren Optimum innerhalb der Saprobienstufen an g Indikationsgewicht (1–5), gibt Eignung einer Art als Indikator für bestimmte Güteklassen an (Bindung an nur eine Güteklasse $g = 5$; Vorkommen in zwei oder mehr Güteklassen $g = 4, 3, 2, 1$)

Bestandsaufnahme von Pflanzen

Stufen	Deckungsgrad der Art (bedeckter Anteil der Untersuchungsfläche in %)	Häufigkeit der Art in der Untersuchungsfläche	Entwicklungsstatus
r	sehr wenig Fläche abdeckend; <5	1 Individuum	K Keimpflanze J Jungpflanze st steril (ausgewachsene Pflanze ohne Blüten und Samen) ko knospend (Blüten- oder Blattknospen) b blühend f fruchtend v vergilbend t tot (oberirdische Teile abgestorben) S nur als Samen zu finden g abgemäht
+	wenig Fläche abdeckend; <5	2…5 Individuen	
1	<5	sehr spärlich vorhanden	
2	5… 25	spärlich vorhanden	
3	26… 50	wenig zahlreich vorhanden	
4	51… 75	zahlreich vorhanden	
5	76…100	sehr zahlreich vorhanden	

Register

Abbildungsgleichung 82
Abbildungsmaßstab 82
Aberrationskonstante 89
abgeschlossene Intervalle 10
Abrunden 10
absolute Häufigkeit 38
Abweichung, mittlere quadratische 39
Achsenspiegelung 33
Additionssatz 39
Additionstheoreme 24
Additionsverfahren 18
Adiabatenexponent 74
adiabatische Zustandsänderung 74
Aggregatzustand 100 ff.
Ähnlichkeitssätze 30
Aktivität 83 f.
Akustik 67 f.
Aldebaran 93
Algorithmik 48 f.
Algorithmusbegriff 48
alkalische Lösungen 110
allgemeine Zustandsgleichung 74
allgemeines Dreieck 26
allgemeines Viereck 26
Allgemeingültigkeit 48
Alphabet, griechisches 6
Alphastrahlung 84
Amontons, Gesetz von 74
Ampere 59
Amplitude 68
AND 46
Ankathete 22
Anlagen, hydraulische 69
anorganische Stoffe 100 ff.
antiproportionale Zuordnungen 16
Antivalenz 46
Äquatorialebene 35
Äquatorsystem, rotierendes 90
Äquivalentdosis 83 f.
Äquivalenz 46
Arbeit 60
– im elektrischen Feld 78
–, elektrische 75 f.
–, mechanische 65
–, Umrechnungsfaktoren 88
Arbeitslosenquote 57
archimedisches Prinzip 69
arcus 25
arithmetisches Mittel 7, 38
Array 47
Artenanzahlen 121
ASCII 47
Assoziativgesetz 7

astronomische Einheit 89
– Koordinaten 90
Atair 93
Atemluft 126
Atlantic Standard Time 90
Atmung 126
atomare Masseneinheit 84
Atombau der Elemente 98
Atomkerne 84
Atommasse 95 ff.
–, relative 84
Atomradien 99
Aufriss 34
Aufrunden 10
Auftrieb 69
Auftriebskraft 64, 69
Ausbreitungsgeschwindigkeit 67, 80
Ausdehnungskoeffizient, kubischer 73
–, linearer 72
Ausführbarkeit 48
Ausgangskapital 17
Außenwinkelsatz 30
Auswahl, einseitige 49
–, zweiseitige 49

Balkendiagramme 36
barometrische Höhenformel 69
Basiseinheiten 59
Basiswechsel 20
Baud 45
bedingte Wahrscheinlichkeit 39
belasteter Transformator 80
Bernoulli-Kette 40
– Versuch 40
Beschichten 54
Beschleunigung 60
Beschleunigungsarbeit 65
Bestandsaufnahme von Pflanzen 131
Betastrahlung 84
Betriebswirtschaft 56 f.
Bewegung, gleichförmige geradlinige 63
–, gleichmäßig beschleunigte geradlinige 63
Bildweite 81
binär Eins 45
binär Null 45
Binärcode 45
Binomen 37
Binomialkoeffizienten 37
Binomialverteilung 40 ff.
binomische Formeln 7
binomischer Satz 37
Bit 45
Blindleistung 79
Blindwiderstand 79
Blutalkoholgehalt 115
BMI 125
Body-Mass-Index 125

Bogenmaß 25
Boolean 47
Boxplots 36
Boyle, Gesetz von 74
bps 45
Brechungsgesetz 82
Brechwert 81 f.
Brechzahl 81 f.
Brechzahlen 83
Brennweite 81
Bruchzahlen 10 f.
Bruttoinlandsprodukt 57
Bruttowertschöpfung 57
Byte 45

Callisto 92
Candela 59
Cascading Style Sheet 52
Cavalieri, Satz des 28
Char 47
Charon 92
Chemiefaserstoffe 58
chemische Elemente 95 ff.
– Zeichen 109
Chromosomenanzahl 128
Chromosomensätze 128
Client 50
Country Code TLD 50
CSS 52
– Anweisungen 52
CSS-Referenzen 52
Currency 47

darstellende Geometrie 34
Datafile 48
Date 47
Daten 45
Datendarstellung 45 ff.
Datendatei 48
Datenorganisation 48
Datensatz 48
Datentypen 47
Deckungsgrad 131
Deimos 92
dekadischer Logarithmus 20
Deklaration 52
Dezimalsystem 12
Dezimalzahlen 12 f.
Diagramm 16, 36
Dichte 60, 69, 100, 113
Dichten, feste Stoffe 70
–, Flüssigkeiten 70
–, Gase 70
Differenzmenge 6
Diode 77
Dipol 80
Disjunktion 46
Diskriminante 19
Distributivgesetz 7
Dodekaeder 29
Domain 49
Double 47
Drachenviereck 27

Draufsicht 34
Drehmoment 60
Drehung 33
Drehzahl 60
Dreieck, allgemeines 26
–, gleichschenkliges 26
–, gleichseitiges 26
–, rechtwinkliges 26
Dreiecke 26
Dreiecksungleichung 30
Dreisatz-Schema 16
Dreitafelprojektion, senkrechte 34
Drittes Kepler'sches Gesetz 94
Druck 60, 69
–, osmotischer 126
–, Umrechnungsfaktoren 88
Druckabhängigkeit der Siedetemperatur des Wassers 74
Dualcode 45
Dualsystem 12
Dualzahlen 12 f.
Durchlassrichtung 77
Durchschnitt 6

ebene Figuren 26
Ebene, geneigte 62
Eigenfrequenz 80
Eigenkapitalrentabilität 57
Eindeutigkeit 48
Einheiten 44 f.
Einheitskreis 22 f.
Einrichtungen, kraftumformende 62
einseitige Auswahl 49
Einsetzungsverfahren 18
Einzelunternehmen 56
Ekliptik 89
elektrische Arbeit 75 f.
– Energie 75
– Feldstärke 75
– Kapazität 75, 78
– Ladung 75, 78
– – der Ionen 99
– Leistung 75 f.
– Spannung 75 f.
– Stromstärke 75 f.
elektrischer Widerstand 75 f.
elektrisches Feld 78
– Potenzial 75
elektrochemische Spannungsreihe 108
elektromagnetische Wellen 80
–, Strahlung 84
elektromagnetischer Schwingkreis 80
elektromagnetisches Spektrum 81
Elektronegativitätswert 95 ff.

Register

Elektronenanordnung 97
Elektronenschreibweise 97
Elektrotechnik 54 f.
Elemente, chemische 95 ff.
E-Mail 50
Emitterschaltung 77
empirische Varianz 39
Endlichkeit 48
Energie 60, 75
–, elektrische 75
–, innere 71
–, kinetische 65
–, mechanische 65
–, potenzielle 65
–, Umrechnungsfaktoren 88
Energiebedarf 124
Energiedosis 83 f.
Energiegehalt 124
–, Nahrungsmittel 112
Energiestrom 66
Energieverbrauch 126
Energiewechsel 124
Entbindungstermin 127
Entwicklung 127
Erdaltertum 129
Erde 91 f.
Erdgeschichte 129
Erdmittelalter 129
Erdneuzeit 129
Ereignis 38
–, sicheres 38
–, unmögliches 38
Ergebnis, zufälliges 38
Ergebnismenge 38
Erregungsleitungsgeschwindigkeit in Nerven 123
Erster Hauptsatz der Wärmelehre 75
Erstes Kepler'sches Gesetz 94
Erwartungswert 40
Erweitern 10
Erwerbsquote 57
E-Sätze 118 f.
Evolution 128
–, des Menschen 130
Exklusiv-NICHT-ODER 46
Exklusiv-ODER 46
Exponentialfunktionen 21
Exponentielles Wachstum 130
Extern 52
Extranet 50
Exzentrizität, numerische 94

Fadenpendel 67
Fakultät 37
Faraday'sche Gesetze 115
Farbstoffe 111
Feder, gespannte 65
Federkonstante 60
Federpendel 67

Federspannarbeit 65
Federspannkraft 64
Feld 48
–, elektrisches 78
–, magnetisches 78
Feldstärke, elektrische 75
Fertigungstechnik 54
Fertigungsverfahren 54
feste Rolle 62
Fläche 60
Flächeninhalt 44, 60
Flaschenzug 62
Fluchtgeschwindigkeit 94
Folge 48
Formeln, binomische 7
Fortpflanzung 127
Freihandlinie 53
Frequenz 60, 66, 68
FTP 50
Fügen 54
Funktionen 5, 16 ff.
–, konstante 18
–, lineare 18
–, quadratische 19

Galaxis 93
Gammastrahlung 81, 84
Ganymed 92
ganze Zahlen 11
Gas, ideales 74
Gasaustausch 126
Gase, Löslichkeit 107
Gasgleichung, universelle 74
Gay-Lussac, Gesetz von 74
Geburtenrate 130
gedämpfte Schwingung 67
Gefahrenbezeichnungen 116
Gefahrenhinweise 117
Gefahrensymbole 116
Gefahrstoffe 116, 118 f.
Gegenereignis 38
Gegenkathete 22
Geld 44
geneigte Ebene 62
generic Top Level Domain 50
Genetik 128
genetische Last 130
–, Bürde 130
Genossenschaften 56
geometrisches Mittel 7
Gesamtkapital 17
Gesamtkapitalrentabilität 57
Gesamtumsatz 124
Geschmacksverstärker 111
Geschwindigkeit 60, 63
Geschwindigkeiten, kosmische 94
Gesellschaften 56
Gesetz von Amontons 74
– von Boyle 74

– von der Erhaltung der mechanischen Energie 66
– von Gay-Lussac 74
– von Hubble 94
– von Mariotte 74
– von Poisson 74
–, Hooke'sches 64
–, Joule'sches 76
–, Ohm'sches 76
Gesetze, Faraday'sche 115
–, Kepler'sche 94
gespannte Feder 65
Gewichtskraft 64
gleichförmige geradlinige Bewegung 63
– Kreisbewegung 63
gleichmäßig beschleunigte geradlinige Bewegung 63
gleichschenklig 26
gleichschenkliges Dreieck 26
gleichseitig 26
gleichseitiges Dreieck 26
Gleichsetzungsverfahren 18
Gleichstrom 76 f.
Gleichungen 16 ff.
–, lineare 18
–, quadratische
Gleichungssysteme, lineare 18
Gleitreibungskraft 64
Gleitreibungszahl 65
Goldene Regel der Mechanik 62
goldener Schnitt 32
Gradmaß 25
Grafiken 51
Gravitation 66
Gravitationsfeld 65 f.
Gravitationsfeldstärke 66
Gravitationsgesetz 66, 94
Gravitationskonstante 89
Gravitationskraft 66, 94
Grenzwinkel der Totalreflexion 82
griechische Zahlwörter 109
griechisches Alphabet 6
Größe von Zellen 122
Grundgesetze der Dynamik 61
Grundgleichung der Wärmelehre 71
Grundriss 34
Grundschwingung 68
Grundwert 17

Haftreibungskraft 64
Haftreibungszahl 65
Halbleiter 76
Halbmond 91
halboffene Intervalle 10
Halbweite 39
Halbwertszeit 84
Halbwertszeiten 85

Hardy-Weinberg-Gesetz 128
harmonische Schwingung 67
Härtebereich 110
Häufigkeit, absolute 38
–, relative 38
Häufigkeitsverteilung einer Datenreihe 38
Hauptähnlichkeitssatz 30
Hauptreihensterne 93
Hauswirtschaft 58
Head 52
Hebel 62
Heizwerte 73
Helligkeit, scheinbare 93
Herstellkosten 56
Hertz'sche Wellen 81
Hexadezimalsystem 12
Hexadezimalzahlen 12 f.
Hexaeder 29
Histogramm 36
Höchstalter von Lebewesen 121
Höhenformel, barometrische 69
Höhensatz 31
Hooke'sches Gesetz 64
Hörfähigkeit 123
Horizontsystem 90
HTML-Befehle 51
HTTP 50
Hubarbeit 65
Hubble, Gesetz von 94
– Konstante 89
hydraulische Anlagen 69
Hypotenuse 22

ideales Gas 74
Ikosaeder 29
Impuls 60
Individualfitness 130
induktiver Widerstand 79
infrarotes Licht 81
Inline 52
innere Energie 71
Integer 47
internationales Einheitensystem 59
Internet 50
Intervalle, abgeschlossene 10
–, halboffene 10
–, offene 10
Intranet 50
Ionendosis 83 f.
Ionenradien 99
ISO-8859 47
isobare Zustandsänderung 74
isochore Zustandsänderung 74
Isolierstoffe 76
isotherme Zustandsänderung 74

Jahr, siderisches 89
–, tropisches 89
Joule'sches Gesetz 76
Jupiter 92

Kapazität, elektrische 75, 78
kapazitiver Widerstand 79
Kapital 17
Kapitalgesellschaft 56
kartesische Koordinatensysteme 35
Kathetensatz 31
Kelvin 59
Kepler'sche Gesetze 94
Kernbindungsenergie 84
Kilogramm 59
kinetische Energie 65
Klammern auflösen 7
Klangfarbe 68
klassische Wahrscheinlichkeit 38
Kohlenstoffdioxidabgabe 125
Kohlenstoffdioxidgehalt 126
Kombinationen 37
Kombinatorik 37 ff.
Kommutativgesetz 7
Komplementärmenge 6
Komplementwinkelbeziehung 24
Kongruenz 33
Kongruenzsätze 30
Konjunktion 46
Konservierungsstoffe 111
konstante Funktionen 18
Koordinaten, astronomische 90
Koordinatensysteme 35
Körpermasseindex 125
Kosinus 22
Kosinusfunktion 22
Kosinussatz 26
kosmische Geschwindigkeiten 94
– Strahlung 81
Kotangens 22
Kotangensfunktion 23
Kraft 6 f.
Kräfte, Zusammensetzung 61
kraftumformende Einrichtungen 62
Kreis 27
Kreisausschnitt 27
Kreisbewegung, gleichförmige 63
Kreisbogen 27
Kreisdiagramm 36
Kreisfrequenz 61, 66, 78
Kreiskegel 28
Kreiskegelstumpf 29
Kreisring 27

Kreiszylinder 28
kubischer Ausdehnungskoeffizient 73
Kugel 29
Kugelabschnitt 29
Kugelausschnitt 29
Kugelschicht 29
Kugelsektor 29
Kürzen 10
Kurzwellen 81

Ladung, elektrische 75, 78
Länge 44, 60
Längenänderung 72
Langwellen 81
Laplace-Wahrscheinlichkeit 38
Last, genetische 130
Lautstärke 68
Lautstärkepegel 67
Lebensdauer von Zellen 122
Lebensmittelzusatzstoffe 111
Leistung 60, 66
–, elektrische 75 f.
–, mechanische 66
Leistungsfaktor 79
Leuchtkraft 94
Licht, infrarotes 81
–, sichtbares 80 f.
Lichtgeschwindigkeit 83, 89
Lichtstärke 81
Lichtwellen 80 f.
lineare Funktionen 18
– Gleichungen 18
– Gleichungssysteme 18
linearer Ausdehnungskoeffizient 72
Linearfaktoren 19
Linienart 53
Liniendiagramm 36
Links 51
Linsen, optische 82
–, sphärische 82
Liquiditätsgrade 57
Logarithmen 20
Logarithmengesetze 20
Logarithmus, dekadischer 20
–, natürlicher 20
Logarithmusfunktionen 21
logische Verknüpfungen 45
logistisches Wachstum 130
Lorentzkraft 78
lose Rolle 62
Löslichkeit, Gase 107
–, Salze 107
Lösungen, alkalische 110
–, saure 110
Luftsäulen, schwingende 68

magnetisches Feld 78
Mariotte, Gesetz von 74
Mars 92

Masse 44, 61
–, molare 71, 113
Maßeintragung 53
Massenanteil 114
Massendefekt 84
Masseneinheit, atomare 84
Massenkonzentration 114
Massenzahl 84
Massenzahlen 95 ff.
Maßstäbe 53
Mechanik 60 ff.
Mechanik, Goldene Regel 62
mechanische Arbeit 65
– Energie 65
– Leistung 66
– Schwingungen 66 f.
– Wellen 67
Median 38
mehrstufige Zufallsversuche 39
Mengen 5
Mengenoperationen 6
Merkur 92
Meter 59
Mikrowellen 81
Milchstraßensystem 93
Mischungsgleichung 114
Mischungskreuz 114
Mischungsregel 114
Mischungsregel, Richmann'sche 71
Mitose 122
Mittel, arithmetisches 7, 38
Mittel, geometrisches 7
mitteleuropäische Zeit 90
Mittelpunktswinkelsatz 31
Mittelsenkrechte 30
Mittelwellen 81
Mittelwerte 7, 39
mittlere Greenwicher Zeit 90
– Populationsfitness 130
– quadratische Abweichung 39
Modalwert 38
Mol 59
Molalität 114
molare Masse 71, 100 ff.
molares Volumen 71, 113
Monat, siderischer 89
–, synodischer 89
Mond 91
Monde der Planeten 92
Mondphasen 91
Monotoniegesetze 11
Multiplikationssatz 39
Mutationsrate 128

Naegele'sche Regel 127
Näherungswerte 10
Nährstoffanteil Nahrungsmittel 112

Nährstoffe 124
–, Abbau 125
Nährstoffgehalt 124
Nahrungsmenge 125
Nahrungsmittel 124
–, Energiegehalt 112
–, Nährstoffanteil 112
NAND 46
Naturfaserstoffe 58
natürliche Zahlen 11
– Zerfallsreihen 85
natürlicher Logarithmus 20
Nebenwinkel 30
n-Eck, regelmäßiges 27
Negation 46
Neptun 92
Nereid 92
Nerven, Erregungsleitungsgeschwindigkeit 123
Nervenfasern 123
Nervenphysiologie 123
Nettoinlandsprodukt 57
Netzverwaltung 49
Netzwerkkommunikation 49 f.
Neumond 91
NICHT 46
NICHT-ODER 46
NICHT-UND 46
NOR 46
Normalform 19
Normalparabel 19
Normvolumen 113
Normzustand 74
NOT 46
npn-Transistor 77
Nuklidkarte 86 f.
Nullrichtung 35
Nullstellen 19, 22
numerische Exzentrizität 94
Nutationskonstante 89

Oberon 92
Objektweite 81
ODER 46
offene Intervalle 10
Ohm'sches Gesetz 76
Ohmscher Widerstand 79
Ökologie 130 f.
Oktaeder 29
Operationen 5
optische Linsen 82
OR 46
organische Stoffe 104 ff.
– Verbindungen 109
Osmose 126
osmotischer Druck 126
osteuropäische Zeit 90
Oxidationszahlen 95 ff.

Pacific Standard Time 90
Parabel 19
Parabelgeschwindigkeit 94
Parallelogramm 27

Parallelschaltung 77
Parallelverschiebung 33
Pascal'sches Dreieck 37
Pearl-Index 127
Periodendauer 61, 66
Periodizität 22 f.
Permutationen 37
Personengesellschaft 56
Pfadregel 39
Pfeildiagramm 16
Pflanzen, Bestandsaufnahme 131
Pflegebehandlung von Textilien 58
Phasenverschiebung 79
Phobos 92
pH-Werte 110
Piktogramme 36
Planeten 92
Plattenkondensator 78
Pluto 92
pn-Gebiet 77
pnp-Transistor 77
Poisson, Gesetz von 74
Polarachse 35
Polarkoordinaten 35
Pollux 93
Polyeder, regelmäßige 29
Populationsfitness, mittlere 130
Populationsgenetik 128
Potenzen 20
Potenzfunktionen 21
Potenzgesetze 20
Potenzial, elektrisches 75
potenzielle Energie 65
Primfaktorzerlegung 8 f.
Primzahlen 8 f.
Prinzip, archimedisches 69
Prisma 28
Produktivität 56
Produktregel 39
proportionale Zuordnungen 16
Proportionalität 16
Prozentrechnung 17
Prozentsatz 17
Prozentwert 17
Punktspiegelung 33
Pyramide 28
Pyramidenstumpf 29
Pythagoras, Satz des 31

Quader 28
Quadrantenbeziehungen 22 f.
Quadrat 27
quadratische Funktionen 19
– Gleichungen 19
Quotient, respiratorischer 125

Radialbeschleunigung 63
Radialkraft 64
Radiant 25
rationale Zahlen 11
Rauminhalt 44
Raute 27
Rate 17
Rechengesetze 7
Rechenoperationen 6
Rechenvorschrift 16
Rechteck 27
Rechtsformen 56
rechtwinklig 26
rechtwinkliges Dreieck 26
Redoxpaar 108
reelle Zahlen 11
Regel, Naegele'sche 127
regelmäßige Polyeder 29
regelmäßiges n-Eck 27
Reibungsarbeit 65
Reibungskraft 64
Reibungszahlen 65
Reihenschaltung 77
Relationen 5
relative Atommasse 84
– Häufigkeit 38
Rentabilität 57
Rentenrechnung 17
respiratorischer Quotient 125
Rezeptoren 123
Rhea 92
Rhombus 27
Richmann'sche Mischungsregel 71
Riesen 93
Rigel 93
Rissachse 34
Rolle, feste 62
–, lose 62
Rollreibungskraft 64
Rollreibungszahlen 65
römische Zahlzeichen 6
Röntgenstrahlung 81
Rotation 61, 65
rotierendes Äquatorsystem 90
R-Sätze 117 ff.
Rundungsregeln 10

Saiten, schwingende 68
Salze, Löslichkeit 107
Sammellinsen 82
Saprobienindex 131
Saturn 92
Satz des Cavalieri 28
– des Pythagoras 31
– des Thales 31
– von Vieta 19
–, binomischer 37
Sätze im allgemeinen Dreieck 30
Satzgruppe des Pythagoras 31

Sauerstoffdefizit 131
Sauerstoffgehalt 126, 131
Sauerstoffsättigung 131
Sauerstoffverbrauch 125 f.
Säuerungsmittel 111
Säulendiagramm 36
saure Lösungen 110
Säure-Base-Indikatoren 110
Schalldruckpegel 67
Schallempfindung 68
Schallgeschwindigkeiten 68
Schallintensität 67
Schallpegel 123
Schaltzeichen 55
Scheinarbeit 79
scheinbare Helligkeit 93
Scheinleistung 79
Scheinwiderstand 79
Scheitelpunkt 19
Scheitelpunktsform 19
Scheitelwinkel 30
Schmelztemperaturen 72, 73, 100 ff.
Schmelzwärme, spezifische 72 f.
Schnitt, goldener 32
Schnittmenge 6
Schrägbild 34
schräger Wurf 64
Schuld 17
Schuldentilgung 17
Schwangerschaft 127
– Wärmekapazität 71 ff., 75
Sirius 93
spezifischer elektrischer Widerstand 75
sphärische Linsen 82
Spica 93
Spiegelung 33
spitzwinklig 26
S-Sätze 117 ff.
Standardabweichung 39 f.
Standardpotenzial 108
stationäre Strömung 69
Steigen 69
Steigung 18
Steigungsdreieck 18
Steigungswinkel 18
Steigzeit 64
Stellentafel 12
Sterberate 130
Sterntag 89
Stochastik 36 ff.
Stoffe, anorganische 100 ff.
–, organische 104 ff.
Stoffeigenschaft 54
Stoffmenge 71, 113
Stoffmengenanteil 114
Stoffmengenkonzentration 114
Stoffwechsel 124
Strahlenoptik 82

Strahlensätze 32
Strahlenschutz 83 f.
Strahlung, kosmische 81
–, elektromagnetische 84
Streckendiagramm 36
Streckung, zentrische 32
Streckungsfaktor 32
Streckungszentrum 32
Streifendiagramm 36
Streudiagramm 36
Streuung 39
Strichdiagramm 36
Strichlinie 53
Strichpunktlinie 53
Strich-Zweipunktlinie 53
String 47
Stromkreis, unverzweigter 77
–, verzweigter 77
Stromkreisarten 77
Stromstärke, elektrische 75 f.
Stromteilerregel 77
Strömung, stationäre 69
Strömungswiderstand 70
Strukturelemente der Algorithmierung 48
Strukturprogramm 48 f.
Stufenwinkel 30
stumpfwinklig 26
Summenregel 39
Symmetrie 22 f.
synodischer Monat 89

Tabellen 51
Tag 51
Tangens 22
Tangensfunktion 23
Tangentenviereck 31
Taschenrechner-Einmaleins 14 f.
TCP/IP 50
technisches Zeichnen 53
Teilbarkeitsregeln 7
Teiler 7
–, größter gemeinsamer 7
Temperatur 71
Terminiertheit 48
Termumformungen 7
Tetraeder 29
Textgestaltung 51
Thales, Satz des 31
Thomson'sche Schwingungsgleichung 80
Thorium-Reihe 85
Tilgungsrate 17
Titan 92
Titania 92
Titration 115
TLD 50
Tonhöhe 68
Top Level Domain 50
Totalreflexion, Grenzwinkel der 82

Transformator 80
–, belasteter 80
–, unbelasteter 80
Transistor 77
Translation 61, 65
Translation, Bewegungsgesetze 63
Trapez 26
Trennen 54
trigonometrischer Pythagoras 24
Triton 92
tropisches Jahr 89
Turgor 126

Überriesen 93
Ultrakurzwellen 81
ultraviolettes Licht 81
Umfangswinkelsatz 31
Umformen 54
Umrechungsfaktoren 88
Umsatzrentabilität 57
Umschlagsbereiche 110
Unabhängigkeit 39
unbelasteter Transformator 80
UND 46
Unicode 47
universelle Gasgleichung 74
unmögliches Ereignis 38
unregelmäßig 26
unverzweigter Stromkreis 77
Uran-Actinium-Reihe 85
Uran-Radium-Reihe 85
Uranus 92
Urformen 54
URL 49

Varianz 40
–, empirische 39
Variationen 37
Venus 92
Verbindungen, organische 109
Verdampfungswärme, spezifische 72 f.
Vereinigungsmenge 6
Verknüpfungen, logische 45
Verkürzungsfaktor 34

Versagerquote 127
Verzerrungswinkel 34
verzweigter Stromkreis 77
Vielfache 7
Vielfaches, kleinstes gemeinsames 7
Viereck, allgemeines 26
Vieta, Satz von 19
Vitamingehalt 124
Volkseinkommen 57
volkswirtschaftliche Kennzahlen 57
Volllinie 53
Volumen 44, 61
Volumen, molars 71, 113
Volumenänderung 72
Volumenanteil 114
Volumenkonzentration 114

waagerechter Wurf 64
Wachstum, exponentielles 130
–, logistisches 130
Wachstumsgesetze 130
Wahrscheinlichkeit 38
–, bedingte 39
–, klassische 38
Wahrscheinlichkeitsverteilung 40
Wärme 71
–, Umrechnungsfaktoren 88
Wärmekapazität 71, 75
–, spezifische 72 f., 75
Wärmekraftmaschinen 75
Wärmeübertragung 71
Wassergehalt 124
Wasserhärte 110
Wasserqualität 131
Wechselspannung, Effektivwert 78
–, Momentanwert 78
Wechselstrom 78 ff.
Wechselstromstärke, Effektivwert 78
–, Momentanwert 78
Wechselstromwiderstand 79
Wechselwinkel 30
Wega 93
weiße Zwerge 93

Wellen, elektromagnetische 80
–, Hertz'sche 81
–, mechanische 67
Wellengleichung 67
Wellenlänge 61
Wertetabelle 16
Widerstand, elektrischer 75 f.
–, induktiver 79
–, kapazitiver 79
–, Ohmscher 79
–, spezifischer elektrischer 75
Widerstände, Farbcode 54
–, spezifische elektrische 76
Widerstandsbeiwerte 71
Widerstandsgesetz 76
Widerstandslegierungen 76
Wiederholschleife 49
Windows-1252 47
Winkelfunktionen 22 f.
Winkelgeschwindigkeit 61
Winkelhalbierende 30
Winkelmaße 25
Winkelpaare 30
Wirkarbeit 79
Wirkleistung 79
Wirkungsgrad 66, 75
Wirtschaftlichkeit 56
Wurf, schräger 64
–, senkrechter 63
–, waagerechter 64
Wurfbewegungen 63
Würfel 28
Wurfhöhe 64
Wurfparabel 64
Wurfweite 64
Wurzelfunktionen 21
Wurzelgesetze 20
Wurzeln 20
WWW 50

XNOR 46
XOR 46

Zahlenbereiche 11
Zählschleife 49
Zahlwörter, griechische 109
Zahlzeichen, römische 6

Zehnerpotenzen 12
Zehnersystem 12
Zeichen, chemische 109
Zeichensätze 47
Zeichnen, technisches 53
Zeit 44, 61
–, mitteleuropäische 90
–, mittlere Greenwicher 90
–, osteuropäische 90
Zeitzonen 90
Zellbiologie 122
Zellen, Größe von 122
–, Lebensdauer von 122
Zellteilung 122
Zentralwert 38
Zentripetalbeschleunigung 63
zentrische Streckung 32
Zerfallsgesetz 84
Zerfallsreihen, natürliche 85
Zerstreuungslinsen 82
Zinsen 17
Zinseszins 17
Zinsrechnung 17
Zinssatz 17
zufälliges Ergebnis 38
Zufallsversuche, mehrstufige 39
Zuordnungen, antiproportionale 16
–, proportionale 16
Zustandsänderung, adiabatische 74
–, isobare 74
–, isochore 74
–, isotherme 74
Zustandsgleichung, allgemeine 74
Zuwachsrate 130
Zweiersystem 12
zweiseitige Auswahl 49
Zweites Kepler'sches Gesetz 94
Zwerge, weiße 93
Zylinderlinse 82

Zusammengestellt und bearbeitet von
Prof. Dr. Rüdiger Erbrecht (Informatik/Technik und Wirtschaft)
Mathias Felsch (Mathematik)
Dr. Hubert König (Biologie)
Dr. Wolfgang Kricke (Biologie)
Karlheinz Martin (Mathematik)
Wolfgang Pfeil (Chemie)
Dr. Rolf Winter (Physik)
Willi Wörstenfeld (Physik/Astronomie)

Unter Planung und Mitarbeit der Verlagsredaktionen Mathematik und Naturwissenschaften
Jan-Holger Gründler, Lutz Kasper, Dr. Claudia Seidel, Grit Weber

Zeichnungen: Peter Hesse
Layout: Wolfgang Lorenz
Herstellung: Bärbel Simon
Satz: Stürtz GmbH, Würzburg

 http://www.cornelsen.de

1. Auflage   Druck 4 3 2 1   Jahr 08 07 06 05

© 2005 Cornelsen Verlag, Berlin

Das Werk und seine Teile sind urheberrechtlich geschützt.
Jede Nutzung in anderen als den gesetzlich zugelassenen Fällen bedarf der vorherigen
schriftlichen Einwilligung des Verlages.
Hinweis zu § 52 a UrhG: Weder das Werk noch seine Teile dürfen ohne eine
solche Einwilligung eingescannt und in ein Netzwerk eingestellt werden.
Dies gilt auch für Intranets von Schulen und sonstigen Bildungseinrichtungen.

Druck: CS-Druck CornelsenStürtz, Berlin

ISBN 3-06-000288-6

Bestellnummer 2886

Periodensystem der Elemente

Eigenschaften der Oxide:
- basisch (Hauptgruppen)
- basisch (Nebengruppen)
- basisch/sauer (Hauptgruppen)
- basisch/sauer (Nebengruppen)
- sauer
- Keine Oxide
- Edelgase

Periode	I. Hauptgruppe	II. Hauptgruppe	3 III. Nebengruppe	4 IV. Nebengruppe	5 V. Nebengruppe	6 VI. Nebengruppe	7 VII. Nebengruppe	8 VIII. Nebengruppe	9 VIII. Nebengruppe
1	1 1,008 2,1 H Wasserstoff 1s¹								
2	3 6,94 1,0 Li Lithium [He]2s¹	4 9,01 1,5 Be Beryllium [He]2s²							
3	11 22,99 0,9 Na Natrium [Ne]3s¹	12 24,31 1,2 Mg Magnesium [Ne]3s²							
4	19 39,10 0,8 K Kalium [Ar]4s¹	20 40,08 1,0 Ca Calcium [Ar]4s²	21 44,96 1,3 Sc Scandium [Ar]3d¹4s²	22 47,88 1,5 Ti Titan [Ar]3d²4s²	23 50,94 1,6 V Vanadium [Ar]3d³4s²	24 51,996 1,6 Cr Chrom [Ar]3d⁵4s¹	25 54,94 1,5 Mn Mangan [Ar]3d⁵4s²	26 55,85 1,8 Fe Eisen [Ar]3d⁶4s²	27 58,93 1,8 Co Cobalt [Ar]3d⁷4s²
5	37 85,47 0,8 Rb Rubidium [Kr]5s¹	38 87,62 1,0 Sr Strontium [Kr]5s²	39 88,91 1,3 Y Yttrium [Kr]4d¹5s²	40 91,22 1,4 Zr Zirconium [Kr]4d²5s²	41 92,91 1,6 Nb Niob [Kr]4d⁴5s¹	42 95,94 1,8 Mo Molybdän [Kr]4d⁵5s¹	43 [98] 1,9 Tc Technetium [Kr]4d⁶5s¹	44 101,07 2,2 Ru Ruthenium [Kr]4d⁷5s¹	45 102,9 2,2 Rh Rhodium [Kr]4d⁸5s¹
6	55 132,91 0,7 Cs Caesium [Xe]6s¹	56 137,33 0,9 Ba Barium [Xe]6s²	57 138,91 1,1 La • Lanthan [Xe]5d¹6s²	72 178,49 1,3 Hf Hafnium [Xe]4f¹⁴5d²6s²	73 180,95 1,5 Ta Tantal [Xe]4f¹⁴5d³6s²	74 183,84 1,7 W Wolfram [Xe]4f¹⁴5d⁴6s²	75 186,21 1,9 Re Rhenium [Xe]4f¹⁴5d⁵6s²	76 190,23 2,2 Os Osmium [Xe]4f¹⁴5d⁶6s²	77 192,2 2,2 Ir Iridium [Xe]4f¹⁴5d⁷6s²
7	87 [223] 0,7 Fr Francium [Rn]7s¹	88 226,03 0,9 Ra Radium [Rn]7s²	89 227,03 1,1 Ac •• Actinium [Rn]6d¹7s²	104 [261] Rf Rutherfordium [Rn]5f¹⁴6d²7s²	105 [262] Db Dubnium [Rn]5f¹⁴6d³7s²	106 [266] Sg Seaborgium [Rn]5f¹⁴6d⁴7s²	107 [264] Bh Bohrium [Rn]5f¹⁴6d⁵7s²	108 [267] Hs Hassium [Rn]5f¹⁴6d⁶7s²	109 [268] Mt Meitnerium [Rn]5f¹⁴6d⁷7s²

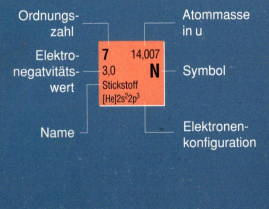

Legende: Ordnungszahl, Elektronegativitätswert, Name — Atommasse in u, Symbol, Elektronenkonfiguration (Beispiel: 7 14,007 3,0 N Stickstoff [He]2s²2p³)

● **Elemente der Lanthanreihe (Lanthanoide)**

6	58 140,12 1,1 Ce Cer [Xe]4f²6s²	59 140,91 1,1 Pr Praseodym [Xe]4f³6s²	60 144,24 1,2 Nd Neodym [Xe]4f⁴6s²	61 [145] 1,2 Pm Promethium [Xe]4f⁵6s²	62 150,3 1,2 Sm Samarium [Xe]4f⁶6s²

●● **Elemente der Actiniumreihe (Actinoide)**

7	90 232,04 1,3 Th Thorium [Rn]6d²7s²	91 231,04 1,5 Pa Protactinium [Rn]5f²6d¹7s²	92 238,03 1,7 U Uran [Rn]5f³6d¹7s²	93 [237] 1,3 Np Neptunium [Rn]5f⁴6d¹7s²	94 [244] 1,3 Pu Plutonium [Rn]5f⁶7s²

Die Atommassen in eckigen Klammern beziehen sich auf da[s ...]